1880 Census

Lincoln County, Tennessee

By

Byron Sistler

Janaway Publishing, Inc.
Santa Maria, California
2012

1880 Census Lincoln County, Tennessee

Copyright © 1998 by Byron Sistler
All rights reserved.

Originally published, Nashville, 1998

Reprinted by:

Janaway Publishing, Inc.
732 Kelsey Ct.
Santa Maria, California 93454
(805) 925-1038
www.JanawayGenealogy.com

2012

ISBN: 978-1-59641-161-6

Made in the United States of America

INTRODUCTION

The entries are arranged alphabetically by head of household. In general an entry comprises all members of a given household in the order they appear on the original schedules; any individuals whose surname differed from that of the household head are shown as a separate unit.

An asterisk (*) identifies each entry which does not consist of an entire household.

The symbol (B) identifies black or mulatto individuals or families. If the (B) follows the first name in the entry it means the entire household is black. Where the household is mixed, each black person is separately identified with the (B).

The symbol (I) was supposed to identify Indians, but actually was used by the enumerators to represent various racial mixtures.

The number after each name stands for the person's age. An entry reading <1 means a child under one year of age. The number in parentheses at the end of the entry indicates the stamped page number on the original schedules. Since the stamped number appears on every other page, the page following the numbered one assumes the same number.

It should be remembered that the 1880 census schedules included information not previously required. Of primary interest to the genealogist is the data concerning relationship of each member of the household to the household head--wife, son, grandson, etc. Also, birthplace of not only the individual but of each of his parents was included. This information is not shown on this transcription; consequently the researcher should make every effort to examine, or have someone examine, the original schedules.

The Sistlers

1880 Census, Lincoln Co. TN

ABBET, C. 53 (m), R. 20 (m), L. O.? 16 (f) (166)
ABBOT, Allie 11*, Blue 16 (m) (232)
ABBOT, Thomas B. 38, Lucinda 38, Irena J. 17, James R. 14, Laura N. 12, Connie M. 10, William 6, Wilford 6, Emma J. 3, Eddie B. 1 (2)
ABBOTT, John 34, Thursa 29, Wm. 10, Mary J. 7, Martha 6, Edward 4, Margaret 2, Idella 1/12 (243)
ABBOTT, Levi 27, Julia 24, Maggie 5, Robert 3 (262)
ABBOTT, Martha A. 39*, Robert 15, John 12, Eli 10, Calvin 8, Mary J. 6 (223)
ABBOTT, S. B. 56 (m), Marth A. 44, W. J. 25 (m), Lilla B. 17, L. C. E. 15 (f), John W. 13, Thos. H. 12, Robt. L. 10, James C. 6 (249)
ABBOTT, William 64, Margaret 60, Samuel H. 17, William H. 7 (221)
ABEL, Margaret E. 19* (10)
ABERNATHY, John R. 48, Mary A. 39, John R. Jr. 18, James H. 16, Pearl 9 (238)
ABERNATHY, Milton 14* (B) (2)
ABERNATHY, Wm. P. 68, Nancy 67 (238)
ABLES, Larry 20, Susan 17 (123)
ABLES, Robert 18*, Mary 17, Billy 14 (123)
ACKLEN, J. M. 44 (m), Lucy 35, Lucy 11, Fannie 9, Jo. M. 8, Thomas 6, Sarah 2 (92)
ADAIR, George F. 27, Mary 25 (266)
ADAIR, Jas. W. 28*, Virge 17 (f) (71)
ADCOCK, W. W. 42 (m)*, Nancy A. 32, Mary A. 10, Wm. H. 8, C. C. 7 (f), Martha J. 5, Geo. W. 4, Bettie E. 8/12 (26)
ADINGTON, M. L. 17 (f)* (25)
ADKINS, Alfred 35 (B), L. 25 (f), S. 10 (m), W. 8 (m), J. 3 (m), L. 1 (f), W. 1/12 (m) (165)
ADKINS, M. 22 (f)*, L. 7 (f), infant 6/12 (f) (167)
ADKINS, W. G. 57 (m), Elizabeth 46, J. T. 21 (m), Wm. 20, Robbert 16, John 12, Elizabeth 15 (157)
ADKINS, Wm. 19* (157)
ADKINSON, G. W. 35 (m)* (142)
AIRES, Serena E. 40, Lucinda 22, Nancy A. 19, Hariet A. 17, General G. W. 14, Mary E. 13, Wm. T. 10, John Y. 5, Susan S. 6, Newton J. 3 (239)
AIRESTON, Isam 21* (137)
ALBRIGHT, J. A. 46 (m), S. M. E. 38 (f), L. G. 16 (f), W. B. 12 (m), L. A. 9 (m), M. M. A. 2 (f) (90)
ALBRIGHT, Matthew 61, Hester A. 56, Harrison J. 21 (10)
ALBRIGHT, Matthew A. 29, Mary E. 22 (11)
ALBRIGHT, Thos. R. 38*, Mary 43, Mary E. 15, Manerva? 13?, Wm. S. 11, Ellen 9, Kate 7, Jesse 5 (133)
ALBRIGHT, _____ 30 (m)*, _____ 20 (f) (168)
ALEXANDEDR, S. M. 74 (m), Mary 71 (47)
ALEXANDER, Bob 20* (B) (112)
ALEXANDER, Cora 14* (64)
ALEXANDER, Douglas 18 (B) (50)
ALEXANDER, Eliza 75* (B) (78)
ALEXANDER, Francis 38*, Sarah 37, Kate 19, Rufus 17, John 13, Mattie 11, William 9, Fannie 7, Claude 3, Larney 4/12 (m) (54)
ALEXANDER, Geo. 23, Delia 23, Ida 5/12 (32)
ALEXANDER, Geo. 40*, Ida 37, Lizzie 11, Mary 9, Julia 7, Geo. Jr. 5, Edna 3, Cecil 1 (f) (57)
ALEXANDER, H. H. 39 (m), L. A. 33 (f), T. 8 (m), B. 5 (m), L. 3 (m), S. 2 (m), R. 1/12 (m) (165)
ALEXANDER, J. 23 (m), Nancy 20, Woodrough 2 (48)
ALEXANDER, Jane 49*, Hella 20 (m), Lizzie 17, Cora 14, Moses 12, Birdie 10 (f), Jennie 7 (32)
ALEXANDER, Jas. I. 50*, L. M. 42 (f) (163)
ALEXANDER, Jno. S. 41*, Florinda 35, George R. 7, Bub 6, Frank 3, W. W. 2 (m) (103)
ALEXANDER, Juda 32 (f)* (B), Mage 2 (m) (83)
ALEXANDER, Martha B. 47, L. M. 24 (f), W. B. 23 (m), J. M. 12 (m), Walter G. 9 (18)

1880 Census, Lincoln Co. TN

ALEXANDER, Moses 13* (53)
ALEXANDER, Nathan 63* (50)
ALEXANDER, Robert 40, Christinia 36, John 12, W.? M. __ (m), Hannah? A. 2 (243)
ALEXANDER, Stanhope 26 (B), Mariah 18, James 2, Oley 1/12 (f) (58)
ALEXANDER, W. M. 63 (m)*, Nancy 63, Elizabeth 78 (90)
ALEXANDER, W. S. 43 (m)*, Jennie K. 32, Lovie 9, Kelsoe 7, Wm. F. 5, Rebecca 3 (92)
ALEXANDER, Wm. 33?*, Margaret 31, William 18, Lou Ella 10, Dora 11, Benton 3, John 1 (46)
ALEXANDER, Wm. 50 (B), Lizzie 44, Bell 10 (48)
ALEXANDER, Wm. 8* (B) (50)
ALEXANDER?, N. 25 (m) (32)
ALFORD, A. J. 48 (m)*, Margt. A. 38, D. M. 18 (m), J. R. 14 (m), Ermine 9 (f), Mary L. 5 (96)
ALFORD, Jno. M. 47* (110)
ALFORD, Mary 55* (96)
ALISON, Hester 64, Luticia 40, R. C. 21 (f) (179)
ALISON, W. C. 46 (m)*, Tempy 35, Nancy 18, Sintha 16, Liza 13, Wm. T. 13, Fannie 9, Martha 8, Manerva 5, Allice 1 (136)
ALLEN, A. 26 (m,B), P. 29 (f), M. B. 3 (f) (166)
ALLEN, Alice W. 29*, Robert C. 8, Maud A. 6, Anna Lee 4 (97)
ALLEN, Caroline 30* (B), Pinckney 4 (f) (16)
ALLEN, Douglas 24, Sallie 21 (181)
ALLEN, George R. 47, Isabella 44, Leanora J. 20, William R. 18, Samuel 16, Thomas H. 14, James H. S. 12, Mary H. 10, Francis M. 8, Sarah E. 5, Nina E. 3, Maggie M. 1 (10)
ALLEN, Jim 24* (B), Mollie 20 (119)
ALLEN, John 32*, Lizzie 25, Laura M. 9/12 (1)
ALLEN, Joshua 50 (B), Ellen 24 (251)
ALLEN, L. E. 18 (f)* (171)
ALLEN, Letty 20* (B) (108)
ALLEN, M. T. G. 33* (105)
ALLEN, Margaret 17* (216)
ALLEN, Mary 60, Jennie 18 (55)
ALLEN, Narcissa 60* (B) (104)
ALLEN, Richard 24* (B), A. J. 21 (f), M. J. E. 6 (f), M. A. 3 (f), B. C. 7/12 (m) (244)
ALLEN, Richd. 45 (B) (213)
ALLEN, Samuel 89* (16)
ALLISON, Sarah 47, Joseph M. 19 (200)
ALLISON, T. J. 40 (m), Sallie 34, William 14, Joseph 12, Minnie 10, John 8, Maud 5, Ruby 2 (62)
ALLSOP, Jink 47 (B), Sally 33, Tom 20, George 17, Arche 15, M. S. 8 (f), Jas. 6, Narciss 4, Cordie 3, Andy 1 (191)
ALLSUP, A. 70 (m)*, Sarah 64, W. B. 22 (m) (190)
ALLSUP, B. G. 25 (m), L. E. 19 (f) (194)
ALLSUP, J. D. 42 (m), S. Z. 36 (f), M. E. 11 (f), E. R. 10 (f), A. W. 7 (m), M. A. 5 (f), M. E. 1 (f) (194)
ALLSUP, J. V. 44 (m), Elizebeth 43, Dannie 18 (f), I. M. 12 (f), E. E. 10 (m), M. M. 7 (f), John A. 4, Callie L. 1 (192)
ALLSUP, Margret 69, Bettie 45, M. A. 34 (f), L. E. 32 (f), S. L. 29 (f), George 20 (B), Penny 23 (B) (194)
ALLSUP, Martha 23 (B), Thos. 5, Nancy J. 1 (179)
ALVIS?, Sally 20* (161)
AMOS, John P. 37, Elizabeth 34, Willie 12 (f), Marcus 7, Anna 5, Dillard 2 (12)
ANDERS, D. A. 29 (m), J. E. 18 (f), G. W. 7 (m), G. J. 4 (f), Julia 11/12 (246)
ANDERSON, A. D. 44 (m), Sarah 49, Mary 19, Elisabeth 17, William E. 15, Harvey 12, Agustus 10, Candace 7 (206)

1880 Census, Lincoln Co. TN

ANDERSON, Abe M. 43, Isabella 44, Susan A. 21, Marian J. 18 (f), Avaline 14, Katie W. 12, Alexander 10, John W. T. 8, Henry N. 6, James R. 4, Harriet 3 (13)
ANDERSON, Allen 59*, E. C. 63 (f) (160)
ANDERSON, Bepo? 25 (m)* (B) (107)
ANDERSON, Bettie 12*, Emma 14 (238)
ANDERSON, Emily 39* (229)
ANDERSON, F. 58 (m), Ellen 50, Ann 18, May 15, Cordelia 12 (202)
ANDERSON, James 30* (B), Lucy 40, John 11, Oscar 9, Charles 8, Mattie 6, B. 4 (m), Mollie 2, Jackson 3/12 (81)
ANDERSON, John 66*, Elizabeth 40, John D.? 38 (161)
ANDERSON, L. J. 25 (m), Sarah A. 26, Columbus 11/12 (205)
ANDERSON, Louiza 60* (B) (96)
ANDERSON, M. 80 (f) (55)
ANDERSON, Mary E. 27*, Joseph L. 9, Mary J. 7, Thos. J. 3 (231)
ANDERSON, R. A. 31 (m), Sarah E. 34, John H. 8, L. M. 5 (f), A. U.? 3 (f) (178)
ANDERSON, R. R. 36 (m), Lumiza 32, Mary 14, Sarah 12, Robt. L. 10, Susan 9, M. L. 7 (f), N. M. 5 (f), Wm. L. 3, Mattie N. 1 (160)
ANDERSON, Rosanna 24* (B), Betha S. 4/12 (108)
ANDERSON, Rufus 21* (B) (202)
ANDERSON, Sarah 20, James 4 (209)
ANDERSON, T. 7 (m)* (171)
ANDERSON, Vesta W. 43 (207)
ANDERSON, Wm. 49, Jane 49, Mary 9, James 11, Wm. 7, Columbus 6 (55)
ANDREWS, Edward 55 (B) (140)
ANDREWS, Henry 45, Elizabeth? 48, Weller? 19, Henrietta 17, James A. 14, John A. 11, Mollie 8, Sallie? 5 (64)
ANDREWS, J. C. 29 (m), Sarah 30, Luther 2, Arther W. 5/12 (65)
ANDREWS, John W. 48*, Mary P. 43, Ella V. 20, James B. 14, Henry G. 10, Mary S. 7, Dora 5, Robert L. 2 (225)
ANTHONY, Matilda 48* (66)
ARABIAN, Richard 50* (16)
ARDIS, Mary 35, Saml. 17, William 9, Florence 4 (210)
ARMSTRONG, Albert 34*, David 94 (79)
ARMSTRONG, G. T. 46 (m), Mary D. 28 (127)
ARMSTRONG, J. R. 56 (m), Elizabeth 46, Sallie 26, Mary W. 22, Frances 16, Charles 13 (85)
ARMSTRONG, Jas. B. 52, Elizabeth 45, Ida 15, Andrew 13, Rebecca A. 10, James 7 (79)
ARMSTRONG, Jasper 50*, Julia A. 49, Mary 13, Sallie 11, Margaret 8, Louisa 6 (78)
ARMSTRONG, John D. 39, Mary J. 33, Scinthie 17, Frances 15, Jessie C. 12, Sarah C. 11, Ida Thom 5, John H. 2 (80)
ARMSTRONG, John W. 53, Nancy J. 46, Joel Thomas 21, Saphira 21, Martha 18, John D. 14, George J. 7 (79)
ARMSTRONG, Lotty 64, Elizabeth 35, Henry B. 20, Cyntha E. 16 (141)
ARMSTRONG, M. E. 40 (f), Willie Etta 17, James O. 14, Icy Bell 12, David J. 10 (147)
ARMSTRONG, Mattie 13* (130)
ARMSTRONG, Rufus 23, Rebecca J. 32, infant 10/12 (f) (230)
ARMSTRONG, Wm. 37, Sarah 35, Fanney 16, Roy 1, Betty 12, Maud 8 (195)
ARMSTRONG, Wm. D. 32, Nancy J. 27, James L. 9, Mary C. 7, John 3, Carrie L. 8/12 (145)
ARMSTRONG, _____ 32 (m), Elizabeth D. 25, George W. 3, James F. 2, Wm. T. 6/12 (144)
ARNEY, L. F. 58 (m), E. A. 29 (f), L. 12 (f), L. 10 (f), J. H. 6 (m), M. 5 (f), H. 2 (m) (174)
ARNOLD, Elizah R. 28 (m), Lucinda C. 28, Bertha 6, Artemisia M. 3 (150)
ARNOLD, James 34, Cordelia 31, Maggie 10, Gurtrude 8, John 6, Samuel 5, Lula 2 (45)
ARNOLD, James 60*, Mihala 45, John R. 19 (245)

1880 Census, Lincoln Co. TN

ARNOLD, James B. 30, Arie A. 21, Nettie E. 11, Wallace B. 4/12 (150)
ARNOLD, James M. 27* (278)
ARNOLD, Jas. 21*, N. 21 (f), J. 2 (m), infant 1/12 (f) (172)
ARNOLD, Jhon P. 34, Mary E. 32, Jhon W. 11, Dovie J. 4, Albert F. 2 (273)
ARNOLD, Saml. S. 53, Elizabeth 50, Saml. B. 24, William J. 15, Sarah E. 12 (150)
ARNOLD, Sarah 81?*, George W. 28, Martha E. 40, Luella 8, Margret 6, Moses 3 (278)
ARNOLD, Thomas P. 44, Mary A. 39, Permelia J. 14, Authur S. 12, Della 10, Joanna 8, Mary M. 6, Marhta A. 4, Thomas P. 2 (278)
ARNOLD, William 28, Fanny 25, Ida J. 5, Ada 3 (204)
ASHBY, Asberry 35, Rachael 35, Ella 10, Nannie 8, Alexander 6, Homer 4, James 1? (63)
ASHBY, Eliza 60* (B), John A. 10 (81)
ASHBY, Eva 31* (59)
ASHBY, J. R. 44 (m)*, Elizabeth 37, Ruthia 13, Wilson 9, George 8, Joseph 5, Eliza 1 (74)
ASHBY, Jas. H. 23*, Tennessee 27 (78)
ASHBY, Jas. W. 30* (73)
ASHBY, John 21, Mary L. 19, James A. 1, David 13 (264)
ASHBY, Mary C. 38 (74)
ASHBY, Newton 52, E. S. 52 (f), William 22, Travis 18, Mattie 14 (62)
ASHBY, Rachel 84*, Julia A. 16 (B) (88)
ASHBY, Travis D. 32*, Nancy J. 26, James N. 6, Sallie E. 4, Mary F. 3 (81)
ASHBY, Wilson 45*, Cynthia 40, Flora Bell 16, Mollie H. 13, Samuel 11, Jno. Wilson 9, Elvira 7, Claud 6 (88)
ASHBY, Wm. H. 50, Ellen 42, Ben A. 26, Sallie 24, Felix B. 21, Timi 20, Mary E. 18, Willie E. 17 (f), John 11, David 9, Susan 5, Eliza D. 4, Ida May 2, Josie 34, Frank 16 (78)
ASHLY, Hannah 53* (56)
ASHLY, Wm. 12*, Bettie 10 (56)
ASHWORTH, Clarissa 44* (223)
ASHWORTH, Edward 10*, Clark 7 (272)
ASHWORTH, William 31*, Mary L. 28, Maggie L. 4, Lily 1 (222)
ASHWORTH, William 71*, Mary R. E. 55, Benjamin F. 20, James 15 (228)
ASKINS, D. C. 27 (m), C. E. 20 (f), D. L. 3 (m), D. S. 2 (f), Dolly 10 (B) (249)
ASKINS, F. 8 (f)* (B) (162)
ASKINS, George 47 (B), Hariet 30, Emanuel 4, Felix 2 (5)
ASKINS, Jerry 33* (B), Mary L. 34, George 15, Ella 11, Mary F. 8, Neesan 6 (m) (248)
ASKINS, Julia 39* (B) (247)
ASKINS, Maggie 36, William 12, John 10, Robt. L. 8 (251)
ASKINS, Martha 9?* (1)
ASKINS, P. C. 29 (m)*, Mary N. 23, Ivey C. 6 (f), Susan O. 6, Maggie M. 3 (248)
ASKINS, Robert H. 46, Nannie 34, Albert M. 15, Mary J. 13, Minnie B. 10, Korah 5, Robert C.? W. 2, Joseph M. H. 5/6 (1)
ASKINS, Singer? 20 (m)* (B) (260)
AUSTIN, Luther F. 25, Martha J. 20 (268)
AUSTON, Mary J. 50, Mary S. 14, Posie B. 12 (m), Jas. O. 9, Nancy L. 7 (30)
AYERS, J. 38 (m), E. C. 38 (f), F. 18 (m), E. 13 (m), T. 11 (m), W. 8 (m), M. 6 (f), G. 4 (m), S. 3/12 (f), S. B. 2 (f) (168)
AYERS, Wm. 37*, Sarah 36, Robt. 12, Wm. 10, John 9, Ellen 6, Sarah 3 (161)
BACHELOR, E. 70 (m)*, Elizabeth 67, Elizabeth 30 (138)
BADGETT, Jos.? 44, Amanda 28 (47)
BAGGERLY, David L. 58, Caroline 55, Perlina C. 23, Martha R. 18, Lizzie B. 14 (15)
BAGGERLY, John B. 33, Frances A. 33, Cornelia 7, Willia L. 5 (f), Bransford 1 (231)
BAGGERLY, Rebecca 55, Emeline 50 (13)

1880 Census, Lincoln Co. TN

BAGLEY, Charley B. 37*, Margt. O. 30, Eliza A. 6, Annie W. 6, Lizzie M. 3, Mary 2, Thomas 11/12 (119)
BAGLEY, E. B. 65 (f)*, Fanny 43, Thos. O. 35, Ellen 22, Virge 2, Ethel 9/12 (93)
BAGLEY, Ellen 13* (B) (100)
BAGLEY, Hannah 50* (B), Ellen 30, Jenny 6, Charley 3, Babe 2/12 (m) (119)
BAGLEY, Harriet 49* (B), Addy 18, Hatty 11/12 (99)
BAGLEY, Jas. M. 35, M. S. 37 (f) (76)
BAGLEY, Peter 63* (B), Willie __, Di__ __ (f), ____ 47 (m?), ____ 25 (f), ____ E. 3 (f) (101)
BAGLEY, R. G. 33 (m), Nancy C. 32, John 11, Mattie 8, James 6, George 4, Charlie 2, Martha 72 (76)
BAILEY, Alx. 39 (B), Edith 35, Fulton 15, Thomas 5 (61)
BAILEY, Bettie 7* (B), Calvin 5, Arminta 1 (63)
BAILEY, Cullen 51*, M. C. 37 (f), Birdie 13, Bradly 11, Tommie 9, Stella 7, Clyde 5, Hardy 4 (69)
BAILEY, Eva 14* (96)
BAILEY, George 26 (B), Judia 21, Willie 7, Wilson 5, Birdie Lou 4/12 (67)
BAILEY, Henry 30* (B), Fulton 24 (64)
BAILEY, Jas. B. 43, Sarah E. 33, Martha B. 14, Sarah E. 12, Mary V. 10, Howard M. 8, Anna B. 6, Laura S. 4, Bradford F. 7/12, James 81 (199)
BAILEY, Jas. H. 70, Milley A. 42, Sarah N. 6, Jas. F. 4, Thos. J. 2, Littleton B. 16 (22)
BAILEY, Jeff 20* (B) (66)
BAILEY, Julia 33 (B), Pea 14 (m), Fannie 9, John 7, Governer 3, Nannie 1 (69)
BAILEY, Lewis 44 (B), Elvira 43, Moses 11, Allen 72, Riley 63 (f) (121)
BAILEY, Margaret 52* (106)
BAILEY, Owen J. 48, Malinda M. 35, William D. 11, Sallie H. 6, Nancy C. 2, Mary M. 2/12 (67)
BAILEY, Scott 21* (B) (59)
BAILEY, Thomas 56, Candace 32, Eliza 29 (61)
BAILEY, Wilson 35 (B), Lilly 34, Susie 6, George 3? (62)
BAILY, Samuel 65* (16)
BAIN, Fred W. 45*, Micka A. 42 (f), Susan L. 20, Thos. J. 16, James W. 14, John F. 12, Walter A. 7, Gideon E.? 6 (143)
BAITEY, Frank 18* (B) (53)
BAITEY, Joseph 20 (B) (53)
BAITS, Phebe 19* (44)
BAITY, Henry 16* (B) (163)
BAITY, Tom 17* (B) (160)
BAKER, Dutch 25 (B), Sally 23, Christina 7, Lucy 6 (118)
BAKER, J. 51 (m), Sarah C. 38, Thomas L. D. 19, Ervin E. 17, Mary A. 15, Martha A. 12 (238)
BAKER, L. H. 37 (f), M. L. __ (f), ____ __ (f), ____ 8 (f) (245)
BAKER, Rufus A. 35, Sobrina 33, Rebecca C. 11, Mary A. 8, William J. 7, Bryant B. 4, Sarah E. 3, Julia Ann 1 (117)
BAKER, Salley 3/12* (B) (259)
BALDWIN, Francis M. 43, Fanny 38, William 13, Nannie 11, Mollie 11, Walter 9, Beula 9, Bell 7 (149)
BALDWIN, William 40*, Sarah 28, Odena 16, William 6, Samuel 8/12 (277)
BALL, A. G. 36 (m), Nannie 33, Fannie 16, John E. 14, Sallie Ann 13, Horace 10, Ella 7, Mollie 5 (104)
BANE, Thomas 20* (155)
BANG?, John 30*, Martha F. 24 (256)
BANKS, Heard? D. 21*, Hallie A. 14 (f) (272)
BANKSTON, Wilson L. 47, Malissa 40, William J. 16, Scynthia E. 15, Joseph N. 12, Jasper w. 9, James C. 7, Annie L. 6, Maria A. 4, Benjamin F. 10/12 (226)
BARBER, Abe 27 (B), Julia 20, Mary M. 1 (126)
BARHAM, J. A. 25 (m), Mary H. 22, William O. 5, Nolon E. 3, Arthus 1 (149)

1880 Census, Lincoln Co. TN

BARHAM, Jas. A. 24, Mary H. 21, William 5, Noland E. 3, Felix A. 2 (150)
BARHAM, Jas. M. 53, Mary A. 42, John W. 20, Epraim L. 17, Thomas J. 14, Walter A. 12, Rufus C. 10, Gothie E. 8 (f), Saml. D. 6, Luther C. 4, Charles E. 2 (151)
BARKER, Andrew 40 (B), Vicey A. 35, Walter 6 (103)
BARKER, Barthena 54* (270)
BARKER, James 74*, Samantha 45, Jhon 11, William 9 (273)
BARKER, James T. 36, Louisa 38, Alice 13, Laura 11, Bettie 10, Jennie 8, William T. 7, Edward L. 5, Emily 2, Van Buren 1/12 (273)
BARKSDALE, David 48* (B), Caroline 33, Hannah 12 (98)
BARNES, A. 84 (m), M. A. 38 (f), F. M. 44 (m), N. C. 12 (f), S. A. 11 (f), L. E. 9 (f), C. 6 (m), M. 3/12 (f) (175)
BARNES, Decater 49, Josephine 49, A. O. 21 (m), N. E. L. 14 (m), M. M. 12 (f), Wm. H. 9, Macy L. 7 (178)
BARNES, E. 64 (m)*, E. 56 (f), E. M. 18 (f), J. D. 17 (m), E. A. 15 (f), L. A. 12 (f) (175)
BARNES, E. A. 32 (m), Manervy 27, S. T. 5 (f) (193)
BARNES, H. 52 (m)*, P. A. 53 (f) (175)
BARNES, H. T. 27 (m), Mary E. 28, Ida M. 5, Fannie L. 3, Nancy E. 1 (184)
BARNES, John 62*, L. 37 (f), A. M. 21 (m) (175)
BARNES, L. D. 39 (m)* (18)
BARNES, Robert 40, Eliza J. 35, Jennie 15, Joseph S. 13, Sarah 12, Jessie 11, Robert F. 9, William C. 7, Mary E. 5, Frank 3, Henry 1 (226)
BARNES, T. M. 28 (m)*, Addie 24, Luella 2, Susan A. 1 (177)
BARNETT, J. W. 33 (m)*, Julia C. 30, Clara L. 5, Mary B. 3, J. W. 2 (m), J. L. 4/12 (m) (95)
BARNETT, Lafayett S. 33, Ann 21, Mary 9, Willie 8, Silas 2 (238)
BARNETT, Thomas M. 58, Mary 59, Martha 22, Lucy 18, Ella 15, Thomas 13 (238)
BARNHART, S. 50 (m), N. 55? (m) (162)
BARNWELL, L. J. 30 (f)*, J. F. 5 (m), Walter F. 4 (25)
BARRETT, James 32*, Mary A. 32, Mattie L. 9, Maggie V. 7, Daisy C. 4, Sue A. 2, Mattie F. 24 (142)
BARROW, Catharine 67* (194)
BARROW, Malindy 10* (B) (194)
BARROWS, George G. 38*, Elizabeth 36, Benjamin K. 14, William H. 11, Jay R. 9, Ninnie A. 8, Dora E. 4, Beulah B. 2, Lowery A. 4/12 (218)
BARTLETT, John 38, Sarah J. 34, Mary Susan 9, James 11, Mary Ann 15, Martha J. 6, William 1 (75)
BASCOMB, E. S. 12 (m)* (183)
BASHAM, Charles R. 28, Mary 20, Sarah C. 16 (222)
BASS, David 35* (B) (59)
BASS, Dennis 40 (B), B. 40 (f), A. 10 (f), S. 7 (f), W. 9 (m), B. 10/12 (f) (171)
BASS, Green 24 (B) (213)
BASS, Nancy 21* (B), Ada 6 (214)
BASS, Pompey 60 (B), Betty 47, Welles 18, Sarah 16, Ann 14, Arkansas 10, John 15, Ary 15 (f), Jackson 9, Richard 1 (214)
BASS, Yorrick 45 (B), Elisabeth 39, Mitchell 14, Nathan 12, Henry 11, Martha 7 (217)
BASSETT, Abe 27 (B), Lou 26 (f), Julia 6, Georgia 5, Lee 1 (157)
BATEMAN, Henry 40, Bettie 36, Alexander 15, Caledonia 13, Ida 8, James 6, Mary 2, Martha 2, Lucy 8/12 (58)
BATEMAN, John 17* (74)
BATEMAN, Lawrence 16* (271)
BATES, A. S. 53 (m), Mary 50, John 16, Lea 12 (m) (199)
BATES, Alx. 24* (177)
BATES, Elisabeth 24 (199)
BATES, George 36, S. E. 30 (f), Jas. R. 9, John K. 6, T. T. 3 (m), Mary L. 3/12 (183)
BATES, John 29, Sarah 27, Lucy A. 13, Allie 8, William 5, Susie 4, Robert 1 (183)

1880 Census, Lincoln Co. TN

BATES, Jsper M. 48, Lucinda J. 41, Nathan A. 20, Mary 22, Salona 14, Jas. L. 12, Mattie 9, Charles 6, Andy 4, Ozro 2 (87)
BATES, Nancy 43* (1)
BATES, Robert 35, Lucy M. 33, Sarah E. 8, Allie M. 7/12 (228)
BATIE, Caml.? 22* (B), Lizzie 19, Samie 3/12 (m) (128)
BATIE, Wash 44 (B), Mariah 50, Bettie 25, CAroline 10, Tom 15, Charley 8, Sallie 5, John 3, Mary L. 1/12 (128)
BATTLE, Eugenia 24* (93)
BATTON, George 45 (B), George H. 10, John B. 7 (140)
BAXTER, A. W. 49 (m), Martha 38, Susan 13, Lucy 11, Useel 9 (m), Alford 7 (259)
BAXTER, Charles 36, Pamilia E. 33, Granville A. 9, Cornelius 7, Leona 1 (66)
BAXTER, John 47, Ida 20, John 18, Paralee 14, Maggie 12, Samuel 10, Susan 6 (259)
BEACH, James 52, Elizabeth 43, Nancy A. 12, William H. 11, Susan E. 10, Jerusha 6, Benjamin 3 (3)
BEACH, Polly 60, Michael W. 29, Elizabeth 27, Nancy 25, Mollie 3 (6)
BEACH, Wesley 53, Elizabeth 27, Alcina 21, Melinda J. 14, Emma F. 4 (3)
BEANLAND, James 36, Mary 26, Edward 8, Mary Jr. 5, Jessie 6/12 (54)
BEARD, Abner 70, S. A. E. 50 (f), J. J. 32 (m), T. H. 17 (m), M. E. T. 15?, S. W.? 14, L. N. 12 (f) (244)
BEARD, B. A. 48 (m), H. F. 42 (f), T. A. 22 (m), A. W. 18 (m), S. E. 15 (f), M. A. 13 (f), M. J. 4 (f) (245)
BEARD, R. M. 26 (m), Nancy 19, Mary 3, James W. 2, Cora Bell 1 (209)
BEARD, Sam G. 53, Julia Ann 47, Cordelia 20, Rufus M. 18, James 16, Mary Ann 13, Ellen 11, Thos. A. 7 (258)
BEARD, William 22* (263)
BEARD, Wm. Rowe 43, Mary Ann 40 (118)
BEARDEN, Alfred 69*, Margaret 72 (228)
BEARDEN, Andrew 18* (B) (265)
BEARDEN, E. S. 51 (m), M. E. 37 (f), J. E. 17 (f), J. A. 13 (f), W. 2 (m), L. 3/12 (f) (172)
BEARDEN, F. W. 77 (m), R. C. 50 (f), Frank 35, A. G. 32 (m) (183)
BEARDEN, Lucius J. E. 47, Scynthia A. 40 (228)
BEARDEN, M. 21 (f)* (173)
BEARDEN, Mahala 30 (B), Alice 7, Harriet 3, Andrew 7/12 (271)
BEARDEN, Matt M. 32*, Susan W. 28, Mattie M. 3, Alfred W. 10/12 (117)
BEARDEN, R. M. 48 (m)*, M. 45 (f), B. 12 (f), W. 11 (m), L. E. 9 (f), J. T. 7 (m), E. P. 2 (f) (173)
BEARDEN, R. W. 42 (m), J. 32 (f), J. 10 (m), M. 6 (f), R. 3 (m) (173)
BEASLEY, Anderson C. 33, Mary E. 32, John W. 10, Lula E. 7, Oliver 3, Oscar 3, Elena 1 (145)
BEATIE, And. M. 58* (118)
BEATIE, Ben 50 (B), Jane 39, Lucy Ann 16, Mary Jane 13, Sarah E. 10, Maggie E. 8, Sopha E. J. 5, Susie R. 3, Andrew 5/12 (115)
BEATIE, D. M. 67 (m)*, Jno. B. 24, Sarah 25 (131)
BEATIE, Rebecca 25 (B), Wm. 6 (137)
BEATIE, Wm. 25* (B) (235)
BEATY, H. M. 39 (m), Mary E. 34, Harry B. 12, Wilkes B. 11, Lizzie R. 8, Sallie? B. 6 (229)
BEATY, Josiah 50* (131)
BEATY, Malindy 60* (B) (197)
BEATY, W. B. 70 (m), Harriet 55, Nannie 17 (131)
BEAVER, Frank 36?* (B), Sarah 30, Rufus 16, Samantha 15, Frank 11, Eliza 9, Wm. 4/12 (135)
BEAVERS, Hannah 60* (B) (98)
BEAVERS, Jessey R. 63, Eliza 47, Wm. C. 17, Georgy A. 15 (f), Thomas B. 12 (242)
BEAVERS, John 24* (B) (156)
BEAVERS, Perry 19* (B) (113)

1880 Census, Lincoln Co. TN

BEAVERS, W. D. 43 (m)*, Josee C. 33, W. P. 12 (m), Connie 7, Eliza 5, Lucy B. 2, Dora 5/12, William 89, Polly 49 (251)
BEAVERS, Wm. 35 (B), Ann 40, A. 4 (f) (174)
BECK, George T. 47, Amanda L. 46, James T. 21, Joseph D. 19, William J. 16, Martha 14?, ___ (f), ___ ___ (f), Caroline G. 6 (15)
BECKET, Caroline 40 (268)
BEDDINGFELD, W. J. 53*, Susan 50 (210)
BEDDINGFIELD, W. F. 18 (m)* (200)
BEDFORD, Henry 32*, Ann 28, Georgie 9 (f), Benjamin 6, King 2 (44)
BEDINGFIELD, James 35, Faith T. 37 (216)
BEDWELL, Green 33, Fanny 30, Judge 10, John 8, James 5, Ada 3 (87)
BEDWELL, Jessee 29, Elzina 35, Nolin 17, Ella 13, Mary 10 (87)
BEECH, Henry 40, Louvina 35, Thomas 13, Ida 10 (247)
BEECH, Robert 34* (B) (223)
BELL, Buck 27* (109)
BELL, Chas. 30, Louisa 30, Fannie 6, Austin 1 (33)
BELL, H. H. 46 (m), S. E. 36 (f), M. L. 11 (f), M. E. 10 (f), Thos. H. 1 (187)
BELL, J. B. 20 (m)* (174)
BELL, James 54* (142)
BELL, Letitia 37*, Willie P. 13, Jennie 12, Ora 9, Brenda B. 3 (112)
BELL, O. H. P. 27 (m), Jennie 26, Letticia 1 (64)
BELL, S. E. 42 (f)*, R. H. 27 (m), J. E. 25 (m), Amie 23, Ella 22, Chas. E. 18, Robert 16, B. F. 13 (m) (105)
BELL, Sally 44* (B), Maggie 24, Henry 22, Sarah J. 9, Luella 2 (105)
BELL, Sarah E. 41, Ella H. 22, John W. 12, Octa L. 6 (111)
BELLE, Leonidas 12* (84)
BELLS, Thomas 25* (B) (145)
BENEDICT, N. 27 (m)* (106)
BENEFIELD, Thomas 51, Lutitia L. 51, Allen 19, James 16, Winslow 14, Josephine 12, Elisabeth 10, Morrison C. 7 (216)
BENETT, Robert 32*, Elizabeth 33, William 10, James 8, Moses 5, Martha 4, Jane 3 (40)
BENINGTON, Jas. T. 44, M. A. 34 (f), M. E. 10 (f), N. J. 9 (f), J. A. 7 (f), M. A. 6 (f), J. T. 4 (m), M. E. 1 (f) (160)
BENNETT, A. M. 12 (f)* (91)
BENNETT, Athens? 17* (B) (162)
BENNETT, Hard 21* (B) (183)
BENNETT, Nancy 35*, Charlotte M. 13, Ida M. 11, Jarred M. 9, Sarah F. 6, Mary E. 2 (268)
BENSON, Daniel B. 25, Luvina 26, Sulvester 2, Ella 1 (276)
BENSON, David 51, Ruth 37, Rilla 18, Eliza 16, Margret 14, Jhon 12, Daniel 10, Ruth 8, Samuel 6, Jasper 4, Mary 8/12 (268)
BENSON, Liddia J. 37, Martha 11, Charles 8 (270)
BENSON, Mary 77, Susan 35, George 14 (270)
BENSON, Narcissis 50 (f) (214)
BENSON, William 28, Sarah 27, Mary 8, Bettie 6, Clauda 4 (m) (268)
BENSON, William 70, Robert 18 (269)
BENSON, Willis D. 43, Louisa J. 39, Laura 16, Eliza 14, Alice 12, William 10, Richard 9, Rufus 7, Daniel 5, Ella 4, Aaron 1 (270)
BENSON?, Susan 55, Rosanna C. 26, Charles 22, Martha 17, Wiley S. 16, Bazoni A. 10 (276)
BENTLEY, Fanny G. 35* ()
BENTLEY, J. L. 20 (f)* (244)
BENTLEY, Robt. J. 53*, Susanah 36, Sarah F. 11, John W. 9, Martha A. 7, Nancy S. 4, Brucy E. 1 (f) (230)

-8-

1880 Census, Lincoln Co. TN

BENTON, S. 30 (m), H. 25 (f), W. 7 (m), S. 5 (m) (173)
BERET, Martha 45* (B) (132)
BERKLEY, Thornton 45* (B), Mollie A. 35, Jack 18, Rachel 11, Lucy 9, Thornton 5 (223)
BERKS, Emeline 40 (B), Silas 14, Anderson 13, Washington 8, Frances 4, Alice 2, Alen 2 (50)
BERMINGHAM, James 40, Jane 18, A. 45 (m) (198)
BERRIER, Irvin A. 31*, Julia 32, John H. 8, James N. 4, Benjamin L. 2, Elminie H. 5/12 (243)
BERRY, Betsey 36*, David C. 2 (16)
BERRY, Frances 85* (53)
BERRY, Jhon 26, Susan 25 (268)
BERRY, Joseph 38 (B), Maggie 31, John H. 9, Lucy 6, Jo D. 3, Samson 1 (68)
BERRY, Lou 35 (f)* (B), James 2, William 4, Mattie 7 (56)
BERRY, Lucy 14* (B) (61)
BERRY, Martishia 26, Daniel B. 6 (271)
BERRYHILL, Lewis 40, Sarah 37, William 13, Mary S. 12, John Merrit 9, James Robt. 7 (105)
BERRYHILL, Wm. 14* (122)
BERRYMAN, A. 34 (m), O. 34 (f), E. 13 (f), L.? 10 (f), J. 7 (f), I. 4 (f), W. 10/12 (m) (166)
BESHEARS, Wm. 20* (186)
BEVEL, Edward T. 79, Sarena 62 (220)
BEVELS, E. 42 (m), E. 39 (f), J. B. 21 (m), L. G. 19 (m), Geo. 16, M. O. 13 (f), L. J. 9 (f), T. B. 6 (m), I. C. 4 (f), E. N. 10/12 (m) (172)
BEVELS, Martha A. 38* (22)
BEVERLY, Elisabeth 70, Theodotia 44 (239)
BEVERLY, James 18* (5)
BEVIL, J. W. 19 (211)
BEVIL, James W. 19 (212)
BILES, James M. 23*, Henrietta 20, Cora E. 1, Oliver H. 6 (12)
BILES, John C. 48*, Martha J. 51, Mary B. 26, Clara E. 21, Martha A. 17, Laura T. 14, Panola L. 12 (12)
BILLINGS, Jasper 33, Lucinda 36, Sarah E. 12, Mollie B. 8, Nancy J. 5, Nina M. 2, Luella 21 days (106)
BILLIONS, James W. 31, Elizabeth 31, William 13, Henry 9, Louisa 7, Ida 5, infant 3 (f) (224)
BILLIONS, Nancy 72* (237)
BINGHAM, James 29* (279)
BINGHAM, Jhon L. 26*, Eliza 18, Margret E. 9/12 (278)
BINSON, M. H. 25 (f) (208)
BIRCHENOUGH, Ed. 49, Mary 49, M. Frances 10 (31)
BIRDSONG, Harvey 68, Julia F. 63, Amanda J. 24 (11)
BIRDSONG, James A. 22*, Susan C. 17, Luella 8/12 (11)
BISHOP, A. H. 65 (m), L. M. 62 (f), M. J. 26 (f), M. E. 25 (f), A. A. 22 (f), C. T. 20 (m) (184)
BISHOP, George M. 21, Minerva 18 (264)
BISHOP, Luvina 46*, Julia 20, Ada 18, Martha 16, Thomas 14, Jones 12, Stephen 10 (282)
BISHOP, Martha A. 2* (B) (250)
BISHOP, Milton 23 (B), Lou 18, Maggie 1 (121)
BISHOP, Rachel 6* (B) (249)
BISHUP, Isaac 52 (B), Martha 21, Joe 14, Jonnie 7, Jimmy 2, Alice 7 (122)
BLACK, Tillman 37* (B), Tillman B. 12, Thomas 9, John H. 7, Lucy A. 3, Lizzie 1 (4)
BLACKNAL, John Y. 49*, Cynthia? E. 38, Thos. J. 18, Chas. R. 16 (90)
BLACKSHEAR, Aley 71 (f)* (149)
BLACKSHEAR, Henry 30, Mary M. 23, Almus 4 (f), Elizah 2 (149)
BLACKSTROM?, William 28*, Martha 33, Mary C. 6, Tery A. 3 (f), James 1 (275)
BLACKWELL, C. T. 38 (m), M. Jane 36, Claud 13 (73)

1880 Census, Lincoln Co. TN

BLACKWELL, Robt. C. 54*, Nancy L. 39, William T. 13, Charles Z. 11, Alonzo J. 8, Oliver 6, Allen 4 (146)
BLACKWILL, J. E. 21 (m)* (142)
BLAIR, James W. 36, Martha L. 35, Ida R. 13, Nathan J. 10, Mary L. 8, Beula K. 6, Virgia E. 3, James H. 1 (14)
BLAIR, Jane 60, Rachel J. 34, John F. 23, Addie N. H. 19 (9)
BLAIR, Jas. H. 34*, Hallenia L. 34, Wm. T. 9, Mary J. 8, Foler B. 4 (m) (229)
BLAIR, John 59 (B), Lewis 19, Cassina 17, John Jr. 15 (10)
BLAIR, John H. 45*, Ann 76, Adeline 49 (160)
BLAIR, John W. Jr. 34, Zerelda E. 26, Emma L. 8, Collins A. 5, Carleton T.? 1 (16)
BLAIR, Julia A. 12* (274)
BLAIR, Sarah E. 32, James K. 12, Mary E. 10, William Y. 8, John C. 5, Thomas C. 3, Maggie A. 1 (13)
BLAIR, William B. 48, Margaret J. 38, Adelia E. 13, Rose E. 11, Mary V. 6, Fannie B. 3, Maggie 1 (13)
BLAIR?, John W. 61, Sarah J. 45, Louisa C. 35, William G.? 22, Lucy J. 20, Eliza J. 18, Edwar K. 13, Sallie M. 10 (11)
BLAKE, Frank W. 24, Mary J. 35, Eliza W. 28 (145)
BLAKE, G. W. 56 (m)*, Eliza H. 43, George E. 19, Laura L. 17, John B. 14, Persy H. 11, Samuel M. 10, Mary W. 8, Luther L. 6, Willa M. 1 (90)
BLAKE, Hugh M. 57, Mary S. 56, James M. 25, Walter C. 22, Mary Bell 19 (90)
BLAKE, Jennie 17* (B) (93)
BLAKE, Jim 44* (B), Ann 35, Jinney 16, Dora 14, Squire 8, Selah 7, Jim 6, Nathan 5 (98)
BLAKE, Lewis 60 (B), Wash 27, Bettie 25, Walter 19, Eddie 19, Bertha 17, John 9, James 6 (131)
BLAKE, Nancy? 30* (B) (90)
BLAKE, Riley 23* (B) (131)
BLAKE, S. D. 49 (m)*, Jane C. 40 (130)
BLAKE, Thos. 15* (135)
BLAKE, W. W. 22 (m)* (106)
BLAKE, Walter 3* (B) (129)
BLAKEMORE, Geo. W. 75, Mary G. 67 (142)
BLAKEMORE, Hattie 8* (91)
BLAKEMORE, Henry S. 61, Henry F. 24?, Ada B. 21, Henry P. 12 (220)
BLAKEMORE, J. J. 61 (m), Martha L. 59, Caroline 29, Mariah C. 27, Ada 23 (110)
BLAKEMORE, Jas. H. 16* (B) (149)
BLAKEMORE, Lafayette 22* (B) (147)
BLAKEMORE, R. I. 6 (m)* (184)
BLAKEMORE, Thomas 16* (223)
BLALOCK, Mary 35* (91)
BLAND, James R. 43*, Amelia C. 72, John S. 21 (11)
BLAND, John 30, Julia 27, Tobe 10, Thomas 8, Mamie 6, Molly 4 (217)
BLAND, John 66, Nancy 60 (193)
BLAND, Mary 74* (229)
BLAND, Nathan 66, Adaliza 18, William T. 33 (210)
BLAND, P. M. 34 (m), M. V. 24 (f), L. E. 4 (f), B. J. 1 (f) (187)
BLAND, T. B. 33 (m), Mary 34 (193)
BLAND, Wesley 17* (7)
BLAND, Willis 38* (B), Catherine 40, Wilson 20, Mary E. 16, Henryetta 15, Robt. 12, Lony 8 (f), Wiley 6 (250)
BLAND, Z. T. 32 (m), M. L. 33 (f), A. C. 9 (f), M. E. M. 7 (f), L. H. 1 (m) (192)
BLANKENSHIP, Edward C. 27, Dalia 20, Robert E. 1 (221)
BLANKENSHIP, Wm. 19* (125)

- 10 -

1880 Census, Lincoln Co. TN

BLAYLOCK, Mary 55, William 23, Letitia 30, Octava 12 (227)
BLEDSOE, Fanny 48* (B), Lucy 20, Charles 17, James 12, Betty 1 (153)
BLEDSOE, George 30 (B), Maria 28 (153)
BLEDSOE, H. H. 39 (m)*, Frances 39, Ida M. 13, Tobitha E. 11, Horace 3 (152)
BLEDSOE, Helen 40*, Felix M. 23 (142)
BLEDSOE, Icie H. 19* (153)
BLEDSOE, J. L. 34 (m), S. E. 32 (f), Wm. T. 6, S. E. 5 (f) (183)
BLEDSOE, James E. 58, Martha A. 47 (200)
BLEDSOE, Major 29 (B), Nancy 23, Tobias 1 (144)
BLEDSOE, Pryton L. 32, Mildred E. 26, Afsey Ann 8, John W. 6, Luster 4, Joel H. 1 (150)
BLEDSOE, Sarah A. 45* (200)
BLEDSOE, Thomas H. 73*, Elizabeth S. 61 (153)
BLEDSOE, Thos. 28* (177)
BLEDSOE, Thos. N. 36, Martha F. 31, Emma E. 13, Permelia W. 9, James T. 8, Ossa R. 6 (151)
BLEDSOE, W. P. 29 (m)*, Mammie 8, Alvis 4, Walter 1 (125)
BLEDSOE, W. R. 58 (m), E. J. 57? (f), Wm. T. 7 (183)
BLEDSOE, Wm. S. 29*, CAtherine A. 31, William M. 8, James T. 5, Ola F. 1 (199)
BOARDUN, S. A. 27 (f)* (130)
BOAZ, Doke 31, Eliza 28, Mattie 6, Sallie 4, Budd 25 (47)
BOAZ, Edmun 63, Elizabeth 61, James 33 (47)
BOAZ, John 38*, Susan 24, Terror 5 (f), Josie 1 (47)
BOAZ, Sallie 55, Parthenia 54 (47)
BOAZ, Thomas 34, Lethean 30 (f), John Jr. 13, Mary 7 (47)
BOAZ, William 30, Lucy 33, Rufus 14, Lizzie 8, Ada 4, Laura 1 (47)
BOELS, James 25, Rebecca J. 24, Alfred B. 3, Lewis 1 (241)
BOGGS, P. D. 38 (m), P. A. 32 (f), W. S. 13 (m), I. O. 8 (f), N. 2 (f), L. 1/12 (f) (167)
BOLDS, William 30, Sarah 40, John 10, James 7, Oliver 4, Robert 1, Thomas 1/12 (32)
BOLEN, Martin 36, Nancy J. 23, James W. 5, Elisabeth 3, George 10/12 (204)
BOLEN, William 50, Catherine 37, Pinkney A. 17, Sarah 11, Alice B. 7, Clemm 3 (m) (237)
BOLEN?, W. R. 69 (m), Nancy 62, Luella 4 (90)
BOLES, Thomas 58, Manerva 58, Travis S. 32, Nancy E. 20 (241)
BOLLES, J. E. 34 (m), Ann E. 27, John A. 1 ()
BOND, G. W. 28 (m), Susanah 30 (200)
BOND, Sally 43 (B), Joe 9, Sam 3 (103)
BOND, Saml. 71*, Elisabeth 70, Nancy A. 30, W. T. 6 (m) (200)
BONDS, A. W. 44 (m)*, Josie 33, S. C. 18 (m), Ernest 5 (91)
BONNER, Adam 25* (B), Ann B. 19, Jack 12 (115)
BONNER, Adam 56 (B), Mary 60, Ellen 21 (254)
BONNER, Albert 45 (B), Susan 35, Milley 21, Major 19 (101)
BONNER, Alfred 25* (B), Bell 20, Josie 3, Pink 6/12 (f) (52)
BONNER, Anderson 50 (B), Jane 35, Lewis G. 18, Abbie 15, John R. 11, Mittie 9, William 6, Margarett 4, Mary F. 2 (5)
BONNER, Ann F. 58*, Elmora 39, Lizzie S. 27, Moses H. 23, Blanch 17 (94)
BONNER, Berry 26 (B), Ellen 26, Isaac 5, Sallie 3, Mattie 6 (46)
BONNER, Clinton 53* (B), Elizabeth 50, Ellen 27, Laura 21, Lizzie 20, Lucy 14, Eli 12, William 10, Davy 3, Georgia 2, Signora 2, Aggy 69 (f) (119)
BONNER, D. 15 (m)* (B) (182)
BONNER, Dick 24 (B), Letha 19 (84)
BONNER, Diemer 23* (B) (105)
BONNER, Dilener 8 (m)* (B) (121)
BONNER, Ducan 56* (B), Juda 57, Monroe 19 (249)
BONNER, E. 24 (m,B), J. 19 (f), E.? 4 (m), M. 6/12 (f), L. A. 65 (f), R. L. 13 (f) (164)

1880 Census, Lincoln Co. TN

BONNER, Edward 29 (B), Louisa 30, Thomas 16, Moses 11, Isaac 6, Wyatt 3, Mary 2, Georgeanna 2/12 (121)
BONNER, Eliza 38* (234)
BONNER, Eliza 57* (B), Amanda 18 (98)
BONNER, Emily 10* (B) (2)
BONNER, Emily 40 (B), Anna 10, William 8, Deamer 6 (m), Isaak 4, Cynthia 2, Robert 15 (51)
BONNER, Ephraim 50 (B), Martha 37, Lifus 14 (m), Wm. 11, Andrew 8, Mary 6, Ida 4, Parthena 2, Victory 2/12 (259)
BONNER, Fannie 18* (B), George 18 (96)
BONNER, Frances 14* (B) (112)
BONNER, Frank 37 (B), Fannie 38, William H. 12, Ida 6, Jonny 4, Lizzie 2, Babe 1/12 (m) (122)
BONNER, Geo. 21 (B), Delia 19, William 7 (32)
BONNER, George Mc. 56 (B), Susan 57, Willie 6 (113)
BONNER, Henry 23* (B) (3)
BONNER, Henry 56 (B), M. 57 (f), J. Henry 28, Susan 23, Chas. 9, J. 6 (f), J. H. 6 (m), Wm. 2, E. 2 (m) (164)
BONNER, Irving 11* (B) (1)
BONNER, Isaac 21* (B) (260)
BONNER, Isaac 38* (B), Rachel 30, Victoria 9, Mary 5, Laura Willa 2 (107)
BONNER, Israel 30 (B), Mary 22, Joel 7, Ada 6, Mollie B. 4, Alonzo 2 (88)
BONNER, Jack 54 (B), Adaline 41, Jacob 21, Fanny 17, Alvira 4 (119)
BONNER, Jack 54* (B), Adaline 40, Jacob 22 (120)
BONNER, Jacob 90 (B), Margaret 70, Jacob Jr. 35, Sarah 40, Ann 25, William 7, Jimmy 3, Willis 14 (121)
BONNER, James 23 (B), Dilla 22, Estella 3 (4)
BONNER, James 7* (B) (46)
BONNER, Jane 35* (B), Frank 7, Kate 6, Cordie 3, Henry 1 (112)
BONNER, Jane 40 (B), L. H.? 16 (f), F. 14 (m), M. Jane 8, J. 6 (m), C. 4 (m) (164)
BONNER, Jason 80* (196)
BONNER, Jim 15* (B) (94)
BONNER, Jim 38?* (B), Harriet 30, Jimmy 15 (99)
BONNER, Jim 50 (B), Hetty 35, Belle 16, James 12, William 11, Josie 8, Ambrose 5, Anna 4, Pearlie 2 (f), Bill? 2 days (121)
BONNER, John 20 (B), Tira 25?, Ella 3 (237)
BONNER, John 35 (B), Dolly 41, Eliza 20, Washington 15, James 11, Edmond 10, Thomas 6 (250)
BONNER, John J. 17* (235)
BONNER, Josie 5* (B) (266)
BONNER, Julius 52 (B), Kitty 33, Isabella 19, Pinckny 13 (m), Mary 8, Becky 7, Judy 3, William 16 (122)
BONNER, Katharine 58* (B) (102)
BONNER, L. 10 (f)* (B) (165)
BONNER, Laura 13* (B) (94)
BONNER, Lewis 35* (B), Isabella 4 (120)
BONNER, Lewis 4* (B) (5)
BONNER, Lizzie 11* (B) (96)
BONNER, Lizzie 35* (B), Edna 9, Kate 4, Delia 3 (113)
BONNER, Lucinda 43* (B), Lucy 3 (117)
BONNER, Maggie 12* (B) (233)
BONNER, Malinda 43, Alnora 16, Walton 13 (234)
BONNER, Marion 34 (m), Tama B. 23, Sarah J. 7, James E. 6, Arthur 8/12 (152)
BONNER, Mastin 53 (B), Mary P. 51, Rachel 15, Lucy 10 (120)
BONNER, Matt 22* (B) (113)

1880 Census, Lincoln Co. TN

BONNER, Mihaly 58 (B), Eliza 20, Julia 18, Rachel 15, Mary 5, Ida 6/12, Robt. 4/12 (248)
BONNER, Miles 60 (B), Sarah E. 45, Charlie 18, Moses 13, Tillman 12, Maggie 9 (119)
BONNER, Milton 32* (B), Sallie 30, Manda 2 (88)
BONNER, Mose 30* (B), Mary J. 25, Maggie 5, Mary 3, Martha 3, Ida 1, Mary 45, Jake 4, Florence 15, Joe B. 12 (110)
BONNER, Moses 60 (B), J. 55 (f), W. 20 (m) (166)
BONNER, N. 38 (m)* (B), T. 25 (f), M. 15 (f), R. 7 (m), M. 5 (f), E. 2 (f), S. 5/12 (m) (165)
BONNER, Nancy 58* (B), Amanda 24, Will 19, Polly 17, Jim 16, Sam 13, Eliza 16, Sam 13, Eliza 10, Will 8, John F. 6 (101)
BONNER, Ned 21* (B), Fannie 20, E. 1 (m) (162)
BONNER, Phebe 59 (B), Henry 24, Clarrinda 31, Maggie 8, Duck 5 (56)
BONNER, Rachel 24* (B) (109)
BONNER, Reuben 50 (B), Hester 40, Ida 9, Washington 7, Delia 5, David 20 (5)
BONNER, Sam 40 (B), S. 34 (f), B. 16 (f), N. 15 (f), W. 12 (m), E. 7 (f), V. 5 (f), G. A. 3 (f), A. 1 (f) (166)
BONNER, Sucky 25* (B) (117)
BONNER, Tempe 50 (B), Burrell 15 (3)
BONNER, Thomas 20 (B), Louisa 16 (10)
BONNER, Tillman 11?* (B) (119)
BONNER, Tobe 38 (B), Martha A. 28, Isham 12, Jones 8, Wm. 3 (259)
BONNER, Tom 18* (B) (167)
BONNER, Tom 47 (B), Mary 38, Lee 14, Robert 11, Eliza 9, Lizzie 8, Bettie 5, Pearl 3 (121)
BONNER, Wilson 47, Lucinda 47, Lewis 17, Joseph 14, Chaney 11, Willie 5, Lucy 2 (2)
BONNER, Wm. 35* (B), Sarah Ann 35, Martha 6 (112)
BONNER, Wm. 42*, Bettie 26, Fannie 16, Henry W. 14, Lucy 4 (110)
BONNER, Wm. 7* (B) (99)
BONNER, Woodson 60 (B), Mariah C. 50, Mary 12 (237)
BOON, Nathan 51*, Orpha 46, Sterling 17, Nathan 8, Clara 6 (59)
BOONE, Sallie 52* (59)
BOONE, Scynthie 78*, Hugh 40 (60)
BOONNER, Pink 18 (f)* (B) (109)
BOOROM, J. J. C. 63 (m)* (60)
BOOTHE, Burrell 58* (B), Susan 57 (118)
BOOTON, John 30* (B), Susan 24, Thomas 9, Hayes 3, M. J. 2 (f), Manuel 5/12 (245)
BOROUGH, G. W. 21 (m)* (152)
BOROUGH, Matilda 63* (148)
BOSTICK, A. C. 27 (m), Mary J. 26 (27)
BOSTICK, Albert C. 44*, Malinda 35, Eliza S. 14, Malinda B. 12, Mary B. 12, Mary A. 10, Louis O. 7, Nepoleon 3 (277)
BOSTICK, Geo. M. 27, C. W. 21 (f), E. R. 3 (m), S. M. 2 (f) (27)
BOUN, Robert 18* (B) (100)
BOVELL?, Thomas W. 26, Martha 28, William J. 5, Cora E. 4, Samuel C. 3, Elizabeth 11/12 (228)
BOWDEN, Jack 24*, Mary 25 (117)
BOWDEN, Jim 36, Nancy A. 28, Elizabeth 12, America 7, Susan M. J. 3, Minerva 22 (122)
BOWDEN, John 45, Sarah J. 31, Sam H. F. 14 (113)
BOWDON, M. 30 (m), B. 25 (f), E. 50 (f) (176)
BOWEN, Rosanna 25* (274)
BOWERS, A. 25 (m,B), L. 20 (f), H. 50 (f) (166)
BOWERS, Edith 30* (B) (95)
BOWERS, James N. 34, Caladonia 27, Mary S. 9, Nancy G. 3, Ella D. 4/12 (141)
BOWERS, Voluntine 50, Maggie 33 (262)
BOWLEN, Milley 55 (B), Sallie H. 33, Thos. 7, Lewis 6, Joseph 2, Maggie 5 (260)

1880 Census, Lincoln Co. TN

BOWLEN, Thomas 17 (214)
BOWLIN, Elijah 24, Georgia A. 17, Minnie D. 1 (210)
BOWLIN, Nelly 33 (B), John 5, Salley 2 (262)
BOWLIN, P. J. 33 (m), Elisabeth 47, Mastin 26, Thomas 23, Micajah 20, Fanny 28, Jasper 19, Franklin 12, Harvey 7 (203)
BOWLIN, William 25, Mary 20, Feran? 1 (m) (207)
BOWMAN, James 47, Martha 29, Ellen 12, John 11, Jane 9, Mary 5, Joseph 3, Ida 9/12 (63)
BOYCE, P. D. 51 (m)*, Kate W. 29, Mattie 7, Sallie D. 4, Goodloe W. 3 (90)
BOYD, Henrietta 25* (B), Albert 7 (75)
BOYD, J. A. 55 (m), M. A. 53 (f), L. D. 14 (m), W. J. 12 (m) (157)
BOYD, Jas. A. 30*, Ida 22, Emma 3, M. I. 4/12 (f) (156)
BOYD, Margaret 73*, Jane 44, Martha 36 (225)
BOYD, Samuel 41, S. L. 33 (f), W. T. 8 (m), B. H. 5 (m), L. V. 3 (f), M. G. 2/12 (f) (245)
BOYD, W. K. 27 (m), Martha A. 22 (105)
BOYD, William K. 53, Mary J. 51 (225)
BOYES, William 70, Elizabeth 39, James 10, Josaphine 7, Anna 5 (271)
BOYKIN, Moscow B. 39, Brunette 34, Mary 17, Etty 12, Wickliff 11, Milton 9, Burey 7, Franklin 2 (267)
BOYLES, Bettie 36 (B) (100)
BOYLES, Charlie 22* (B), Caroline 20, Willie 1/12 (f) (109)
BOYLES, Geo. B. 46, Margt. G. 40, Geo. H. 16, Jacob G. 14, Catharine 9, Charles B. 6, Robt. B. 2 (96)
BRADEN, S. B. 45 (f), J. S. 17 (m) (191)
BRADEN, Thos. G. 29, Parthena 36 (211)
BRADFOR, David J. 30, Louisa 25, Dee 5 (m), Akadelphia 3, A. Babe 8/30 (m) (279)
BRADFORD, B. B. 58 (m), M. A. 56 (f), J. D. 18 (m), G. L. 14 (m), Allice 11 (191)
BRADFORD, James R. 48, Elizabeth F. 40, John H. 22, James C. 17, William H. 14, Greenfield 7, Robert N. 4 (4)
BRADFORD, Samuel 20, Mary M. 23, Mary C. 3/12 (83)
BRADFORD, W. B. 29 (m), Janie 25, J. W. H. 9 (m), L. A. 7 (f), H. D. 5 (f), J. T. 3 (m), S. F. 22 (m), Lou 23, Thos. N. 2/12 (129)
BRADFORD, William E. 53, Charles T. 16, Irena J. 13, Susie E. 11 (6)
BRADFORD, William J. 19, Isa 18 (7)
BRADLEY, Asa M. 21?, Mary J. 21, Mary S. 1, William M. 2/12? (276)
BRADLEY, David 26 (B), Harriet 24, Emma 8, Susie 5, Bettie 4, Mattie B. 1 (2)
BRADLEY, James 52, Elizabeth 48, James M. 21, Christopher C. 19, Rosetta 16, Alonzo 14 (7)
BRADLEY, Nancy 55*, Martha 28, Julia 18, Minerva 16 (274)
BRADSHAW, G. H. 36 (m), Nancy I. 24, Emert J. 4, Geo. H. 2, Thos. E. 3/12 (107)
BRADSHAW, Maggie 13* (96)
BRADSHAW, R. S. 34 (m)*, Sallie C. 25, Annie 2, Robt. C. b. May (96)
BRADY, A. L. 20 (m), M. E. 16 (f), M. V. 1 (f) (193)
BRADY, Abner 64*, Julia A. 60 (68)
BRADY, Daniel 44*, Mary J. 34 (263)
BRADY, Hugh 52, Cherokee 35 (f) (54)
BRADY, J. B. 54 (m), N. E. 44 (f), Laura 18, Anna E. 15 (193)
BRADY, J. M. 43 (m), M. A. 41 (f), J. T. 18 (m), E. J. 16 (f) (192)
BRADY, John 91*, Lucindy 57, Joanna 18, Fannie 16 (192)
BRADY, W. M. 45 (m), M. P. 37 (f), S. L. 15 (f), S. E. J. 13 (f), J. H. 11 (m), J. A. 9 (f), E. R. 1 (m) (192)
BRAGG, J. B. 24 (m), B. E. 19 (f), E. L. 1 (f) (25)
BRAGG, T. B. 52 (m), Nancy J. 47 (26)

1880 Census, Lincoln Co. TN

BRAMBRA, Enoch 62 (B), Clely 63, Mary 30, Wash 20, Wm. 13, Henry 7, Gus A. 6, Ellen T. 5, Icy D. 3 (f), Moses 1 (250)
BRAMLET, A. 25 (m), J. 25 (f), A. 7 (f), E. 5 (f), G. 3 (m), R. 1 (m) (168)
BRAMLET, W. 25 (m)*, M. 38 (f), J. 10 (m), W. 8 (m), E. A. 2 (f), B. 6 (f) (171)
BRANDON, J. J. 39 (m)*, M. J. 27 (f), W. A. 5 (m), C. L. 3 (f), L. J. 1 (f) (164)
BRANNON, B. R. 56 (m)*, Elizabeth M. 53, D. L. 26 (m), B. F. 22 (m), M. A. 19 (f), Thos. N. 18, G. A. 15 (m), E. J. 12 (f) (247)
BRANSON, Cynthia 70, Sophronia 33, Amanda 27 (102)
BRANSON, J. R. 41 (m), Lizzie 31, Lucy 9, Josie 6, Fanny 4, James 1 (104)
BRANSON, Martha 42* (105)
BRANSON, Willa 21* (96)
BRASELTON, Newt 23* (B) (160)
BRAY, Andrew 23* (270)
BRAY, Elisha A. 49, Joanna 38, Aggie C. 16, Jhon W. 14, Ida E. 6 (279)
BRAY, Harrett 40 (B), David 10, Walter 6, James 4 (34)
BRAY, Henry 8* (B) (18)
BRAY, Ida 20* (40)
BRAY, Sarah 63, Martha A. 28, Richard N. 24, John A. 22, Cincinnati 19 (f) (22)
BRAY, William 6* (237)
BRAZIER, F. H. 38 (m), N. 28 (f), J. W. 3 (m) (172)
BRAZIER, Thos. N. 37, Lucy C. 31, Chas. W. 11, Thos. R. 10, J. A. 8 (m), Lou A. 5, Robt. W. 2, Obediah 3/12 (25)
BRENTS, James M. 70*, Rhoda 68, Ottis O. 25, Lucind L. 22 (139)
BRENTS, Thomas M. 34, Estell 24, James P. 4, Mattie M. 2 (228)
BRENTS, Wilson P. 37, Victoria T. 28, Anna M. 4, Bertha L. 2 (139)
BREWER, A. H. 36 (m), Parthenia 28, Sarah M. 9, Mary L. 6, Lee Andrew 4, Anna S. 1 (140)
BREWER, E. Mc. 62 (m)*, M. A. 54 (f), M. A. 29 (f), H. A. 22 (f), L. S. 20 (f) (191)
BREWER, George 56, Nancy 36, James 7, Christopher 5, Columbus 5, Louisa 2 (76)
BREWER, J. C. 30 (m), Mattie 24, Guss L. 5 (m), Mc. T. 2 (m), Maggie 3/12 (192)
BREWER, J. S. 26 (m), A. W. 16 (f) (191)
BREWER, Johnson 39* (264)
BREWER, Oscar 12* (156)
BREWER, Wm. 73, Ann 67, Catharine 43 (57)
BRIDGES, Mary A. 19* (30)
BRIGGS, Square 35 (B), Deanah 36, Mollie 15, Henry L. 9, Thomas 8, Martha 6, Vina 5, George 2 (137)
BRIGHT, Anna 26* (B) (102)
BRIGHT, Ben 52* (B), Fanny 12 (108)
BRIGHT, Charles 50* (B) (82)
BRIGHT, Chas. 17* (B) (96)
BRIGHT, Elizabeth 26* (B), Robert 8 (2)
BRIGHT, Emily 50* (273)
BRIGHT, Francis 25* (B) (138)
BRIGHT, George 21* (B) (118)
BRIGHT, George 28 (B), Emiline 32, Charles 16, Laura A. 1 (66)
BRIGHT, George 55 (B), Harriet 50, Peter 19 (114)
BRIGHT, H. 23 (m,B), R. 25 (f), J. 9 (m), G. 3 (m), T. 1 (m) (164)
BRIGHT, Hiram 51* (B), Rebecca 49, Polly 11, Eva 7, Thomas 19 (109)
BRIGHT, J. C. 37 (m)* (110)
BRIGHT, James 14* (B) (3)
BRIGHT, Jane 24 (B), Horace 5 (109)
BRIGHT, Jim 35 (B), Lizzie 29, Nelson 15, Patsy 11, Isaac 8, Elijah 6, Mary E. 4 (120)

1880 Census, Lincoln Co. TN

BRIGHT, Jno. 29 (B), O. A. 24 (f), Josie 5, Walter 9 (126)
BRIGHT, Joe 33 (B), Nancy 34, Eliza J. 11, Geo. W. 9, Maggie 7, Lewis 3, Gertrude 1 (105)
BRIGHT, John 10* (B) (9)
BRIGHT, Jordan 27* (B), Alice 26, Henry 10, Willie 7, Claudius 4 (73)
BRIGHT, Laura 35* (B), Emma C. 6, Clara 1 (103)
BRIGHT, Lewis 20 (B), Eliza 17, Willie 7/12 (2)
BRIGHT, Mariah 19* (B), John W. 2 (265)
BRIGHT, Martin 36 (B), Charlotte 43 (53)
BRIGHT, Mary 60* (B) (106)
BRIGHT, Moses 60 (B), Lizzie 45 (119)
BRIGHT, Nathan 18 (B), Ann 16, Ebb 9 (54)
BRIGHT, Peter 30 (B), Adaline 22, Lizzie 6, John Henry 4, Horace 2 (108)
BRIGHT, Philander 18* (B) (80)
BRIGHT, Pressley 60* (155)
BRIGHT, R. L. 31 (m)*, Sallie G. 29, Lucy G. 7, Margt. G. 4, Robt. L. Jr. 7/12, Jno. M. Jr. 7, Richd. C. 4 (95)
BRIGHT, Rufe 18* (B) (119)
BRIGHT, Thomas 52 (B), Esther 46, Charlie 23, Mary 22, Miles 16, Esther 12 (107)
BRIGHT, W. C. 36 (m)*, Ann B. 30, John B. 8, Mary 6, Judith 1 (109)
BRIGHT, W. H. 26 (m,B), Martha 24, Mable 1 (107)
BRIGHT, W. P. 57 (m) (131)
BRIGHT, W. S. 20 (m)* (106)
BRIGHT, Wash 37 (B), Tempy 23, Ellen 7, _____ 5 (f), Counsel 2 (m) (110)
BRIGHT, William 17* (B), Aaron 15 (57)
BRIGHT, William 72, Fannie 53 (53)
BRILEY, Ceily 68* (B) (66)
BRISON, Deculis? 55 (B), L. 45 (f), Henry 14 (163)
BRISON, Jim 20* (B) (162)
BRIT, Ida 16* (234)
BRITTON, Thos. 62*, Emaline 49, M. L. 14 (f) (189)
BROADAWAY, John 36, Mattie 26, Thomas 7, John 5, Mary 2, Mary Jr. 32 (49)
BROADRICK, Daniel 51, Harriett 50, Sarah 19, James 18, Chas. 16, Abbey 14 (m), Andrew 14, Hugh 12 (47)
BROADWATER, Paschal 48, Fanny 42, Nancy 8, Sally 6, Mary 4, Laura 2, Franklin 1/12 (197)
BROADWAY, John 36* (B) (145)
BROADWAY, John 55 (B), Anica 30, Thomas 15, Ulysus Grant 12, Icy N. 10 (f), Columbus 8 (144)
BROADWAY, Wes 25 (B) ()
BROCK, B. B. 24 (m), Mary 26 (204)
BROCK, Elizabeth 39, Robert M. 18 (235)
BROCK, Jessee 38, Jane 35 (262)
BROCK, Joseph 50, Sutha 44, William 19, James F. 17, Jessee C. 14, Martha C. 11, Bob Lee 6 (258)
BROCK, William 19, Elizabeth 21, Shealey 1 (m) (262)
BROOKS, B. 39 (f,B), M. 7 (f), E. 4 (m), J. 3 (m), M. 3/12 (f) (171)
BROOKS, J. P. 27 (m), Martha J. 38, George 6, Roseanna 4, Mary 1 (213)
BROOKS, Katie 27* (50)
BROOKS, Lizzie 79*, Nancy 39 (132)
BROOKS, Nathan 42, Sarah 34, Mary J. 15, William 13, Charles W. 11, Lucy 9, Stephen 7, Ellen 5, Stokely 3, Burnett 10/12 (m) (278)
BROOKS, Thomas 38, Jane 25 (217)
BROTHERS, Bettie 11* (B) (107)
BROTHERS, Henry 9* (B) (102)
BROTHERS, Jane 30 (B), Alice 13, Eugenia 9 (107)

1880 Census, Lincoln Co. TN

BROTHERTON, E. L. 29 (m), M. J. 17 (f) (171)
BROTHERTON, S. M. 20 (m), E. 18 (f), W. 8/12 (m), T. C. 65 (f) (171)
BROWN, Amanda 40* (57)
BROWN, Bartley 19* (124)
BROWN, Bettie 9* (128)
BROWN, Beuna V. 26*, Maud 2 (87)
BROWN, Clay 35 (B), Mary 33, Mary Ann 13, Alec 10, Ella 1 (139)
BROWN, David F. 52, Elizabeth 23, Stephen 18, Abner 16, Martha 9 (266)
BROWN, Elijah 50, Matilda 43, James 22, John 20, Samuel 18, Henry 13, Menaley 8 (f) (41)
BROWN, Elijah B. 79, Mary E. 38, Fanny M. 2 (83)
BROWN, Felix 19, Emily C. 28, Minnie 1 (86)
BROWN, Felix 25* (B) (143)
BROWN, Fredrick F. 61*, Margaret M. 63, Sarah M. 26, Margaret J. 19 (150)
BROWN, Geo. 30, America 30, Lucy 5, Canjora? 4, Martha 2 (47)
BROWN, Geo. W. 26*, Patience 26, Adolphus 8, Bettie 5, Jas. Arther 8/12 (64)
BROWN, George W. 53*, Catharine 53, Newton 27, Clinton 23, Columbus 20, Mary A. 17, Martha F. 17, Lucinda J. 14, Elizabeth 12 (237)
BROWN, H. Green 26, Sarah T. 29 (88)
BROWN, Henry F. 22* (12)
BROWN, J. L. 71 (m), Sarah 72 (26)
BROWN, James 27, Phebia 28, _____ 8 (m), Elizabeth? 6, Mary E. 4, Ambarilla 10/12 (88)
BROWN, James 32* (B) (106)
BROWN, James 56* (B), Jane 50 (156)
BROWN, James D. 53*, Sebron F. 18 (81)
BROWN, James H. 35*, Mary 45, Lee P. 7, John T. 5, Molly 1 (152)
BROWN, Jas. E. 54, Mary Jane 51, Anna 15, John 7 (71)
BROWN, Jas. F. 25* (62)
BROWN, Jerre 26* (B), Angeline 22, Lou F. 5, Georgia 1, Frances 44 (124)
BROWN, Jhon M. 50, Sarah 49, Sinthia A. 14 (276)
BROWN, Jno. M. 42, Mary A. 35, Martha A. 13, John F. 11, Mary J. 9, Henry G. 7, Willis 3, John M. 1 (30)
BROWN, John 15* (B) (120)
BROWN, John W. 22, Nancy 20, Martha J. 1 (71)
BROWN, John W. 25* (88)
BROWN, Joseph 21, Martha 19, Roy 1 (214)
BROWN, Malinda 33*, Drucilla 11 (222)
BROWN, Margaret A. 17* (228)
BROWN, N. M. 47 (m), Emily 50, Polly A. 23, Wm. C. 22, Mary 17, Martha 17, David L. 13, Finetta 11, Patience 79 (86)
BROWN, Nancy J. 32*, Monroe 12, Dona 9, Mattie 6, Calvin J. 4, Henry R. 16 (59)
BROWN, R. M. 34? (m), Mariah 43, Walter 12, Raymond 10, Sarah J. 7, Catharine 5, John A. 3 (246)
BROWN, Sam 66 (B), Roda 64, Charlie 10 (184)
BROWN, Samuel 54*, Frances 52? (138)
BROWN, Sarah B. 67 (207)
BROWN, Stephen 56, Lindsly? 11 (f), Easter 9, Lou 6 (f), Larkin 3 (55)
BROWN, Thomas 30, Julia Ann 37, Nancy J. 14, Mary Ann 12, Fannie 10, Jefferson 8, Wilson 6, Elizabeth 3, Samuel 1 (81)
BROWN, Thomas 40* (B) (98)
BROWN, W. G. 21 (m)* (129)
BROWN, Wiley 27, Nancy 22, Jennie 17, Johnny 2, Catherine 3/12 (74)
BROWN, William 50, Jane 33, Ann 10, Martha 6, James 5, Mary 2 (55)

1880 Census, Lincoln Co. TN

BROWN, Wm. D. 56*, Martha J. 34, Malinda A. 13, George W. 12, Bennett 10, Jno. C. 8, Malissa 4, Wade H. 10/12 (86)
BROWN, Wm. Green 14* (81)
BROWN, Wm. H. 41, Mary M. 42, Felix L. D. 16, Sarah H. 14, Travis 12, Mary M. 10, Lucy Ann 8, Willie O. 5, Whitfield 2, Thos. E. 2/12 (86)
BROWN, Wm. J. 26, Martha J. 26, Sallie D. 4, Jas. F. 2 (81)
BROWN, Zura 28* (B) (142)
BROWNING, C. B. 19 (m) (204)
BROWNING, Sarah 40, Robert 19 (204)
BRUCE, Benjamin 16*, Robert 14 (273)
BRUCE, Emaline 52* (273)
BRUCE, George W. 22*, Fannie? 23, James B. 2 (273)
BRUCE, J. P. 24 (m), Mary S. 18, John O. 1 (205)
BRUCE, Joel 59, Esther A. 54, Sarah E. 26, James K. 22, William S. 17, John R. 15, Cyrus B. 12, Philip 28 (213)
BRUCE, O. P. 48 (m), A. R. 35 (f), Lizzie P. 16, Sallie A. 12, Mary E. 8, Sherrell 6, Lee 1 (f), T. J. 40 (m) (97)
BRUCE, Silas W. 35, Frances O. 26, Sarah C. V. 8, John R. 5, James W. 5, Callie C. 2 (9)
BRYAM, Benj. B. 58*, Rufus H. 27, Major G. 19, Mary P. 24, Walter E. 20 (6)
BRYAN, Aug. N. 48*, Frances A. 47, Mary A. 21, Sallie G. 15, William E. 13, Joseph B. 9, Granville 49 (B) (5)
BRYAN, Margaret L. 39*, Elizabeth E. 18, Henry P. 11, Efraim B. 8 (f) (233)
BRYAN, Perlina 38, Mollie 17, Wesley J. 13, Ida M. 11, Rossa 6, Dora B. 4 (6)
BRYAN, William D. 36, Martha I. 29, Levi B. 11, James T. 9, Harvey C. 7, General M. 5, John M. 3, Mary M. 8/12 (7)
BRYAN, Willis Y. 31, Sarah S. 23, William M. 6, Cordelia 4 (7)
BRYANT, Andrew 28, Mary A. 15 (281)
BRYANT, Etta 15* (1)
BRYANT, Fannie 49*, Laura 21, John J. 18 (82)
BRYANT, H. 10 (m)* (172)
BRYANT, J. 22 (m)* (171)
BRYANT, J. L. 28 (m), Elisabeth 20, Mary W. 7, Lilly 4, Frank B. 1 (212)
BRYANT, James 65, Sarah C. 23, William 16 (11)
BRYANT, Jhon D. 39*, Susan 34, Jhon A. 11, Charles T. 9, Franklin S. 6, Fannie 4, Walter C. 2, Lura B. 6/30 (271)
BRYANT, Julia A. 44*, J. G. 17 (m), W. D. 15 (m) (19)
BRYANT, Leroy 24*, Elnora 21, Mary A. 2 (281)
BRYANT, Neely 12* (B) (197)
BRYANT, Sarah 35, James 16, John 12, Eliza 7, Jane 4, Richard 1 (281)
BRYANT, T. E. 8 (m)* (189)
BRYANT, W. M. 43 (m), L. N. 26 (f), G. A. 6 (f), C. D. 4 (f), W. M. 1 (m) (244)
BRYANT, William 22, Sarah 20, A. Babe 2/12 (f) (275)
BRYANT, William E. 54?, Pheba 49, Mary 20, Ellen 18, Malinda 15, Eliza 13, Randle 12, Emaline 10, Lucinda 8, James 6 (276)
BRYANT, William J. 43, Mary J. 38, William R. 20, Henry 19, John D. 15, Alice 14, Fannie 12, Edwin 2, William 85 (264)
BRYANT, Wils 8* (B) (233)
BRYSON, H. K. 28 (m)* (91)
BUCHALOW, Wm. J. 18* (143)
BUCHANAN, A. 46 (m,B), Annice 40, Thomas 16, Linnie 14, Julia 12, Chas. 3 (53)
BUCHANAN, Al 60 (B), Roda 45, Annie 18 (128)
BUCHANAN, Alfred 40 (B), Margaret 29, Melissa 17 (56)

1880 Census, Lincoln Co. TN

BUCHANAN, Andw. 30* (B), Sopha 26, Mary Lou 5 (98)
BUCHANAN, Anthony 30 (B), MInerva 28, Mag. 5, Cordie 3, Ida 1/12, Andrew 82 (115)
BUCHANAN, Araminta 58, R. M. 25 (m), M. R. 20 (f) (114)
BUCHANAN, B. 86 (f)*, White 62, Lizzie 64 (56)
BUCHANAN, Betty 21* (B), David 4 (103)
BUCHANAN, C. M. 40 (m)*, Sally 26, M. L. 9 (f), A. T. 6 (f), Thomas 1 (160)
BUCHANAN, Cad 21 (m)* (B) (95)
BUCHANAN, Caroline 38* (B) (140)
BUCHANAN, Charlie 14* (B) (114)
BUCHANAN, Clay 81 (f)* (B) (53)
BUCHANAN, David H. 25* (229)
BUCHANAN, Ed 34 (B), Fannie 30, Burel 10, Walter 5, Isaac 2, Ed 1/12 (126)
BUCHANAN, F. G. 42 (m)*, Kate 30, Mattie 5, Andrew 3, Thomas 1 (56)
BUCHANAN, Frances 26* (B), Irena 6, Hulda A. 2 (102)
BUCHANAN, George 70* (B), Catherine 50 (253)
BUCHANAN, H. C. 34 (m)*, P. J. 33 (f), Rebecca 13, Lizzie 11, J. D. 9 (m), Ella 7, Willy 5, Edwin 3 (157)
BUCHANAN, Isaac 50 (B), Nancy 48, Jas. P. 13, Julia E. 11, Thos. W. 10, Andrew J. 8, Eliza A. 7, Lucy A. 5, Marietta? 4? (177)
BUCHANAN, J. D. 35 (m), Mollie 33, Eddie 7, Goodnor 5, Ella 4, Olla 1 (f), _____ 13 (m), _____ 18 (f,B) (129)
BUCHANAN, J. L. 27 (m)*, M. A. 20 (f), W. N. 4 (m), McElroy 1 (116)
BUCHANAN, J. M. 63 (m)*, Elizabeth A. 60, Mollie 34, Ellanora 24, Thomas 22 (129)
BUCHANAN, J. W. 3 (m)* (B) (259)
BUCHANAN, James 36 (B), Manda 38, John 19, Lucy 18, Eb 16, Beorge 13, Mary 11, Sue 9, Will 5, Maggie 3, Tommie 11/12 (128)
BUCHANAN, Jero 78 (m,B), Juda 74 (f) (115)
BUCHANAN, Jim 35 (B), Vina 26, Fanny 12, Ella 10, Mag. 8, Willie 6, Ollie 4 (f), Adda 3, Major 1 (115)
BUCHANAN, Jno. W. 53 (B), Harriet 42, Sally 16, Isom 16, Mattie 1/12 (99)
BUCHANAN, Joe 35 (B), Harriet 40, Letty 20, Cora 5, Skip 4 (f) (114)
BUCHANAN, Joe 59 (B), Frankie 46 (f), Burt 21, Joe 19, Wm. 14, Margret 12, Charlie 6 (129)
BUCHANAN, John 19* (B) (156)
BUCHANAN, John 51 (B), Martha 44, Lewis 17, Thos. 15, Moses 13, Harriett 11, Mathew 9, Johnson 6, Icey 3 (f) (261)
BUCHANAN, John 57* (B), Jane 37, A. 16 (f), M. 14 (f), C. 10 (f), Ida 7, L. 6 (f), H. B. 3 (m), H. E. 1 (f) (161)
BUCHANAN, Laura 26* (B) (94)
BUCHANAN, Lewis 23 (B), Caroline 30 (130)
BUCHANAN, Lucy 18* (B) (121)
BUCHANAN, Mary 10* (B), Lou 9 (114)
BUCHANAN, P. T. 59 (f), Rany 21, Jeff F. 18 (160)
BUCHANAN, Pryor 39, M. E. 33 (f), Jno. H. 12, Martin 9, Mary L. 2 (135)
BUCHANAN, Rufus 18 (B), Icy 13 (f) (100)
BUCHANAN, S. 29 (m)* (135)
BUCHANAN, Sallie 7* (B) (135)
BUCHANAN, Saml. 27 (B), Samuel 4 (55)
BUCHANAN, Sarah 15* (B) (109)
BUCHANAN, Wm. G. 57* (B), Mary 59 (100)
BUCHANAN, Wm. S. 52*, Nancy 52, Steele 12 (116)
BUCHANON, _____ 23 (m)* (B) (139)
BUCHMAN, Pat 28 (B), Josephine 23, Sally 5, Lucy 3, Roberta 1 (109)

1880 Census, Lincoln Co. TN

BUCKANHAN, William 49 (B), Millie 40, Sofa 5, Rufus 4, Victora 18, infant 1/12 (m) (225)
BUCKHAM, Mary 14* (B), Ada 12, James 11, Oscar 9 (78)
BUCKHANNON, H. Nancy 28 (B), Andrew 10, Sousan 7, Willie 6, Walter 4, Henry 10/12 (158)
BUCKNER, Jhon S.? 20* (277)
BUFFALO, Thomas 53, Amanda 42, Mary E. 25, Jasper 23, Jane 20, Joanah 25, Nancy A. 12, William A. 10, Paulina 9, John H. 4, Violet 2 (215)
BUFFALO, William E. 72, Nancy 42 (220)
BUFFALOW, M. E. 20 (f), S. A. 3 (f), W. L. 1 (m) (193)
BUJRKE, Tom 28 (B), Molly 20, Jimmy 3, Mary W. 1, Frances 2/12 (100)
BULLARD, Caroline 60* (B) (260)
BULLARD, Wash 32, Sarah E. 33, Nancy M. 10, Martha C. 8, Bobbie 4, Ezelle M. 2 (f) (150)
BUNN, Jas. R. 37, Burnetta 28, Lewis 13, Sumantha 10, John 4 (19)
BUNN, Thomas 30*, Nancy 30, Susan E. 10, Katharine C. 8, Wiley 1 (109)
BUNN, William? 27 (B), Malissa? 28, Lucy 13, Rebecca 9, Charles 8, Lizzie 6, Alice 2, Maggie 4 (63)
BUNN?, Mark 33, Jane 36, Mary 13, Walter 11, Leona 8, Fannie 6, Bunee 4 (f), George 3 (52)
BUNTLEY, Jacob B. 50*, Elizabeth 50, George 21, Jacob J. 20, Wm. A. 16, Mary 15, John 12 (83)
BUNTLEY, James 28* (58)
BUNTLEY, William 54, Nancy J. 52, John M. 23, Mattie M. 21, Andrew 20, Vandom 17, Emiline 15, Charlie 13, ___ L. 11 (f), Alexander 5 (82)
BURFORD, Comer 67, Mary 63 (198)
BURGESS, Burnet 30, Emily 38 (87)
BURGESS, Georgia 22* (58)
BURGESS, J. 27 (m), M. 25 (f), N. 6 (f) (170)
BURGESS, Nancy 52, Malissa 24 (87)
BURGESS, T. J. 40 (m), Eveline 41, Bettie 12, Kate 9, Thos. 6, Mattie 5 (257)
BURGESS, W. D. 26 (m), C. A. 26 (f), Thos. N. 4 (23)
BURHAM, Charlie 14* (61)
BURHAM, James 18* (77)
BURKE, Lewis 26 (B), Matilda 25 (103)
BURKE, Lydia 39* (108)
BURKE, Polly 66* (B) (99)
BURKEEN, Hatty 10* (B) (91)
BURN, Thomas J. 28, Angy V. 21, Caladonia E. 4/12 (152)
BURNAM, J. H. 40 (m)*, Victoria 39, Sarah H. 13, Mary E. __, Jas. F. 4, Virginia D. 3, John 4/12 (96)
BURNES, Andy J. 30, Margaret A. 26, Rufus A. 7, Lizzy D. 4, William D. 2, Geo. W. 6/12 (153)
BURNES, H. 56 (m), N. D. 15 (f), J. H. 21 (m), I. G. 19 (m), J. A. 8 (m) (175)
BURNES, J. W.? 23 (m), R. S. 23 (f) (175)
BURNES, R. 58 (m), D. 56 (f), J. 23 (m), J. A. 21 (m), N. 17 (f), J. T. 12 (m) (175)
BURNES, Wm. 34, S. A. 36 (f), Leroy 8, Isa? 6, Viola 4, Alice 2, Newton 1, Sarah 5/12 (160)
BURNS, Alfred A. 11* (153)
BURNS, Huldah 25?* (40)
BURNS, Jane 42, Josie 16, John 13, Lula 11, Adolphus 7 (38)
BURNS, Margaret 27, William E. 8, James C. 6, Ann E. 4, Daisey M. 2 (147)
BURNS, Mary M. 80* (227)
BURNS, Nelly 3* (83)
BURNS, Sallie 21, Ula 2, M. J. 4/12 (f) (192)
BURNS?, Elizabeth 10* (52)
BURROW, Alonzo 43 (B), Viney 35 (110)
BURROWS, Russell 34, Permelia 25, Rulen A. 3 (m), Carrie E. 1 (117)
BURSON, J. L. 24 (m), E. L. 21 (f), M. L. 1 (f) (25)
BURTON, Andrew J. 27, Perlina L. 19, Nancy 65 (224)
BURTON, George E. 33, Mary 34, John D. 7, James K. 6, Thomas A. 2 (223)

1880 Census, Lincoln Co. TN

BURTON, R. M. 34 (m), Elizabeth 33, Elwood C. 13, J. A. Lee 12, Luella F. 11, Thomas C. 9, Robt. Bright 8, Nannie E. 5 (102)
BURUM, John 21, Lizzie 23 (81)
BUSBEE, Jacob 56*, Rebecca 53, Jacob 19, Martha 16 (280)
BUSBEE, William H. 31, Nancy 27, Jacob S. 7, John W. 5, Frank Hardee 3, A. Babe 3/12 (f) (280)
BUSBY, Caroline 28* (B) (19)
BUSS?, George 44 (B), Harriett 45, Eliza J. 18, Bell 14, Violet 14, William 12, James 10 (217)
BUSSEL, Charles 53*, Eliza J. 45, Charles C. 20, Benjamin L. 9, Thomas B. 6, Otter J. 2 (f) (150)
BUTLER, Bazel 66* (B), Susan 8, Maria 4 (100)
BUTLER, Catherine 48, Saphrona 16, Lodona C. 14 (83)
BUTLER, Jas. P. 26, Mary M. 25, Celista 4, Sally 1 (206)
BUTLER, L. C. 48? (m)*, Caladonia 45, Lewis F. 18, Minnie L. 12, Marion E. 10 (m), Carolin 64, Maggie 7 (155)
BYAN, E. J. 35 (m), Martha A. 32, Mary J. 12, Alexander 10, George W. 7, Obediah 5, Palestine 4 (f), Bessey 2 (214)
BYAS, James 28 (B), Agnes 26, Ella 7, Mary 6, Laura 5, Sallie 2, Maria 10, Ellen 2 (52)
BYERS, Edward 28, Fanney 25, Otey 3 (m) (243)
BYERS, Leeand 21? (m), Emma 18, Ella 11/12 (257)
BYERS, Lizzie B. 27*, Adelin E. 18, Ricd. H. 11, Ada 9, Atta 5, Edna E. 4, Jimmie M. 2 (f) (229)
BYERS, Wm. M. 70, Malena 61, Josephus F. 30 (229)
BYNUM, F. M. 33 (m), A. S. 23 (f), Jno. S. 4, D. F. 2 (m), Eli J. 7/12 (25)
BYNUM, Jane C. 55* (29)
BYROM, Patrick 20 (217)
CAFFORD, Henry 24, Lou J. 25 (f), N. F. 8/12 (f) (252)
CAIN, Thomas 33, Susan 38, Manerva B. 8, Matty 6, Alva H. 4, Anna S. 1 (242)
CALAWAY, Sarah 48, Morgan 23, Felix 20, Maggie 13, Mollie 12, Ida 5 (53)
CALDWELL, A. F. 26 (m), M. G. 26 (f), John W. 4, Mollie D. 1 (185)
CALDWELL, D. M. 58 (m), E. J. 48 (m), N. A. 21 (f), M. J. 19 (f) (181)
CALDWELL, Jhon 35, Sarah C. 30, William 6, Martha 60, Hiram 18 (270)
CALDWELL, John M. 38, Evaline 28, Ida 13, John 10, Thomas 8, Good 2 (m), William 23 (264)
CALDWELL, John __, Elizabeth __, Amanda 8, William 20, Victoria 23 (34)
CALDWELL, Joseph 29, Elizabeth 33, Hiram 10, Joseph 8, STerling 6, Mary 4, Nancy 3, Henry 1 (43)
CALDWELL, M. F. 40 (f)* (179)
CALDWELL, M. M. 46 (m)*, Julia A. 44, Willie M. 22 (f), Nannie 16, James T. 13 (73)
CALDWELL, Margret A. 11* (241)
CALDWELL, Mary 20*, H. A. 17 (m) (96)
CALDWELL, Noah 65* (B) (59)
CALDWELL, R. L. 23 (m)* (110)
CALDWELL, Samuel 22* (270)
CALDWELL, Samuel 63, S. P. 48 (f), J. E. 24 (m), Wm. H. 22, T. J. 18 (m), S. N. 16 (m), Ella K. 14, John W. 10, Charlie M. 8 (185)
CALHOUN, Mary 20 (B), Eldridge 1 (101)
CALHOUN, Wm. P. 17* (92)
CALL, Wilson R. 46*, Martha 43 (69)
CAMBELL, A. M. 43 (m)*, Sarah J. 32, Easter F. 15, Nancy A. 12, Sarah B. 8, Dora J. 5, Mary M. 3, Walter A. 1 (26)
CAMBELL, John 52*, Mary 47 (26)
CAMBRON, E. J. 38 (m), M. H. 36 (f), T. J. 16 (f), M. A. 13 (f), J. M. 11 (m), L. R. 7 (f), Mary 9, Lavonia 5, L. E. 2 (f), W. P. 6/12 (m) (18)
CAMBRON, E. L. 19 (m), Emily 22 (18)
CAMBRON, G. L. 23 (m), Mary 23, John F. 2, Anna M. 1 (28)

1880 Census, Lincoln Co. TN

CAMBRON, J. W. 51 (m)*, D. C. 44 (f), Sarah J. 28 (f), Jas. A. 11, Mattie F. 10, Woods Shook 7 (f), W. D. 3 (m) (18)
CAMBRON, Jane 70*, N. E. 42 (f) (19)
CAMBRON, William J. 47*, Nancy 45, William? J. 14, Martha 11, Ella 6 (275)
CAMBUN, Mary A. 22*, Mary E. J. 7, Eddie I. 3, Laurie P. 3/12 (22)
CAMEL, Josephine 38, Andrew 18, Ella 14, Charles 10, Almeda 8, Sallie 5, Lula 3, Arther 6/12 (59)
CAMEL, Mary 18* (68)
CAMP, I. B. 54 (m), Frances M. 26, Elisabeth 2 (203)
CAMPBELL, C. 35 (m), Margaret 30 (35)
CAMPBELL, C. 50 (f), Mary 27, Susan 15, George 19 (38)
CAMPBELL, James 25, Nancy 23, Sarah 5, Ruth 3, Margaret 1 (34)
CAMPBELL, James 65, Jane 50, William 29, Bettie 23 (62)
CAMPBELL, John 19 (B) (49)
CAMPBELL, John 21* (53)
CAMPBELL, Lizzie 59, Lou 36 (f), William 17, Rufus 8 (32)
CAMPBELL, Martha 28, Thomas H. 11, Dolly V. 8, Charles M. 6 (3)
CAMPBELL, Mary 19* (146)
CAMPBELL, Robert 68, Mary 66 (3)
CAMPBELL, Robt. 35, Mary 40, Sarah E. 8, Georgia B. 5 (254)
CAMPBELL, Samuel 41, E. J. 28 (f), Lucindy 11, W. C. 8 (m), S. J. 6 (m), D. J. 3 (f), J. H. 6/12 (m) (192)
CAMPBELL, Theresa M. 33* (240)
CAMPBELL, W. A. 21 (m)* (91)
CAMPBELL, W. G. 52 (m)*, Elizabeth 52, D. S. 14 (m), Jack 12 (136)
CAMPBELL, Wm. 29, Nancy 32, Rufus E. 13 (253)
CAMPBELLE, G. S. 47 (m)*, Dialphia 49, Billie May 15, John 14, George S. 12, Eliza A. 8, Mattie 5 (257)
CANNON, Ben 65 (B), Sallie 40, Sampson 19, Mack 17, Joseph 14, Thomas 12, William 9, Sallie 5, Ben Jr. 2, Mariah 60 (63)
CANNON, Harriett 62, J. M. A. 24 (m), Elizabeth 26 (f) (245)
CANNON, Henry 14* (B) (102)
CANNON, Ida 12* (B), Iora? 7 (155)
CANNON, J. N. 43 (m), M. D. 20 (f), J. N. 18 (m), J. L. 16 (m) (245)
CANNON, Jane 38* (84)
CANNON, Mattie J. 28*, Willie F. 10 (84)
CANNON, Minus 34, Martha 32, Micky Ann 12, Johnny 10, Walter 2, Horace 2/12 (116)
CANNON, Thomas 25 (B), Emily 24, Frank 6, Robert 4, Susan 3, Effie M. 4/12 (76)
CANTROL, W. J. 39 (m), Judah 35 (f), James H. 14, Johnathan 12, Reubin C. 10, Wm. J. 8, John G. 7, Mattie 4, George W. 2, Martha 60, Johnathan 66? (256)
CANY, J. H. 55 (m)*, Margarett 65 (159)
CARD, A. C. 37 (m)*, Sarah 12, Izora 10, Hughes 8, Andrew 6, Milton 4 (59)
CARDEN, Prudy 26*, Keziah 28, Florence 5 (B), Phebe 5 (B) (16)
CAREY, John 58*, Nancy 29, Nancy V. 11, Alexis 8, Sarah 7, Josephine 4, Isabelle 8/12 (159)
CARLIN, H. H. 31 (m), Sarah 35, Washington 6, Johny 3 (110)
CARLIN, William 73* (202)
CARLIN, Wm. 35, Mary 33, Willie 12, Lizzie 9, Monnie 7, Thomas 4, Lucy 1 (102)
CARLON, Rachel 64*, Mary A. 33 (104)
CARLOSS, George 29 (B), Clara 30, Samuel 9, Talitha 6, Mary 4, Gusta 2 (f), Hanner 80 (261)
CARLTON, R. J. 27 (f), W. M. 10 (m) (21)
CARMACK, Geo. C. 36*, Susan E. 36, Maggie E. 11, Saml. W. 8 (139)
CARMACK?, S. W. 32 (m)*, Marth R. 29, Geo. C. 8, Roberta R. 5?, Tillman W. 8, Margt. G. 4/12? (98)

1880 Census, Lincoln Co. TN

CARNES, Bryant 34 (B), Ann 31, Fannie W. 14, Clark 11, Tempy 9, Ella 5, Ginnie A. 4, Margret 2, Manervy 1 (179)
CARNES, Darcus 65 (B) (179)
CARNES, David 24 (B), Elizabeth 22, John H. 5, Geo. W. 3, Anna N. 6/12 (179)
CARNES, Lewis 31* (B) (179)
CARPENTER, Clinton 28, Martha J. 25, John M. 2, Mirtle 1 (m) (236)
CARPENTER, Eliza 39, Exa 14, Emma 13 (234)
CARPENTER, Emanuel 44, Isabella E. 38, Sarah A. 12, Mary E. 1 (12)
CARPENTER, Hardy 50, Amanda 43, Franklin __, William __, Mary J. __, Margaret 15?, Hardy 13, Levi A. 12, Josephus 7, Thomas M. 5, Drusilla 4, Luvere 1 (236)
CARPENTER, J. 37 (m), E. 32 (f), M. 5 (f), E. B. 3 (f), J. 2/12 (m) (172)
CARPENTER, Logan 51, Mary 51, Sarah E. 29, Christopher 20, Mollie A. 15, Savilla 14, John 10 (234)
CARPENTER, Morris 72, Polly 67, Josephine J. 34, Martha A. 30, Naomi R. 28, Frances 21, Joel E. 20 (211)
CARPENTER, O. B. R. 30 (m)* (172)
CARPENTER, S. 67 (f), S. 43 (f), Mahaley F. 7 (172)
CARPENTER, Wiley G. 34, Mary 25, Bedford L. 8, Ida 6, John P. 5, William J. 3, Salrah J. 1 (4)
CARRIGAN, J. G. 44 (m)*, Fannie E. 43, Emma 19, B. V. 16 (f), Hiram 69, F. B. 64 (f) (108)
CARRIGER, Christian 70*, Bettie 69 (74)
CARRIGER, John 50, Hulda A. 33, Sallie 7, Albert 5, Mary S. 2 (59)
CARROLL, Charles 8* (226)
CARROLL, J. H. 29 (m)*, M. L. 26 (f), S. E. 8 (m), N. E. 6 (f), M. C. 4 (f), M. M. 1/12 (f) (125)
CARTER, A. B. 59 (m)*, Eliza R. 59, A. B. Jr. 17 (104)
CARTER, Benjamin 35, Ann 35, James 7, Jane 10, Anne 6, Logan 3 (32)
CARTER, Charlotte 42 (B), Alice 25, George 12, Fannie 8, Carrie 5, Virgin 2, Minnie 11/12 (272)
CARTER, Frank W. 29*, Susie J. 25, Nina W. 4 (91)
CARTER, Henry 36, Mary 33, William 12, Mattie 9, Henry Jr. 7, Ida 5 (38)
CARTER, J. C. 72 (m)*, Nancy 67, Tom 31, Nannie 25, Alex 24 (162)
CARTER, Jas. A. 45, Hanah A. 45, Lula O. 18, Eddie J. 17, Joseph E. 13, Clark 10, John 7 (184)
CARTER, Jhon V. 28* (267)
CARTER, Mary 20* (B), Marion 5 (m) (116)
CARTER, Mathew 58*, Cynthia 59, Reuben 20 (37)
CARTER, Mathew W. 29, Mattie 24, Allen 9, Paralee 6, Willis 3 (37)
CARTER, N. P. 33 (m)*, Orra Lee 24, Lucy C. 4, Nelson P. 2, Geo. F. 1 (95)
CARTER, Oce 23 (m)* (B), Rufus 12 (267)
CARTER, Richard 27, Emeline 24, Charles 1 (208)
CARTER, Robert 40 (B), Rose 39, George 14, Milly 13, Mack 8, Linir 6 (f), STephen W. 5, Frank 3, Robert 1 (271)
CARTER, Stephen 36* (B), Amanda 33, Lona 18 (m), Newt 17, Andy 13, Johny 7, Mary 5, Maud 3, Ida 2 (108)
CARTER, T. J. 53 (m), A. E. 30 (f), Maggie 18, E. R. 22 (m), F. O. 15 (f) (92)
CARTER, W. F. 26 (m), Fanney 25, Emma 4, Robert 1 (257)
CARTER, William 26, Elisabeth 24, Early M. 2 (m), James O. 1 (210)
CARTER, William 29 (37)
CARTER, William E. 57*, Amanda 51, Henry O. 24, George J. 20, Amanda 6 (267)
CARTER, Willis 52, Elizabeth 53, Bony 22 (f), Lizzie Jr. 19, Catharine 17, Willis Jr. 15, Emmaline 12 (37)
CARTRIGHT, W. T. 42 (m), Ezekiel 18, Ervin 15, Sarah E. 13, Mary Eve 12, Jno. C. B. 9, Jo Crawf. 7, Geo. W. 3, Wm. Henry 9/12 (68)
CARTY, Eugene 24* (B) (97)
CARTY, Henry K. 52, Margt. 44 (110)

- 23 -

1880 Census, Lincoln Co. TN

CARVER, F. E. 38 (f), John M. 17, Jas. M. 15, Martha J. 11 (179)
CARY, James L. 53*, Ann E. 46, James W. 18, Maria E. 19, Robt. E. 16, Eslen D. 13 (144)
CARY, Lucy 21 (202)
CASEY, Frank 32, Mollie M. 22, Fletcher 2 (68)
CASEY?, Martin 76* (B) (68)
CASHION, A. 30 (m), Callie 2, R. D. 8 (m), J. H. 4 (m), W. R. 3/12 (m) (20)
CASHION, Andrew 69*, Catharine 67, Ida 21 (52)
CASHION, Arch 43, Elizabeth 33, Nathan Boon 6 (261)
CASHION, Catharine 52, Rufus 26 (51)
CASHION, Dick 29, Mary 26, Iola 8, Edward 6, Claude 4, Lizzie 2, Royal 2/12 (54)
CASHION, Eliza S. 17*, Mattie L. J. 2/12 (24)
CASHION, James 31, Margret 26, Grace 9, Ida 7, Lula 5, Gilbert 3, Ada 1 (269)
CASHION, James 52 (50)
CASHION, Mary C. 24*, Newton E. 2 (279)
CASHION, Richard R. 54*, Eliza J. 40, Andrew 16, Lettie E. 14, Hulda 12, Joseph 10, Jhon 7, Ellen S. 5, Franlin 3 (272)
CASHION, W. Jack 30* (278)
CASHION, W. M. 38 (m), Elizabeth 37, Lucy 2, Lillie 9/12 (38)
CASS, Willis H. 62, Mary E. 50, Virginia E. 19, Mary L. 13 (139)
CASTLEMAN, Gad 38, Emma 31, James O. 4, John W. 1 (133)
CATES, Martha A. 38*, Berry 22 (71)
CATHCART, Eber 65 (m)*, Celia 58, Muphy 20 (m) (186)
CATHCART, M. A. 28 (m), Elizabeth 32, C. A. A. 2 (f), James H. 1 (190)
CATHCART, M. L. 15 (f)*, unnamed 4/12 (m) (187)
CATHCART, W. C. 24 (m), M. A. 26 (f) (187)
CATHCART, W. H. 46 (m)*, S. A. 35 (f), M. E. 18 (f), Amanda 16, David 9 (193)
CATHEY, J. F. 46 (m), S. A. 43 (f), M. L. 14 (f), V. S. 12 (f), E. J. 10 (f) (174)
CATHEY, Jerre 23* (B), Emly 20, Isaac 92 (177)
CATHEY, N. L. 70 (f)* (177)
CAUDLE, Sterling A. 21* (143)
CAUGHRAN, H. P. 31 (m), C. C. 28 (f), Wm. H. 8, J. L. 7 (m), M. S. E. 2 (f) (248)
CAUGHRAN, J. L. 56 (m)*, Mary T. 53, Olivia? 19, John L. 17 (247)
CAUGHRAN, J. P. 39 (m), Sarah M. 36, Lula C. 11, Rosanah B. 9, U. A. 7 (m), A. G. 4 (f) (248)
CAUGHRAN, Jane E. 56, Mary Jane 34, Ada Bell 4 (106)
CAUGHRAN, John 71, Jane S. 67, Archie T. S. 38, Mary L. 25, William L. 3, Lilly M. 1/12, Lizzie 60 (B), Littleton 19 (B) (222)
CAUGHRAN, M. H. 50 (m)*, Julia 46, Mattie 26 (130)
CAUGHRAN, Mary 62*, Mary J. 11 (249)
CAUGHRAN, T. W. 26 (m)*, A. J. 24 (f), E. A. 6 (m), J. L. 3 (m), W. C. 8/12 (m) (247)
CAUGHRAN, W. H. 29 (m)*, Sallie O. 26, Lillie May 6, Archie Lee 9/12 (122)
CAULEY?, Robert 30, Louisie 25, Myrtle 3 (32)
CAUTHAN, Luther 23, Mary J. 23, William 5, Edgar 2 (212)
CAUTHON, Fanny 60, Margaret L. 28, George W. 24, Henry 23, William L. 19 (214)
CAWLEY, John 35, Margaret 10, Oscar 8, Ella 6, John Jr. 4/12 (32)
CAWLEY, Thomas 25, Fannie 19 (33)
CAYTON, Thomas 22, Anna 22, Kate 7/12 (212)
CHAFIN, Ben J. 41, Hit 33 (f), C. B. 11 (m), G. G. 9 (m), T. O. 3 (m), R. S. 2 (f), W. T. 19 (m) (94)
CHAFIN, C. C. 82 (m), Margaret 50 (97)
CHAFIN, Sarah 48, James 14, Daniel 8 (74)
CHALK, C. D. 26 (m)* (B), Fannie 24, D. C. 8 (m), O. D. 2 (m), C. G. 1 (m) (118)
CHALK, G. D. 28 (m)* (B), E. C. 24 (f), A. A. 8 (f), R. 6 (m), Emma 5, Ed 3, Ella 3, L. A. 1 (f) (118)
CHAMBLES, James 40*, Adaline 40, Martha A. 16, Cordelia C. 14, Irene 12, Wm. Franklin 4 (195)

1880 Census, Lincoln Co. TN

CHAPEL, Freeman 36 (B), Betsy 28, Martha A. 12, Douglas 9, Hurley 6 (f), Ezekiel 4, Jennie 3 (123)
CHAPMAN, John 58*, Ann E. 60, John G. 26 (141)
CHAPMAN, Polly 93 (132)
CHARLTON, Franklin 23* (143)
CHEATHAM, Alice 11* (4)
CHEATHAM, Jas. 18* (230)
CHEEK, Fernetta 42*, Mary M. 14, Tillman 6, Ernest 2 (112)
CHERRY, J. P. 21 (m)* (107)
CHESNY?, Fannie 22* (277)
CHEVIS, Henry 67, Ann 65 (130)
CHIALAM?, D. W. 40 (m)* (B), Mary A. 38 (251)
CHICK, Anna 16* (56)
CHICK, Saml. 40* (57)
CHICK, W. D. 44 (m), S. E. 44 (f), W. E. 24 (m), M. G. 21 (f), Viola 6, Katie C. 5 (19)
CHILCOAT, Archie 54 (B), Lucinda 36, George 15, Hannah 13, Sarah Jane 10, Caroline 8, Mary 6, Edwin 4, John B. 1 (120)
CHILDERS, Arthur J. 68, Mary F. 37, Jessie 25, John U. 21, Sallie D. 11 (223)
CHILDERS, James H. 26, Mary 33, infant 8/12 (f) (223)
CHILDERS, Jas. S. 24 (22)
CHILDRESS, Nancy 75* (7)
CHILDRESS, Robt. 28, Lizzie 24, M. L. 5 (f), J. L. 3 (m), L. J. 6/12 (f) (194)
CHILDRESS, S. H. 25 (f)*, Jas. R.? 4 (138)
CHILDRESS, Stephen 84, Jane 60, Luana 35, Parthena E. 33, Sarah C. 27 (215)
CHILDRESS, Wm. C. 30, Sarah E. 27, William T. 1 (215)
CHILDS, Dave 19* (B) (177)
CHILDS, Fanny 42*, Kate 19 (60)
CHILDS, Isaac 38* (B), Isaac Jr. 13, Letha 11, Frank 9 (180)
CHILDS, Maggie L. 7* (131)
CHILDS, T. H. 38 (m)*, S. C. 34 (f), M. O. 8 (f), M. L. 5 (f), Annie 2, Sallie A. 1/12 (136)
CHILDS, Walter 5* (B) (99)
CHILLIS, Matilda 70* (B) (120)
CHISM, John 25 (B), Lucy 18 (101)
CHISM, Lewis 61 (B), Charlotte 51, Gabe 15, Jordan 14, Fanny 12, Lydia 12, Nancy 29, Thomas 10, Ady 8, Pink 6 (f), Ida 4, Jetson 2, Tillman 4/12 (121)
CHITWOOD, Fannie 67* (137)
CHRISTIAN, A. F. 54 (f), R. E. 28 (m), W. W. 22 (m), Hallie Lee 18, Fanie E. 16 (92)
CHRISTIAN, Burrel 64, Lucy E. 39, Fannie A. 34, Laura J. 22 (275)
CHRISTIAN, Franklin 28, Charlotte 23, Della J. 2 (277)
CISCO, B. F. 67 (m), Manerva A. 55, A. J. 19 (m), Sarah T. 17, Martha J. 14 (28)
CLABON, Emery 17* (B) (265)
CLABORN, Thos. 56 (B), Emly 35, Adaline 16, Robert C. 14, Thomas 12, Kirer 9, Hattie 8, Morde 6 (f), Pauline 5 (137)
CLAK, Susan 48, Hattie 22, W. J. 21 (m), Thos. B. 18 (135)
CLANCH, George 19* (249)
CLANTIN, T. M. 27 (m)* (125)
CLANTON, Isaac 48* (B), Lavina 50 (109)
CLANTON, Josie 23* (B) (91)
CLANTON, M. 50 (m)* (B), S. 34 (f), N. 19 (m), Harriet 12, L. 6 (f), I. 2 (f) (165)
CLANTON, Monroe 11* (B) (269)
CLARK, Alex 43* (B) (156)
CLARK, Anderson 40? (B), Angeline 37, Lizzie B. 13, Letta A. 8, Robert F. 6 (130)
CLARK, Archie 25 (B), Sallie 20, Anna 4 (111)

1880 Census, Lincoln Co. TN

CLARK, B. A. 39 (m), N. C. 28 (f), D. M. 7 (f), J. L. 5 (m), A. M. 3 (m) (194)
CLARK, C. S. 47 (m), Susan 33, Mattie 5, Willie 2, Harriet 77, Rebecca M. 56 (125)
CLARK, Cal 44* (B), Mariah 29, Marion 23 (m), Leona 13 (188)
CLARK, Caroline 37 (B), Ann 17, Lizzie 14, Boone 13, Henry 10, Tommy 8, Lewis B. 10/12 (100)
CLARK, Charly 20 (B), Dona 21, Wm. 2 (137)
CLARK, D. S. 26 (m)*, Hattie 22, Harry 4, Mary 2 (132)
CLARK, D. W. 44 (m)*, Lucy G. 39, J. E. T. 7, Albert D. 7/12 (95)
CLARK, E. G. 25 (m), E. S. 26 (f), G. T. 2 (m), H. W. 1/12 (191)
CLARK, Eliza 44* (B) (137)
CLARK, Emeline 48* (B) (92)
CLARK, F. S. 41 (m), Mary J. 38, C. M. 18 (m), Robt. S. 15, F. L. 12 (f), W. D. 8 (m), Ulah 5 (f) (259)
CLARK, Fannie 16* (106)
CLARK, Foster 33* (144)
CLARK, G. W. 23 (m), Mary F. 27 (186)
CLARK, Gus 35 (B), Ellen 30 (157)
CLARK, Hannah 65* (B) (179)
CLARK, Henry 25 (B), Mary 19 (110)
CLARK, Isham 14* (B) (7)
CLARK, Issa 26* (B), Lizzie 6, Lula 4, Isaiah 2 (116)
CLARK, J. A. 45 (m)*, Mary 46, M. S. 19 (f), Adelin 17, W. A. 3 (m) (162)
CLARK, J. H. 40 (m)*, S. E. 39 (f), Samuel P. 14, John 8, Clemantine 5, James M. 2 (181)
CLARK, J. P. 34 (m), Rebecca 34, Lizzie L. 8, Evva W. 6, Colville E. 3, Claude E. 5/12 (181)
CLARK, Jack 40 (B), Mag 28, Molly 9, Willie 6, Thomas G. 4 (105)
CLARK, James 12* (21)
CLARK, James 65, Sarah 48, J. R. 20 (m), N. J. 18 (m), I. N. 15 (m), Martha E. 13, Ally B. 10 (m), L. P. 5 (m) (186)
CLARK, Jane 50* (B), Jane 12, Hampton 18, Robt. 7 (185)
CLARK, John 21 (B), T.A.D.E. 15 (f) (183)
CLARK, John 30 (B), Lucinda 28, Blaney 12 (f), Effie 11, Lewis 6, Janie 2, Lucy 1 (195)
CLARK, John 64, P. B. 46 (f), M. M. 19 (f), R. R. 16 (m), Richard 13, M. R. 11 (f), Charlie 8, S. W. 6 (f), R. G. 5 (f) (194)
CLARK, John B. 50* (B), Susan 27, Charles 14, Ebenezer 10, Alabama 4, John 2 (264)
CLARK, John F. 33, Mary J. 36, James M. 13, Lulu B. 12, Margaret E. 3 (224)
CLARK, John J. 80* (235)
CLARK, Jonas 18* (B) (156)
CLARK, Juber 60* (B), Mary 44 (263)
CLARK, K. 22 (f)* (B), P. A. 5 (f), W. L. 3 (m) (172)
CLARK, L. L. 55 (m), Margret 48, Crawford 20, Barbara 15 (125)
CLARK, Lydia 65 (211)
CLARK, M. M. 56 (f)* (128)
CLARK, Martha 30 (B) (35)
CLARK, Martha M. 21* (115)
CLARK, Mary 13* (B) (156)
CLARK, Mary 17* (B) (96)
CLARK, Mary 5* (B) (16)
CLARK, Mary J. 46, Thomas G. 10, Mary C. 8, Lula 3 (8)
CLARK, N. 40 (f)* (174)
CLARK, Rebecca 58* (B) (178)
CLARK, STephen 29* (B), Bessie? 22, Maggie 2 (138)
CLARK, Sarah Jane 21* (B) (90)
CLARK, Soloman 21 (B), Betsy 27, Mary 11, Alley 9, Joanna 3 (121)

- 26 -

1880 Census, Lincoln Co. TN

CLARK, Spencer 51 (B), Cintha 18, Mary J. 18, Joanah 16, Spencer 13, John 11, Ida 9, Laura 3, Julia 1, Pink 20 (f), Harris W. 1 (261)
CLARK, Syntha 20 (B), Jim 2 (184)
CLARK, T. W. 59 (m), Mary E. 56 (179)
CLARK, Thos. 41 (B), Hanah 32, Mary M. 11, Saint 10, Cintha 6, Lou M. 5 (f), Mandany 2 (f), Allice 2/12 (258)
CLARK, Tony 29* (B), Lizzie 28, Aaron 8, D. M. 7 (f), P. G. 1 (m) (161)
CLARK, Vena 7* (B) (233)
CLARK, W. B. 48 (m)*, L. J. 35 (f), W. M. 7 (m), H. E. 4 (f) (157)
CLARK, W. T. 27 (m)*, M. F. 22 (f) (125)
CLARK, William 23* (B), Mary 23, Lucy A. 3, Thos. 20 (259)
CLARK, William 25 (B), Johanna 23, Sallie A. 5, Luella 4, William E. 1 (7)
CLARK, William 45 (B), Margret 31, Charley 11, Borah 8 (f), Elizabeth 7, Mattie 6, Lucy 4, Ebb? 2 (m) (125)
CLARK, William R. 17* (B) (4)
CLARKE, W. D. 35 (m)* (142)
CLARKE, William F. 46*, Elizabeth T. 38, Walter D. 12, Elizabeth K. 11 (146)
CLAUNCH, James 45, George 21, Richard 19 (9)
CLAUNCH, Martha 21* (255)
CLAXTON, Wm. 35, Ann 36, Smith L. 12, Wm. T. 7, Charles 5, John N. 1 (253)
CLAY, Elmira 22* (B), Elizabeth 20 (238)
CLAYTON, S. M. 40 (m), N. E. 35 (f), J. T. 8 (m), W. S. 7 (m), M. 5 (f), E. 3 (f), R. H. 5/12 (m) (173)
CLEBORNE, Cad 22* (B), Columbus 21 (145)
CLEM, Nancy 47, Amos N. 19, Gustus 12, Mary J. 8 (231)
CLEMANS, Soloman 20* (51)
CLEMMONS, Wyatt 35 (B), Martha 23, Ben 7, Ella 6, Josie 3 (126)
CLENEY?, Nancy 35* (138)
CLENNY, Laura A. 22* (76)
CLENNY?, Jno. W. 57, Mandena 46, Charley 18, Joseph T. 12, Margaret C. 9 (76)
CLEVLIN, Mary 16* (251)
CLIFF, Henry 38* (B), Harriett 41 (158)
CLIFFORD, William R. 20, Mollie E. 19, John W. 1 (150)
CLIFT, A. P. 48 (m)*, Lizzie 43, M. J. 22 (f) (126)
CLIFT, J. B. 40 (m), M. J. 31 (f), M. E. 17 (f), J. W. 11 (m), J. O. 9 (m), A. D. 7 (f), W. A. 5 (m) (193)
CLIFT, J. K. 52 (m), U. E. 35 (f), R. L. 14 (m), W. A. 12 (m), E. J. 11 (f), E.? F. 9 (8), J. H. 5 (m) (127)
CLIFT, James 48* (190)
CLIFT, M. L. 38 (f), Sallie A. 19, Wm. A. 16, Jas. E. 14, E. H. 11 (m) (177)
CLINE, Phillip A. 32*, Martha A. 38, E. P. 7 (m), Geo. C. 5, Martha P. 9/12 (19)
CLINTON, Emily 24* (B), Francis J. 8, William 4, Louisa 46 (261)
CLINTON, Samuel 56, Martha J. 21, Mary E. 1 (15)
CLUCK, Jinnie 21* (30)
COATES, Jessee J. 18* (200)
COATES, Thomas 47, Mary 45, Sarah B.? 20, William Y. 19, John F. 18, Robert L. 16, Martha C. 14, Frances E. 12, Franklin G. 10, Verges F. 6, Edna 5, George R. 4, Andrew E. 1 (200)
COATS, Jessee B. 42, Sarah 39, Mary A. 13, James M. 11, Joshua 9, William M. 7, Hugh B. 5, Oty 4 (m), Rebecca 5/12 (232)
COATS, John C. 26, Alice E. 21 (229)
COATS, John H. 48, Nancy 43, Benjamin L. 24, Thomas 20, Mary F. 16, Eliza E. 14, Cornelia A. 12, Elizabeth 10, John H. 5/12 (238)
COATS, Lewis 57, Mary 50, Tennessee O. 15 (207)
COBB, Jas. H. 26, M. L. 16 (f) (19)
COBBLE, John A. 19* (248)

- 27 -

1880 Census, Lincoln Co. TN

COBBS, Emiline 56* (233)
COBLE, Adam 45, Lucinda 37, Wm. T. 21, H. H. 19 (m), Louetta 16 (190)
COBLE, Allen 63*, S. A. W. 58 (f), I. A. 18 (f) (189)
COBLE, D. A. 39 (m), July A. 39, S. E. 20 (f), W. H. 18 (m), N. M. 16 (f), S. C. 12 (f), M. V. 7 (f), E. T. 5 (f), M. L. 5 (f), V. M. 2 (f) (188)
COBLE, Geo. H. 33*, M. A. E. 25 (f), John H. 8, Nancy J. 4, Jas. R. 2 (188)
COBLE, H. B. 28 (m), M. A. 28 (f), M. J. 6 (f), W. H. 5 (m), T. F. 7/12 (f) (188)
COBLE, H. C. 67 (m), Sarah A. 57 (191)
COBLE, John A. 36, S. A. 30 (f), Jas. F. 14, M. E. 11 (f), S. A. 8 (f), Ada M. 5, Anna E. 2 (188)
COBLE, W. M. 35 (m), S. F. 25 (f), Jo M. 7 (m) (188)
COCHRAN, Margt. 70* (97)
COFFIN, E. 45 (f)* (B) (168)
COLBERT, J. C. 39 (m), Cordelia 36, M. D. 15 (m), J. K. M. 14 (m), J. A. E. 11 (m), G. W. 9 (m), Ida B. 6, Bob Lee 4, W. F. 1 (m) (257)
COLBERT, L. A. 49 (m), Jane 38, Frank P. 20, James H. 18, W. L. 16 (m), J. E. 6 (m), Julia A. 12 (251)
COLBERT, Nancy 60, Martha 24 (257)
COLBERT, Richard 56, Sarah A. 50, Mandana 31, Mary N. 29, John F. 28, Thomas R. 15, Nancy A. 13, Josie E. 2 (f) (225)
COLDWELL, J. E. 50 (m)*, A. F. 42 (f), Robt. L. 22, Thos. Y. 15, Claud 12, J. E. 9 (m), W. H. 8/12 (m) (94)
COLE, Anderson 42, Lucy E. 39, John W. 14, Sarah C. 12, Maggie 10, Dollie 5, Hugh M. 2, Samuel J. 1 (145)
COLE, Benjamin T. 38, Mary A. 33, Elenora J. 10, Perlina E. 6, Mary T. 4, Leona V. 1 (12)
COLE, Elmina 43* (15)
COLE, F. M. 57 (m), Delila A. 57, Stephen F. 23, Joseph W. 20, Anderson M. 15, Nancy H. 14, Westley F. 12, Sallie E. 7, Mary E. 5 (148)
COLE, George H. 20, Martha J. 20, Viola 9/12 (79)
COLE, James A. 31*, Mary A. 29 (3)
COLE, James B. 40, Mary 35, Wiley 12, Willburn 10, Fleming 8, Bede 6 (f), Alonzo 1 (17)
COLE, James M. 26, Virginia 19 (226)
COLE, Joel L. 55, John 18, Minnie B. 8, Jas. A. 20, Willie C. 13 (78)
COLE, John 22* (152)
COLE, John 26* (51)
COLE, John B. 46, Emily 41, James 22, Perlina G. 20, Martin L. 18, Samuel W. 14, Mary A. 12 (219)
COLE, Joseph 52, Sarah J. 46, Nancy E. 17, Wm. Ben 15, Robert H. 10, Walter 7, Margaret 5 (79)
COLE, Joseph N. 23, E. R. A. 28 (f), Nannie O. 2, Wm. Henry 5/12 (79)
COLE, Littleberry L. 58, Elizabeth K. 55, George S. 33, John A. 21 (7)
COLE, Malachi 18* (153)
COLE, Mary 31 (B), Eliza 13, Sallie 9, Edna E. 3, Tulley D. 10/12 (84)
COLE, Monroe 27, Esther C. 21 (145)
COLE, Niecey 35 (B), Lula 5 (82)
COLE, Willburn S. 32, Mary A. 32, William B. 9, James B. 8, Mary R. 6, Leroy L. 3 (12)
COLE, Willis D. 54*, Marth 38, Henry 2/12, George 21, Margaret 18 (226)
COLE, Wm. B. 55, Mary A. 59, John T. 29, Mary A. 28, Charley 1/12 (79)
COLE, Wm. F. 58*, Esther H. 42, Wm. Lee 18, Mattie 15, Earnest 9, James D. 8 (84)
COLEMAN, A. B. 44 (m)*, H. B. 40 (f) (163)
COLEMAN, Calvin M. 34, Frances 26 (16)
COLEMAN, Calvin M. 41* (13)
COLEMAN, Geo. 62, H. 62 (f), S. J. 6 (f) (163)
COLEMAN, John 56, I. 19 (f) (164)
COLEMAN, Margaret 53, Stephen P. 26, Mary J. 13, Charles 10 (219)

1880 Census, Lincoln Co. TN

COLEMAN, Wm. 28, M. A. 25 (f), E. 3 (f) (164)
COLLETT, S. R. 33 (f), M. E. 7 (m), T. F. 5 (f), J. L. 3 (m) (20)
COLLINS, A. B. 37 (m), G. C. 32 (f), W. W. 10 (m), J. A. 8 (m), A. J. 6 (f), C. M. 4 (m), M. A. 14 (f) (194)
COLLINS, A. H. 60 (m)*, S. C. 48 (f), L. J. 14 (f), B. L. 12 (f), M. E. 10 (f), A. S. 8 (m), H. R. I. 4 (f) (187)
COLLINS, G. W. 26 (m), A. E. 27 (f), A. I. 5 (f), S. J. 2 (f) (191)
COLLINS, Henry A. 25, Fanny 22, Jessee M. 3, Lillie L. 3/12 (140)
COLLINS, R. J. 58 (f), M. J. 10 (f) (185)
COLLINS, R. T.? 45 (m), T. C. A. 49 (f), Sam A. 24, Nancy E. 22, Jas. T. 20, Robt. B. 17, A. F. 15 (m) (178)
COLLINS, S. O. 12 (m)*, F. E. 44 (m) (194)
COLLINS, Sarah J. 46, Jas. B. 23 (191)
COLLINS, W. F. 35 (m)*, Caldonia 36, T. B. 6 (f), James L. 4 (187)
COLOGNE, S. B. 28 (m), Belle 22 (92)
COLSEN, Samuel 21, Amanda 32, George A. 2, May D. 4/12 (214)
COLSTON, C. 26 (m), M. J. 24 (f), M. 8 (f), M. 5 (f) (171)
COLSTON, D. 33 (m), N. 35 (f), W. N. 11 (m), S. A. 10 (f), E. 8 (f), E. 5 (f), N. O. 1 (f) (170)
COLSTON, Jas. 37, N. 14 (f), W. C. 11 (m), P. J. 3 (f), M. A. 1 (f) (173)
COLSTON, N. 23 (f)*, M. 5 (f), J. 4/12 (m) (173)
COLSTON, W. 68 (m), M. O. 53 (f) (173)
COLTER, Allen 30 (B), George 14, Martha M. 12, Jas. Andrew 10, Wm. Oscar 8, Iliff 6 (m) (88)
COLTER, Annie 66* (87)
COLTER, Hardy H. 51, Margaret 53 (78)
COLTER, Marion 46 (m), Martha A. 50, Margaret 22, Frances 16, Albert C. J. 14 (87)
COLTER, Mollie 26*, Josie 24 (84)
COMBS, Newton 55*, Lucinda F. 42, John N. 17, Margaret E. 14 (14)
COMMONS, Betsy 59* (B), Jenney 27, Alfred 20, Henry 17, George 15 (99)
COMMONS, Carol C. 51*, Elizabeth W. 38, Andrew J. 18, James L. 16, Adelia A. 14, John M. 12, Mary M. 10, Nathaniel B. 8, Emmit V. 6, Robert W. 3, Emma L. 5, William F. 1 (232)
COMMONS, Charlie 24 (B), Ellen 25, Maggie 5, Richard 3 (109)
COMMONS, Franc M. 44, Nancy 35, Alfred R. 15, Sarah C. 13, Shilds 9, Ella A. S. 7, Frances M. 3, Ninnie J. 6/12 (6)
COMMONS, Mary 25* (112)
COMMONS, Sinia 21* (106)
COMMONS, W. G. 56 (m)*, M. N. 55 (f), Arther 22 (59)
COMMONS, Wiley 39* (B), Martha 37, Allen 14, William 13, Lavina 9, Elizabeth 6, Andw. J. 4, Alonzo 1 (99)
COMMONS?, Henry 59*, Jane 38, Mary E. 21, Nancy T. 17, Robert E. 14, Virginia R. 11, Margaret A. 6, Louisa K. 1 (5)
COMPTON?, E. T. 31 (m), Nannie 30, Malinda 50 (B), Lee 16 (B), Bob 12 (B), ___ in 8 (B), ___ 4 (f,B) (125)
CONAWAY, Clarissa 62* (B) (100)
CONAWAY, Katy 22 (B), Willie 6, Fannie 1, M. J. 4/12 (f) (184)
CONAWAY, M. H. 50 (m), A. L. 35 (m), Antonio 24, Rebecca M. 23, Fannie 17 (112)
CONGER, Henrietta 15* (B) (70)
CONGER, Lutissia? 38 (B), ___ 23 (f), ___ 16 (m), Eddie 8, Virgie 5 (64)
CONGER, Mary 9* (B) (72)
CONGER, Ross 30* (B) (86)
CONGER, Tempy 32 (B), Alexander 13, Jo Henry 11, Mattie 10, Elora 8, Willis H. 2, Nathan E. 2/52 (79)
CONGER, Wash 43* (B), Clara 26, Maggie 4, Wilson? 2 (89)

1880 Census, Lincoln Co. TN

CONGO, Mary 60* (B) (120)
CONINE, Arena 48, Ernaliza 19, Robert 16, David 12, Mary Jane 11 (197)
CONINE, James 26, Kate 20, Emit 10/12 (197)
CONNEL, George 33*, Martha 35, Henry 9, Gabriel 7, Mary 4, Arther 2, Albert 5/12, William 55 (62)
CONNELL, Elizabeth 78* (88)
CONNOL, Jerry 55* (B), Susan 47, Lacy 30 (f) (63)
CONWELL, Elisha 44, Susan 34, Edward 13, Emmet 7, Lura 4, Lacy D. 10/12 (m) (78)
CONWELL, G. S. 26 (m)*, M. A. 21 (f), Bula Ann 2 (59)
COOK, George 25, Cally 20, Belle 14 (202)
COOK, Moore 15* (282)
COOLEY, James 39*, Fannie A. 3, Elizabeth M. 6/12 (104)
COOLEY, Missouri 55* (B) (16)
COOLY, Alexander 13* (B) (16)
COOPER, H. H. Jr. 22 (m)*, Sallie M. 19, H. H. Sr. 60, Mary 50 (73)
COOPER, Isabella 19* (79)
COOPER, J. W. 35 (m), R. A. 24 (f), M. W. 1 (f) (24)
COOPER, James 11* (213)
COOPER, John G. 47*, Mary A. 43, M. J. 13 (f), R. B. 11 (m), John T. 10, Boon W. 8, Lydia A. 6, Matt L. 2 (f), A. M. 1 (m) (181)
COOPER, John W. 58, Mary 38, Ella 14, Drury P. 12, Horten 10, Beula 7, Tilman 5, Charles 3, Fanny 10/12 (215)
COPAGE, John 26 (B), Jane 22, Susan 4 ()
COPAGE, Nancy 7* (B), Ewen 5, Henry 5, Tom 4 (132)
COPELAND, F. 23 (m), Ella 18, Mary Jr. 3 (42)
COPELAND, James 26, Martha J. 25, Allie J. 5, Jhon A. 3, Massey 1 (272)
COPELAND, Massy 55 (m), Edith 48, Emily 16, Berry 15, Robert 13, Catharine 11, Susan 9, Lonzo 7, Wilson 5, Fenton 21 (42)
COPELAND, William 31*, Hannah 32, Royal H. _, Martha A. 6, Susan E. 4, William A. 5/12 (272)
COPELAND, Wm. 59, Mary 56, Jefferson 24, William 22, Newton 19, John 14, Emily 13, Ella 12, George 8, Robert 6, Ida 4 (41)
COPPAGE, Bill 26* (B), Nancy 21, John 3, Maggie 2/12 (116)
COPPAGE, Caroline 39* (B), Elenora 18, Isham 16, Florida I. 14, Richard 1/12 (113)
COPPAGE, Winny 60* (B) (110)
CORDER, J. T. 30 (m), Margaret M. 25, Jerry N. 3 (23)
CORDER, Jacob B. 64, Sarah 51, Eliza J. 23, David N. 20, Thos. A. 18, Ruthie L. 16, Benj. T. 14, Jas. F. 12 (24)
CORDER, John A. 39*, Hannah 34, Ida B. 9, Sarah L. 6 (264)
CORDER, John C. 61, Julia M. 23, J. D. 26 (m) (23)
CORDER, M. M. 30 (m), Elizabeth 30, Mary Ann 7, Thos. H. 4, Lou D. 1 (f) (23)
CORDER, Thomas 20* (280)
CORDER, Thos. J. 58, P. D. 24 (m), D. D. 18 (f), R. M. 20 (f), W. F. 18 (m), B. H. 16 (m), A. T. 13 (m), C. B. 8 (f) (23)
CORLASS, A. J. 64 (m)*, M. A. 58 (f) (260)
CORN, Jno. A. 62*, Sarah 67 (103)
COSTON, J. J. 48 (m), Mary M. 49, Laura F. 16, R. H. 13 (m), J. T. 10 (m), Jas. B. 8, W. M. 27 (m) (23)
COSTON, John 54*, Mary E. 53, J. F. 23 (m), G. M. 21 (m), C. W. 19 (m), E. A. 17 (m), L. V. 14 (f), M. E. 11 (f), T. C. 8 (m) (25)
COTHRUM, Leander 25, Mary 24, Rabecca 1 (83)
COTHRUM, Lucy 78, Ursulla 50, Martha A. 40 (83)
COTRAN, Milley 60* (247)
COUCH, Eli A. 28, Nancy 20 (280)

1880 Census, Lincoln Co. TN

COUCH, James F. 22, Mary 27, Gabriel E. 5, Belle 3, Franklin 1 (280)
COUCH, Jane 45, Dallas 20, George Ann 16, Jhon 12, Claudia 7 (m), Mary 7 (275)
COUCH, Levi 55*, Sarah C. 49, George W. 18, Nancy C. 21, Arte E. 16, Robert 7 (280)
COUCH, Mary E. 20* (281)
COUCH, ____ 30, ____ __, ____ __ (275)
COUNTS, Geo. W. 32, E. A. 25 (f), Walter 8, M. E. 7 (f), O. B. 5 (m), L. L. 2 (f) (21)
COUNTS, Henry W. 25*, Phebi Ann 18 (30)
COUNTS, L. 55 (f), David 61 (20)
COUNTS, Nancy 30* (20)
COUNTS, Nathan 26, Mary? 24, Henry A. 4, Emily E. 1 (276)
COUNTS, W. H. 35 (m), Margaret A. 39, Jas. Wm. 16, Mary E. 13, Henry C. 10, Sarah E. 9, Drue E. 7 (m), John D. 2, Geo. H. 4/12 (29)
COUREY, J. 24 (m)* (165)
COURLEY, Jhon P. 3/12* (268)
COWAIT, Orvel P. 62*, Mary 62 (240)
COWAN, A. J. 30 (m), Priscilla 22 (112)
COWAN, Elizabeth 55, Samuel A. 31, Marilda 24, Obediah 18, Riley C. 15, Robert C. 13 (116)
COWAN, Geo. 35 (B), Tennessee 26, Ludocia 9, Early 8 (m), M. W. 7 (m), H. H. 1 (f), Pricilla 65 (192)
COWAN, Geo. 59, Julia 52, Bluford 32, Lizzie 21, Mary 19, William 16, Robert 14 (57)
COWAN, H. C. 70 (m)*, Agnes B. 66, Louisa J. 23, Wm. Thos. 29, Mary N. 20 (113)
COWAN, John 16* (B) (106)
COWAN, Scyla 20* (132)
COWEN, J. T. 34 (m), Adaline 31, James H. 11, William G. 9, Mary O.? 7, John W. 5, Martha I. 2 (149)
COWEN, John 18* (B) (190)
COWLEY, Doke 35, Sarah 23, Jula 8/12 (33)
COWLY, Andrew 14* (B) (274)
COWLY, George 12?*, Nelly 25, Walter __ (274)
COWLY, James I. 25 (B), Nancy 29, Jacob 7 (264)
COWLY, Jhon 22 (B), Emily 22, William H. 11/12 (266)
COWLY, Rebecca 8* (B) (280)
COWLY, Richard F. 34, Rebecca 30, Lillia 11, Eliza 9, Julia 5, Mary 3 (274)
COWN?, Geo. N. 29, Irena 29, John Henry 7, Wm. Calvin 7, James T. 5, Easter C. 2 (76)
COX, B. F. 24 (m), Sarah C. 20, James Wm. 3, Christopher C. 1, Christopher C. 21 (117)
COX, J. T. 49 (m), Mary E. 34, Garner F. 9, Minney 7, William E. 1 (209)
COX, John 10* (128)
COX, John 25, M. 24 (f) (163)
COX, Mary 50*, M. 26 (f), C. A. 17 (f), Mollie 11 (164)
COX, Susan A. 50, C. C. 21 (m), Casander 18, Wm. J. 17 (251)
COX, Wm. 50 (164)
CRABTREE, Geo. 50, Mary 35 (135)
CRABTREE, Jas. J. 34, Nancy E. 38, Sarah E. 13, Dora E. 8 (139)
CRABTREE, Lorenzo D. 32, Susan 20, Mucie Lee 2 (f) (266)
CRABTREE, Nancy 48* (30)
CRABTREE, Sam 21*, Nancy 16 (135)
CRABTREE, Wm. 18* (134)
CRAIG, Lyda 51, Major 23, Samantha 14 (59)
CRAMSIE, Sam? 29, Mary 34, Samuel Jr. 8, Paul A. 5, Nellie 4 (178)
CRANE, John W. 25, Martha E. 23, Clay 3, Mattie J. 10/12 (79)
CRANE, Spartan A. 23, Ella 22, Caladonia 2, Goodlett 4/12 (147)
CRANE, T. R. W. 55 (m)*, Susan C. 46, Isham S. 20, James T. 16, Elizah F. 12 (m) (147)

1880 Census, Lincoln Co. TN

CRAWFORD, David 24 (B), Malissa 24 (82)
CRAWFORD, E. M. 41 (m), Mary J. 35, Charles M. 8, James J. 6 (143)
CRAWFORD, E. N. 56 (m), Elizabeth 47, Fannie 17, Robt. Lee 11, Eula 10, Rufus 8 (117)
CRAWFORD, Eliz. 76* (69)
CRAWFORD, Emma 29*, Willie R. 10, Josie 9 (78)
CRAWFORD, Frank 30*, Catharine 25, William 8, James 6, Thomas 4, Mary 1 (44)
CRAWFORD, G. W. 34 (m), E. B. 33 (f), Charlie 4, C. E. 2 (f), Georgia 6/12, Hattie 16 (B) (135)
CRAWFORD, Georg W. 34, Mollie A. 33, Minnie B. 10, Rollie D. 8, Wm. C. 7, Effie M. 11/12 (242)
CRAWFORD, Henry 53 (B), Catherine 49, Henry 18, Mary 12, Judge 9, Pink 10/12 (f), Hattie 15 (158)
CRAWFORD, J. E. 31 (m)*, G. P. 21 (f) (22)
CRAWFORD, J. S. 28 (m)*, Elizabeth 22, Lou 5 (f), Viola 2, Russell 1/12 (158)
CRAWFORD, John 19* (B) (157)
CRAWFORD, R. H. 62 (m), Mary M. 50, Robt. 18, Berry 13, Josephine 9, Mattie 6, Serrena 2, Joel A. 20, Louisa 19, Ellen 1 (252)
CRAWFORD, Rebecca 30* (B), Sam 55, John 10, ___y Lou 4 (f) (96)
CRAWFORD, William 29, Mary 29, Wiley 5, Sallie 2, infant 9/12 (m) (218)
CRAWLEY, Saml. 43, Amandy M. 40, Henry T. 16, Ada 13, Walter 10, Ida 3, Rachael 13, Frank 6 (195)
CREECY, Martha A. 46* (188)
CRENSHAW, Ola E. 24 (m)*, SNancy 27 (271)
CRENSHAW, P. S. 38 (m), Minerva 38, Bettie 12, Susan J. 10, Rebecca 8, William 5, Martha 3, John 7/12 (62)
CRENSHAW, Robert 53, Rachel R. 48, Ida M. 27, Charles W. 19, William 15 (271)
CRESON, Frank 42*, Serena 25, James M. 7, Geo. 2, Rebecca 21 days, Rebecca 66 (61)
CRESON, George 36, Evaline 23, Callie 10, Robert 4, Rabecca 3, Jas. F. 1 (74)
CREWS, Bartly 60 (B), Maria 55, Budd 13 (55)
CRINER, Robt. 48* (B), Lucinda J. 30, Andrew W. 12, Mary A. E. 9, Bobbie L. 7 (f), Wm. M. 3, James 7/12 (27)
CROLY, Rily 32*, Lucy 25, Mary J. 16 (231)
CROLY, Willie 2* (88)
CROOK, Ann 54* (B), Caroline 19 (103)
CROOK, Columbus 23* (B), Eliza 20, William T. 4, Mary 1, Emma 3/12 (276)
CROSS, Alford 30* (B), Jane 35, Lizzie 15, Lucinda 11, Susan 6, Martha J. 4, Georgia A. 1 (136)
CROSS, Franklin 38, Permelia 31, Lewis H. 15, Isaiah 13, William M. 11, Mary Ann 9, Lula Jane 7, Sarah Ann 5, Agustus 3 (203)
CROSS, I. 20 (m)* (B) (171)
CROSS, R. G. 47 (m), Margt. E. 39, Sallie M. 10, Mary M. 8, Roberta G. 6 (108)
CROWLEY, Emma 10* (47)
CROWLEY, Lucinda 50* (B), Carrol 14 (196)
CRUMLEY, Henry W. 36, Martha C. 37, William H. 14, Robert E. 12, Thomas J. 10, George W. 8, Ollie J. 6, Lily 2, Minnie V. 3/12 (227)
CRUMLEY, Lias J. 34, Sarah E. 26, Rufus A. 4, Emily M. 3, Eliza P. 1 (239)
CRUNK, Andrew J. 37, Mary D. 36, Margaret E. 11, Ada O. 9, Mary J. 4 (220)
CRUNK, John 45* (B), Caroline 40, Jack 19 (119)
CRUSE, Amy 32* (B), Cordelia 9, Henry Lee 4, Jimmy b. May (100)
CRUSE, Bartley 63 (B), Mariah 53, Wm. J. 13 (121)
CRUTCHER, O. T. 25 (f), Daisey 7, Mable 5, Vance 3 (116)
CRUTCHFIELD, Mollie 21* (107)
CRUTCHFIELD, Robt. 34*, Marth E. 26, Charles 5/12 (249)
CRYAR, William 15* (21)
CRYER, Jesse 23, Malinda 23, Martha 5, Ada 2, Robert 1 (210)

1880 Census, Lincoln Co. TN

CULHANE, _____ 43 (m)* (90)
CULVER, David 25*, Ann 21, Lula 1 (10)
CULVER, Nancy 64, Sarah 29 (221)
CUMMING, Jos. G. 33*, Ella E. 24 (142)
CUMMINGS, H. D. 22 (m)* (251)
CUMMINGS, J. A. 28 (m), Almeda E. 24, Edy M. 3 (m), Odor 1 (m) (256)
CUMMINGS, J. Jackson 38, Harriet F. 37, Octava 13, John W. 12, Ella F. 11, Ewin W. 8, Nannie M. 6, Pearl 4, Boyce 3, Hattie 7/12 (146)
CUMMINGS, Wm. 54, Margarett 48, Elizabeth A. 20, Bettie 18, Dee 13 (f), Hugh 11, Minnie A. 8, Wm. 5 (256)
CUMMINS, Dorcas 76*, Charlie 32, John H. 32, Laura 29, Jo Sisley 11/12 (98)
CUMMINS, Henry 38, Cincinnati 39, Margaret 11, Wm. M. 5, Charlie 3, Mary Ann 1/12 (74)
CUMMINS, J. C. 26 (m)* (60)
CUNN8INGHAM, W. A. 38 (m), M. 30 (f), E. B. 5 (f), L. R. 4 (m), C. 1 (m), J. H. 3/12 (m) (165)
CUNNINGHAM, C. 22 (f)* (B), Elex 22, Charlie 3 (80)
CUNNINGHAM, C. 5/12 (m)* (B) (80)
CUNNINGHAM, C. H. 48 (m)*, N. E. 38 (f), M. 12 (f), T. 10 (m), Sam 7 (173)
CUNNINGHAM, Cate 17* (B) (79)
CUNNINGHAM, Chas. 46, Sarah 44, John 22, Charles 17, M. A. 14 (f), N. J. 11 (f), James 10, E. H. 5 (m), J. C. 2 (m) (160)
CUNNINGHAM, Columbus 22* (B) (81)
CUNNINGHAM, J. L. 29 (m), Sarah 31, J. W. 10 (m), J. S. 8 (m), J. E. 5 (m), R. S. 2 (f) (24)
CUNNINGHAM, J. R. 72 (m)*, L. 72 (f), J. I. 32 (m) (173)
CUNNINGHAM, James 33, Areva 32, Jno. Wilson 12, James D. 10, Louella 8, George M. 4, Peter A. 5/12 (81)
CUNNINGHAM, Jas. 79, L. A. 39 (f), Jas. Ira 15, Wm. E. 13, Martha S. 10, Nancy B. 8, Dovie A. 6 (m), Geo. M. 3, Mary C. 1 (22)
CUNNINGHAM, Joe 50, Nancy 47, Josie 24, Calhoun 22, Hal 20, Sallie 16, James Jr. 1 (52)
CUNNINGHAM, Kate 30* (135)
CUNNINGHAM, Nancy 82, E. C. 50 (f) (160)
CUNNINGHAM, P. 48 (m)*, Mary A. 54, Bettie W. 17, Ednie A. 15, Geo. W. 19, Jas. W. 13 (19)
CUNNINGHAM, Peter 60, Sarah 60 (81)
CUNNINGHAM, Philis 63* (B) (77)
CUNNINGHAM, R. H. 24 (m), Icy C. 27 (f), Wm. E. 5, John B. 4, Wm. 22 (177)
CUNNINGHAM, S. E. 45 (f), M. A. 17 (f), W. H. 19 (m), A. J. 15 (f), S. E. 13 (f), S. F. 11 (f), J. E. 9 (m), Newton L. 7 (24)
CUNNINGHAM, V. W. 25 (m)*, R. H. 23 (f), Nancy B. 3, Jas. Wilson 9/12 (18)
CURLEE, David 27*, Rebecca 23, Bettie 1 (55)
CURRIN, Arabella 37, Jessie 14 (40)
CURRY, Tennessee 11* (18)
CURTISS, John P. 60, Elisabeth P. 54, William S. 19, James R. 13, Joseph J. 17, Walter M. 10 (209)
CURTISS, Joseph B. 21? (209)
CURTISS, Washington 26 (B), Ozella 30 (209)
CURTISS, William S. 56, Narcissa 46, Cyrus 17, Edward 15, Charles 14, Franklin 12, Albert 11, Henry 6, Alexander 3 (209)
D'FORD, J. H. 53 (m), M. S. 44 (f), G. C. 21 (m), R. M. 15 (m), Jas. 13, M. S. 11 (f) (176)
D'FORD, Wm. 82*, John 48 (164)
DABNEY, Lewis 36*, Susan 28 (143)
DAILEY, Hannah 40, Mary 18, John 16, Mattie 10 (33)
DALBY, Harry E. 20* (142)
DALE, James S. 33, Mary E. H. 27, James A. H. 9, William 6, David A. 3 (1)
DALE, John 70, Elizabeth A. 58, Calvin 33 (246)

1880 Census, Lincoln Co. TN

DALTON, L. A. 43? (m), Eliza J. 37, John W. 14, Thomas L. 12, Edward R. 11, Saml. J. 8, E. Thompson 6, James A. 2 (147)
DAMRON, J. W. 66 (m)*, Elizabeth 42, Catharine S. 21, Nancy L. 17, Ida L. 14, Lizzie B. 13, Williams 10, Callie C. 6 (30)
DAMRON, Joseph 73*, Mary C. 37, Josephine 8, Wm. Jasper 5, Jesee M. 1/12, Susan M. 39 (30)
DAMRON, Thos. J. 19, Carrie S. 21 (30)
DAMRON, W. R. 23 (m)*, Nancy W. 22, Jno. F. 1 (28)
DAMRON, William 70, Ludemia 64, Charles 20 (28)
DANDRIDGE, John W. 35, Mary J. 33, Ada B. 12, John B. 10, Nannie 6, Annie 4 (16)
DANEL, Robert 18, Catharine 15 (226)
DANEL, Samuel 35*, Harriet 36, John 10, Goodlow 4 (221)
DANEL, Thomas 69, Nancy 54, Nathan 15, Minerva 12 (225)
DANEL, William 36*, Manerva 24 (225)
DANGERFIELD, Mary 56* (B), Josie 17, Jimmy 15 (102)
DANIEL, Clardy 54, Jane 45, Racies A. 19 (f), James H. 18, E. J. 16 (f), Daniel F. 15, J. E. 13 (m), Mary S. 12, Martin 10, John L. 8, Sarah 7, Mattie 21, W. A. 23 (m) (197)
DANIEL, John T. 18, Catharine 26, James E. 11/12 (225)
DANIEL, Lorenzo D. 50, Mary E. 46 (225)
DANIEL, Robt. 35, M. A. 28 (f), R. J. 19 (m), M. L. 14 (f), J. T. 10 (m), E. E. 9 (m), A. M. 5 (m), W. C. 12 (m), M. C. 2 (f) (245)
DANIEL, Wiley B. 38, Susan E. 32, Felix C. 12, Hulda L. 9, Jas. Newton 4, Mary Bettie 2 (67)
DANIL, Thomas B. 33*, Martha J. 26, Othniel 5 (f) (155)
DANLY, Mary H. 18* (6)
DARNABY, James 30 (B), Lucinda 26, Mary 4, Sallie 2, Minnie 1 (58)
DARNELL, James H. 42, Dilly M. 41, John S. 21, Mary E. 20, Noah B. 18, Nancy J. 16, Moses 12, Sarah C. 10, Margaret A. 8, James T. 5, Hattie M. 3 (152)
DARNELL, Joseph 45, Mary A. 38, John 20, Sarah J. 16, Joseph M. 14, Sebastian 10, Mary A. 7, Walter H. 5, Wyley 21 (154)
DARNELL, Thomas 32, Susan 23, Una 11, Suda 8, Alice 5, Thomas 6/12 (59)
DARROW?, Wm. 30, E. E. 30 (f) (27)
DASSON, Rachel 75* (247)
DAVIDSON, Elijah 55 (B), Jane 53, Alec 19, Tennessee 14, Levi 12 (139)
DAVIDSON, Gideon 30* (B), Emily 23, Thomas W. 13, James 9, Margaret 6, Mary A. 4, Georgean John C. 1/12 (143)
DAVIDSON, John 65*, Sarah E. 42, Melissa F. 12, Martha E. 10, Susan E. 8, Mollie 5, Elisabeth 7 (242)
DAVIDSON, John D. 34, Martha A. 33, Mary C. 14, Docia A. D. 12, William S. 10, Thomas M. 9, John O. 8, James H. 4, Luther N. 2, Elma 1, Edgar __ (152)
DAVIDSON, John R. 24* (143)
DAVIDSON, Lewis 43, Adaline 38, Archie 8, Albert 6, P. 3 (m) (37)
DAVIDSON, R. E. 30 (m)*, M. F. 28 (f), J. C. 22 (f) (110)
DAVIDSON, T. T. 30 (m), Maggie E. 28, Raymond 4?, John A. 1, ____ 3 (f), George 2/12 (22)
DAVIDSON, W. J. 44 (m), Elizabeth A. 50, Mary A. 18, William J. 16, Robt. Lee 14, Alice 10, Ham 9, Geo. S. 6 (104)
DAVIS, A. 36 (m)*, W. M. 38 (f), J. H. 9 (m) (192)
DAVIS, A. Walter 51, Mary J. 46, Nancy F. 6, William D. 2, John H. 2 (217)
DAVIS, Alf 35* (B), Adaline 23 (180)
DAVIS, Amy 100* (B) (125)
DAVIS, Andrew J. 46, Lizzie A. 35 (11)
DAVIS, B. F. 34 (m), M. M. 36 (f), W. T. 10 (m), John H. 8, Jas. N. 4, Florinda 6, Alfred J. 1 (26)
DAVIS, Catharine 33*, Jhon 11, Mary 5, Sarah 1/12 (270)
DAVIS, Catherine 30, Ella Jane 11, William H. 9 (217)

-34-

1880 Census, Lincoln Co. TN

DAVIS, J. B. 57 (m), M. A. 40 (f), John B. 19, J. B. 18 (m), T. J. 14 (f), Lorena 11, W. G. 9 (m), Collie B. 3 (m), G. F. 8/12 (m) (191)
DAVIS, J. P. 15 (m)* (186)
DAVIS, John 16* (247)
DAVIS, John 22, Mollie 17 (49)
DAVIS, John 25* (B) (185)
DAVIS, John 37, Sarah J. 30, J. B. B. 9 (m), Viola W. 5 (186)
DAVIS, John 38*, Mary E. 38, Mattie B. 9 (255)
DAVIS, John F. 36, Luticia 37, George W. 17, Wm. Riley 12, Sarah E. 10, Thos. R. 9, Emiline 7, Mary 6, Martha 6, John E. 4, Ivy W. 3/12 (m) (82)
DAVIS, Margaret 54, Sarah 26, James 21, William 19, Benja. 16, Mary 14, Edward 12, Mary 66 (49)
DAVIS, McF. 54 (m)*, M. M. 47 (f) (194)
DAVIS, Noah 30, Amanda 39, Cordelia 10, Mollie 9, Almeda 4, Henderson 2 (257)
DAVIS, R. R. 46 (m), M. C. 30 (f), John H. T. 11, Maudd M. 7 (187)
DAVIS, S. R. G. 24 (m)*, Bettie 24, E. G. 2 (m), Ruth M. 63 (194)
DAVIS, Samuel 74 (B), Mary 50, Sarah 20 (216)
DAVIS, William E. 12*, Thomas C. 6 (199)
DAVIS?, Wm. R. 25, M. J. 27 (f) (25)
DEALE, Nancy A. 9*, Polly 73 (86)
DEAMER, Emily 44 (B), Johnson 13, Saint 9, Allice 7, Mary F. 11 (262)
DEAMER, Isaac 34* (B), Frances 28, George 15, John W. 13, Lemuel 2 (261)
DEAMER, Sam 19* (B) (260)
DEAN, M. M. __ (m), Ida E. __, Bettie J. __, Emma? __, Richd. R. 2 (90)
DEAN, Thomas 59, Judith 45, Mary 22, Edward 20, Ella L. 18, James 15, Robert 13, Florence 12, Laura 10 (47)
DEAVER, S. J. 33 (m)*, Susan 28 (213)
DEAVER, W. O. 30 (m), Sally 24, Samuel 6, Ula 3, Myrtle 9/12 (212)
DEAVERS, William 10*, Eliza 8, Susan 6, Emma 4 (210)
DEFORD, Vincent A. 24* (2)
DELK, Benj. M. 36, Martha A. 31, Maggie L. 11, Sarah J. 10, Dolley J. 7, Minta? G. 2 (146)
DELK, J. H. 47 (m)*, Lethee 44, William K. 12, James B. 10, Mary A. 3 (151)
DELK, Jas. J. 40, Elbie 8 (151)
DELK, Kindred 32, Sarah C. 24, William N. 5, Benjamin I. 4, Odie 1 (m), William R. 40 (151)
DELK?, Rose 45* (B) (38)
DEMPSY, Alfred 27, Emiline 28 (83)
DEMPSY, George 57*, Scinthia 59, Fannie 21, Polly A. 19, Phereby 17, Jno. W. 25, Margaret 19 (83)
DEMPSY, Robert A. 39*, Eliza 29, Joseph 16 (83)
DENHAM, Esther 73, Nancy 46, I. A. 32 (m) (183)
DENHAM, G. W. 33 (m), Nancy J. 27, Jas. D. 8, Lilla M. 6, Robt. L. 4, Fannie J. 11/12 (178)
DENISSON, E. 50 (f)* (167)
DENNIS, Israel P. 55, Sarah E. 45 (14)
DENNIS, Jhon D. 35, Mary E. 35, Martha J. 13, Arch W. 11, Elisha A. 8, Fannie L. 6, Mary E. 4, Susana 1 (265)
DENNIS, Robert L. 26*, Margaret 22, Rufus A. 3, Hugh C. 1 (14)
DENNISON, H. C. 27 (m), Martha E. 23, Minnie L. 1 (28)
DENNISON, Lou 22 (f), Mattie 2 (m) (230)
DENTON, Hiram E. 22, Nancy E. 23, Charles D. 9/12 (218)
DERR, J. D. 29 (m), Bettie 21, Viola 4, Ophilia 2, Orvia? 3/12 (m) (190)
DERR, Jas. F. 58, Henretta 57, F. A. 17 (f) (190)
DERRICK, Jhon 48, Martha 36, William 18, Della 10, Gurtrude 2?, Rufus 9/12 (277)
DERRON, Aquilla 39*, Mahulda 44, FLorina 11, Wm. Henry 9, Theodosia 6, Laura 4 (70)
DERROUGH, C. 41 (f)*, Wm. J. 20, Allen T. 19, George A. 13, John E. 10, J. W. 8 (m) (131)

1880 Census, Lincoln Co. TN

DEW, A. J. 27 (m)* (260)
DICK, Duncan 15* (B) (121)
DICKENS, George 34 (B), Lizzie 30, Lou 11 (f), Nannie 9, Maggie 6, Hurly 2 (72)
DICKENS, George Sr. 69 (B), Lou 40 (f) (72)
DICKENSON, Alford 38 (B), Hannah 34, Lizzie A. 14, Billie E. 12, Alfred 8, Sallie 6, Paralee 5, Isas 3, James 1 (116)
DICKENSON, Joana 40* (B) (116)
DICKENSON, Sue 25* (B) (109)
DICKERSON, Frank 40 (B), Mary 30, James 4, Cynthia 9, Wesley 7, George 4, Charley 3/12, James l (34)
DICKEY, E. 69 (f)*, M. 39 (f), F. M. 29 (m) (173)
DICKEY, E. P. 50 (f)*, I. A. 20 (m), J. S. 16 (m), R. K. 12 (m), L. A. 6 (f) (160)
DICKEY, Edward 35*, Marilda 30, Ella 6, Frank 4, Allen 3, Edward 6/12 (35)
DICKEY, Eliza 25 (B), Mollie 8, Robert 6, William 2, Cora Anna 3/12 (73)
DICKEY, James 44, Annie 19, John 17, Henry 15, Eliza 13, Richard 11, Ida 7, George 5 (40)
DICKEY, Jasper 51, Mary 39, Newton J. 21, Theadosia 20, William S. 17, Melissa J. 14, Martha E. 10, Laura C. 8, Minnie L. 6, James R. 3, Isa P. 2 (2)
DICKEY, John 40, Laura 34, William 15, Julia 13, Edward Jr. 12, Lucy 11, Walter 9, Fannie 7, Fred 3/ 12 (35)
DICKEY, Martin 26, Sarah 31, James 4, Robertson 2, Bettie 3/12 (38)
DICKEY, Newton 51*, Susan 49, John H. 23, Mary 19, Emma 15, Samuel 13, Sallie 11 (5)
DICKEY, William 40, Adline 45, Sarah 18, Thomas 16, Frances 14, Corrinna 11, Edward 4 (35)
DICKSON, Alfred 46 (B), Margret 32, Pink 14 (f), Robert 13, Henry 10, Miles 6, Mary 3, Emma 1 (269)
DIEMER, C. A. 58 (m)*, Rebecca J. 46, C. A. Jr. 21 (m), Josie E. 22, John C. 18, Geo. L. 16, David W. 11, Harriet 20 (B), W. C. 52 (m) (93)
DIEMER, Charles 73* (B), Susan 65, Sarah 29, Mary 12, William 10 (110)
DIEMER, Ernest 6* (B) (100)
DIEMER, Scott 32* (B), Mariah 26, James 9 (107)
DIEMER, Thomas 26* (B), Sarah J. 25, Josie D. 5, Lawson B. 3, Clem 1 (m) (100)
DIEMER?, Sidney L. 40?, Susie 28?, Willa 7, John C. 3, Carrie M. 48, Anna E. 34, A. G. 43 (m) (122)
DIGG, Pink 21 (m)* (B) (65)
DILLON, Mary 72, Emily E. 31 (227)
DINWIDDIE, J. 48 (m)*, Anna M. 34, Anna L. 12, Lyttleton A. 8, Ada G. 6, Minnie Kate 3 (96)
DISMUKES, D. 36 (f)* (B), J. 17 (f), F. 7 (m), A. 6 (f), E. 2 (m), H. 2 (m) (165)
DISMUKES, Garland 16* (B) (2)
DISMUKES, Geo. 15* (B), Chs. 13 (156)
DISMUKES, Henry 30* (B), Belle 21, Isham 5, Jackson 3, Samuel 1 (2)
DISMUKES, I. 71 (m)* (165)
DISMUKES, Jack 82 (B), Betsy 66, M. A. 22 (f), L. 16 (f), C. 4 (m), Jas. 1 (164)
DISMUKES, Thomas 17* (B) (2)
DISMUKES, Virginia 40* (97)
DISMUKES, Wm. 35* (B), F. 29 (f), W. 11 (m), J. H. 9 (m), M. 8 (f), P. 4 (m), T. 2 (m) (166)
DOBBIN, Ambrose 18* (B), Elinora 11 (102)
DOBBINS, Alf 40 (B), Sarah 38, Sarah A. 38, Mary E. 14, Wm. A. 13, John 12, Robt. 7 (260)
DOBBINS, Ben 38, Mary 21, Lizzie 1 (57)
DOBBINS, Cal 54* (B), Mary 8 (91)
DOBBINS, Jhon 57* (B), Caldonia 25, Ambrose 16, Elizabeth 14, Arter 12 (m), Jhon W. 7/12 (269)
DOBBINS, Simon 68 (B) (54)
DOBBS, F. R. 32 (m), Nancy M. 32, Zoella 17, Allice B. 11, Claud R. 10, John L. 8, Margarett 4, Thos. W. 2/12 (257)
DOBBS, Sarah 28* (271)

1880 Census, Lincoln Co. TN

DOCK, Marion 17 (m)* (257)
DODD, S. Dennis 26, Loucinda 25, John W. 8, Mary L. 6, Sam W. 4, Geo. T. 2 (182)
DODSON, Bona 30 (m), Amanda 28, Elisabeth 6, Anna 3, George 1 (213)
DODSON, Noah 30 (B), Milley 26, F. A. 5 (f), Owen 1 (258)
DODSON, Robt. 9* (189)
DOLE, Peter A. 70, Mary G. 66, Peter A. 25 (220)
DOLIN, Mike 60, Nancy 55 (236)
DOLLAR, C. N. 28 (m), W. C. 29 (f), M. A. 5 (f), A. M. 3 (f), Alvis 3/12 (246)
DOLLAR, Duncan C. 63, Amanda 58, James H. 31, Mary C. 7, Amanda E. 4 (218)
DOLLAR, Elizabeth C. 55, Mary S. 26, Daniel F. 18, Josephine 16, Denecy 12, Isa B. 4, Luvena H. 2 (231)
DOLLAR, J. S. 28 (m), Martha E. 37, Josaphine A. 13 (213)
DOLLAR, James P. 39, Sarah 34, James E. 9, Ethel V. 7, Edith 3, Ermin 2 (213)
DOLLAR, M. H. 36 (m), Sarah A. 32, James 11, Ida A. 7, Sarah A. 5, Mattie 3 (f), David 6/12 (197)
DOLLAR, Samuel I. 30, Sarah J. 32, James C. 11, Delia E. 6, Calperna A. 3 (218)
DOLLAR, William P. 34, America J. 32, Ella J. 5 (13)
DOLLINS, Bob 40* (B), Roena 35 (80)
DOLLINS, David 35* (B) (80)
DOLLINS, George 28* (B), Sallie K. 31, Mary Lee 4, Earnest 1 (79)
DOLLINS, Joel M. 67* (80)
DOLLINS, Joel T. 44, Elizabeth 33, Wm. Andrew 15, Martha M. 13, John F. 12, Eugene 10, Mary F. 8, Emily E. 6, Joel T. Jr. 4, Henry C. 3, Niel J. 1 (79)
DOLLINS, Lizzie 15* (B) (77)
DONALD, A. 18 (f)* (B), C. 3 (f) (166)
DONALDSON, J. R. 37 (m), Maria 36, Anna E. 11, Lucy C. 8, Wm. A. 3 (28)
DONALDSON, Lewis 33, Martha 35, Juda A. 13 (f), Susan M. 10, Joe Hanna 8 (f), Jasper A. 5, Lou Ella 1 (30)
DONIGOUL, Matt 28* (B) (129)
DONNELSON, Geo. 23, Mattie 17, Arthur 1 (42)
DONNELSON, Geo. 60, Docia 21 (44)
DONOLD, B. 18 (m)* (B) (164)
DOOLEY, Jas. F.? 23*, John H. 21 (82)
DORRIS, G. W. 60 (m), Mary A. 65, Lucinda 28, Alice 28 (204)
DORRIS, George A. 26 (m), Caroline 21, Mary 3, James 11/12 (204)
DOSIER, Charles M. 41, Narcissa 40, James A. 10, Frances W. 8, William M. 6, Charles L. 4 (13)
DOTSON, Wyatt 30 (B), Alice 24, Eleanora 7, Curtis 4, Zora Ann 1 (122)
DOUGLAS, Hannah 18* (B), George 1 (94)
DOUGLAS, Hugh 35, Margaret 23 (53)
DOUGLAS, Woodson 66 (B), Delpha 46 (120)
DOUGLASS, Alfred 12* (B) (156)
DOUGLASS, Jacob 27 (B), Caroline 22, Mary J. 2, Clementine 7, Lauror 4 (f), Harris W. 2, Thos. 2/12 (260)
DOUGLASS, James 53 (B), Elizabeth 49, Mary F. 13, James F. 17, Esther 7 (261)
DOUTHARD, Andrew 41 (B), Lemuel 17, Minnie 15, James D. 13 (4)
DOUTHAT, David G. 25, Susan D. 24, Robt. H. 3, Fisher 1 (92)
DOUTHAT, H. 25 (m)* (B) (173)
DOUTHAT, M. B. 40 (m), Emma 31, Carl B. 1 (90)
DOUTHAT, Mart 21 (B), M. 17 (f) (171)
DOUTHAT, N. 21 (m)* (B), H. 26 (f), M. M. 4 (f), M. L. 3 (f), J. 1 (m) (171)
DOUTHAT, Robt. S. 35*, Mary A. 35 (92)
DOUTHIT, C. Y. 56 (m), M. J. 46 (f), G. 22 (m), J. 20 (m), M. 18 (m), M. 15 (m), A. D. 13 (m), A. 10 (f), B.? 8 (f), E. 6 (f) (170)

1880 Census, Lincoln Co. TN

DOUTHIT, M. 26 (m), S. J. 17 (f) (170)
DOWNING, A. 29 (m), Mary 23, Bell 3 (258)
DOWNING, D. B. 45 (m), Marth 42, John A. 22, Mary E. 17, Anna L. 15, Robt. E. 13, Morgan M. 11 (251)
DOWNING, Elijah 69*, Jane M. 71 (179)
DOWNING, F. M. 38 (m), Sarah E. 32, Talley 13 (m), Emma 10, Willie 8, Bub 2 (m) (252)
DOWNING, Martha A. 41* (228)
DOZIE, Mart 24 (m)* (B) (127)
DOZIER, John 35 (B), Amanda 19, William 6, Saml. M. 2 (215)
DRAINE, John 29, Frances 31, Ida 7, Myrtle 4, Edward W. 1 (113)
DRAKE, C. 18 (m)* (B), S. 17 (f), G. 9/12 (m) (171)
DRAKE, D. 29 (m)* (B), Catharine 32, Minna A. 5, Robt. 3 (260)
DRAKE, D. 7 (f)* (B) (167)
DRAKE, G. 35 (m,B), Alsey 30, M. J. 11 (f), Abe 14, John 7, Anna D.? 2, Losy L. 6/12 (m) (183)
DRAKE, Nancy 22* (B) (118)
DRAKE, Sarah 12* (B) (204)
DRENNAN, J. J. C. 37 (m), Frances J. 30, Hattie L. 11, John C. 8, Robt. H. 3, Robt. 80 (247)
DRISCAL, Rufus 15* (84)
DRIVER, Jack 12* (B) (139)
DRIVER, Peter 60 (B), Eliza 46 (146)
DRIVER, Redric 71* (B), Arrena 50 (190)
DRIVER, Wiley 45, Dicy J. 40, Thos. J. 12, Mary M. 10 (177)
DROING?, Haley 40 (f,B), Mary 21, Joseph 15, Samuel 14, Sarah 12, Suvilla 2, Margaret 8 (33)
DRYDEN, Thomas 39*, Ann 32, Robert 9, Mary 7, Horrace 5 (49)
DUCKWORTH, Henry 34 (54)
DUFF, Henry C. 71*, Rebecca 42 (63)
DUFF, James H. 42, Jane C. 36, Dessie C. 12, Birdie 9, Myrtle 7, Ruby 5, Henry N. 3, Alfred F. 7/12 (271)
DUFF, Will 18* (B) (67)
DUKE, Fay 33 (m), Susan 25, Robert 7, Maggie 5, Jane 1 (40)
DUKE, Orlando 29, Mary 30, Fannie 10, Victoria 4, Erasmus Jr. 3, Benjamin 1 (43)
DULEN, ___ 40 (m)* (95)
DUNAVON, John 20*, Ellen 15 (249)
DUNCAN, Enoch B. 78* (16)
DUNCAN, Jas. W. 27, Fanny 20 (74)
DUNCAN, L. A. 45 (f), J. B. 26 (m), L. P. 23 (m), F. V. 20 (f) (189)
DUNCAN, Moses 2/12* (B) (98)
DUNEVENT, Martha 47, Mary 23, Wm. Henry 15, Albert 12, Emma C. 10, Richard 5, Green 2 (123)
DUNKIN, William 32, Marthey 26, Johney 5, Leander 3, Susan E. 10/12, Susan 64 (74)
DUNLAP, Columbus 23* (B), Mollie 20 (5)
DUNLAP, George 22* (B), Anna B. 20 (5)
DUNLAP, Henry 43 (B), Nancy A. 25, Leroy 19, Henry 18, Robert 16, Eliza J. 13, Rosa 3 (5)
DUNLAP, Jessy 17* (132)
DUNLAP, Robt. M. 43*, Sarah A. 40, Robt. J. 19, Mary F. 14, Nancy E. 12, James M. 10, Patrick M. 8, Lilly M. 6, Joseph 4, William S. 1, Louisa 51 (235)
DUNLAP, William G. 45*, Martha E. 44, Augustus 14, Sallie 10, Mattie 8, James 6 (6)
DUNN, B. 12 (m)* (171)
DUNN, B. F. 4 (m)* (130)
DUNN, Harvey 22* (75)
DUNN, Henry 48, Avarilla 47, Preston 16, Newman 14, Ella 11, Robert 6 (62)
DUNN, J. W. 26 (m), Eveline 23, Lucy 3, Oscar 1 (254)
DUNN, Nannie 68* (76)

1880 Census, Lincoln Co. TN

DUNN?, Alonzo 25, Mary 18, James H. 1 (87)
DUNNEVANT, Henry E. 59, Lucinda 59 (229)
DUNNIVAN, Jake? 30, P____ A. 27 (f), Rebecca E. 10, John Thomas 5, Nicholas T. 3, Dollie 2 days (117)
DUNNIVAN?, Davis 57, M. J. 45 (f), Wm. 18, M. 19 (f), Tom 12, E. 10 (f), F. 7 (m), M. 5 (f), M. 22 (m), S. 20 (f) (169)
DURBIN, Martha P. 36*, Joel M. 14 (2)
DURHAM, G. C. 30 (m), F. M. 24 (f), H. S. 4 (f), R. L. 4 (f), A. 1 (m) (20)
DURHAM, H. F. 35 (m), Elizabeth 36, Rebecca A. 7, L. B. 4 (f), H. A. 2 (m) (29)
DURHAM, Hiram 50*, M. C. 40 (f), J. A. 13 (m), J. H. 10 (m), G. W. 8 (m), D. E. 5 (f), T. F. 2 (m) (21)
DURHAM, John 49, Mary L. 39, Maranda 21, Alex J. 17, Henry 16, C. W. 9 (m), Mattie 8 (72)
DURHAM, Lenard 25, Margaret 24, Delia 4, Edgar 2, Nina 8/12 (233)
DURHAM, Thomas 25, Lizzie 21, Samuel 2 (43)
DURHAM, W. H. 21 (m), Mary C. 22, Eli V. 10/12 (29)
DURMIAN?, Eli 29*, Caroline 25, James C. 6, John W. 4, Robt. Lee 2, Charles C. 4/12 (140)
DUSENBERRY, H. F. 52 (m), Mattie J. 36, John T. 21, Thomas 19, Maggie 13, Walter 10, Katie Lou 5, Richard 3, Henry 1/12 (69)
DUSENBERRY, Susan 45, Yancy 19, Patty 15, Addie 13, Mamie 10 (69)
DYE, Green 45* (B), Martha 37 (130)
DYER, A. L. 22 (m)* (184)
DYER, Amos 48 (B), Jane 37, Daniel 17, Robert 14, Jones 11, Amos 8, Dennis 5, Congo 7, Maggie B. 2, Buck 3/12 (134)
DYER, Ben 24* (B), Harriet 23, Sally 9, Oma 7, Bill 5, Jno. H. 3, Mary 3/30 (136)
DYER, Bill 25* (B) (160)
DYER, Bill 51* (B), Nancy D. 30, Gorge 15, John 13, Loucinda 10, Will 6, Sallie 3, unnamed 1/12 (f) (182)
DYER, Claborne 32 (B), Lizzie 22, Green 5, Jennie 3 (70)
DYER, Columbus 30, Elizabeth 30, Louressa 8, Gustavous N. 4, Ednie 2 (155)
DYER, Filmore 25, Nannie J. 21 (155)
DYER, J. 30 (m), Icie N. 26 (f), Erma 7, Pinkie E. 6 (f), Cullie 3 (m) (178)
DYER, J. 70 (m,B), F. 60 (f) (175)
DYER, Jack 27 (B), Emiline 25, Frances 10 (158)
DYER, James M. 67*, Tennessee 45, James H. 34 (155)
DYER, John 72*, Jane K. 61, Joseph 32, Mary L. 18, Thomas 16, Lula J. 14 (155)
DYER, John F. 24*, Lula F. 19, James R. 22 (151)
DYER, Mariah 58* (B), John 19 (145)
DYER, N. J. 46 (f), D. A. 20 (f), W. C. 19 (m), M. L. 16 (f), Lula M. 14, Icy L. 12 (f), Henry 10 (182)
DYER, Susie 39, Joel 16, J. A. 14 (m), C. M. 11 (m), Bob Lee 9 (134)
DYER, W. 22 (m,B), Molly 55 (142)
DYER, W. M. 32 (m)*, S. E. 26 (f), E. G. 8 (f), N. P. 4 (f), A. L. 1 (f) (182)
EADS, Wm. 33, Ellen 22, Pearl 11/12 (85)
EAKES, Margaret 33 (221)
EAKIN, H. M. 42 (m)*, M. E. 39, Ida J. 19, Anna H. 8, Wm. F. 6, John M. 2, Martha J. 50 (124)
EAKIN, Jones 20* (B), John 17 (249)
EAKS, W. A. 17 (m)* (159)
EAKS?, W. M. 47 (m), Jane 49, Mary 26, Maggie 24, Willie 20, Alford 17, Hugh 14, John 12, Tommie 8 (131)
EASELICK, John 49, Frances 37, Mary 9, John 6 (32)
EASLEY, William 27, Susan 27, Tyra A. 7, Elisabeth 5, Phoeby 2, George 2/12 (205)
EASLIC, Austin 54, Ann 56 (251)
EASTLAND, Thos. B. 65, Florada 48, Mary B. 18, Leticia 30 (B), Charlie 10 (B) (242)

1880 Census, Lincoln Co. TN

EATON, George 35 (B), Sarah 32, Margarett 6, Ada 3 (74)
ECHOLS, Ruben 53*, Mary E. 39, Jackson 16, Florence 13, James 9, Newton 7, Henry 3, Frances 5/12 (270)
ECHOLS, Wm. J. 33, F. C. 29 (f), I. L. 11 (m), Mary L. 9, Archy Y. 7, Rufus U. 3, Nannie 8/12 (160)
EDDENS, Saml. 38 (B), Julia 35, Jennie 8, Sam 5, David 3, Sackee 2, James 6/12 (92)
EDDINS, Alva H. 52*, Clara 87, Green 63 (B) (238)
EDDINS, Fannie 13* (B) (123)
EDDINS, Laura 18* (113)
EDDINS, Leah 48* (B), Aaron 7 (235)
EDDINS, Luvinia 45 (B), Irena 19, Bettie 14, Walton 12 (233)
EDDINS, Mariah 35 (B), Amanda 12, William 10, Fanny 8, Jane 6, Joseph 1 (198)
EDDINS, Milford 23 (B), Eggie C. 21, Mary J. 7/12 (231)
EDDINS, R. W. 37 (m), E. J. 33 (f), Hugh 12, Abram 10, Robt. L. 8, Wm. P. 6, Mary E. 4, Laura ann b. Feb (115)
EDDINS, Robt. 51* (B), Lerva 13, Manda 6, Luvena 5, Albert 3 (235)
EDDINS, Stephen 40 (B), Robt. 13, Shoat 10 (m), Elizabeth 9, Stephen 7, Jane 6 (232)
EDDUS, Milt 17* (B) (122)
EDGEMAN, Jessey 37, Babe 23 (f), Hatcher 4, Sarah B. 1 (242)
EDGER, Lettie 14* (28)
EDGMAN, George 25* (248)
EDINS, Jack 46* (B) (163)
EDMINSON, T. A. 12 (m)* (175)
EDMINSTON, Mary 23* (B) (142)
EDMISON, A. B. 36 (m)*, Mary A. 36, Susan A. 14, Mary H. 10 (177)
EDMISON, Alex 25*, E. 24 (f) (165)
EDMISON, J. A. 34 (m), N. C. 44 (f), Lucy J. 12, Mary E. 10, John Z. 9, Robt. H. 5, Charlie A. A. 2 (178)
EDMISON, M. E. 51 (f)*, J. O. 22 (m) (165)
EDMISON, S. M. 65 (f) (178)
EDMISON, T. M. 38 (m), Lucina J. 15, Alonzo 11, John C. 9, Verbelee 6 (178)
EDMISTON, Amanda 34 (B), Alford 16, Charley 15, Noah 13, Louella 10, James 9, Winney 8 (262)
EDMISTON, Charles 53 (B), Frances 32, Emma 14, Samuel 13, Millie A. 11, Thos. 8, Elizabeth 6, Orther 5 (m), Willie 4 (f), Harris 2, Rufus 5/12 (252)
EDMISTON, Clara 19* (B) (260)
EDMISTON, Dave 28 (B), Kate 24, Lou B. 7 (f), King David 4, James T. 1 (258)
EDMISTON, Edmond 51* (B), Eliza 49, Adella 16, Susan E. 14, William 11 (147)
EDMISTON, Isaac 55* (B), Ester 34, Melissa 14, Wm. 12, Isaac 10, Eveline 8, Loucinda 7, Mary E. 5, James R. 1 (258)
EDMISTON, Jas. 25* (B) (246)
EDMISTON, Jerry 62 (B), Chaney 50 (f), James 17, Ellen 14, Florance 11, George A. 5 (258)
EDMISTON, John 52 (B), Louisa 44, Willis 23, John R. 21, James L. 20, George W. 18, Susan M. 14, Anna 12, John 10, Irinns 8 (f), General 6, Louella 3, Daniel N. 1 (254)
EDMISTON, M. 18 (f)* (B) (249)
EDMISTON, Tom 17* (190)
EDMISTON, emily 58 (B), Jane 24, Louisa 16, Lucy 15, Mary J. 11, Walter 5, Martha A. 2 (255)
EDMONDSON, A. K. 45 (m), Jane 43, Margt. M. 37, Polly 18 (105)
EDMONDSON, Alice 23* (B), Majie 5 (f) (109)
EDMONDSON, Elick 33, Susan 23, Rebecca 10 (111)
EDMONDSON, Letha 38* (B), Ida 11 (95)
EDMONDSON, Maria 30* (B), Willie 3, Lizzie 1 (96)
EDMONDSON, Mary 2* (B) (117)

1880 Census, Lincoln Co. TN

EDMONDSON, Nelson 45 (B), Alley 25, Henry 23, Mary 18, Katharine 16, Tommy 10, Minerva 5, Lemmy 2 (m), Matt 4/12 (117)
EDMONDSON, Sena 30* (B) (96)
EDMONETON, Campbell 26* (B), Tom 50, Ann 48 (132)
EDMONETON, J. S. 65 (m)*, T.? E. 46 (f), W. C. 26 (m), J. H. 24 (m), Clara 21, ____ 18 (f), ____ 15 (f), ____ R. 12 (m), Thos. S. 9 (132)
EDMONSON, Charles 25* (B), Fannie 16 (273)
EDMONSON, Frances 18* (B) (117)
EDMONSON, Jas. H. 30, Mary J. 37, John F. 7, Louella 5, Alfred 2 (88)
EDMONSON, John 25, Sidney 19 (f), James 3, Lular 1 (263)
EDMONSON, John 46 (B), Emily 39, Thos. C. 11, Julia Ann 8 (76)
EDMONSON, Jordan 30* (B), Lou 25 (f), Albert 7, Susan 5, Richard 4, Boge E. 2 (233)
EDMONSON, M. E. 48 (f)*, J. S. 26 (m), S. E. 23 (f) (134)
EDMONSON, Martha 45* (B) (13)
EDMONSON, Mary 5* (B), Jas. 3, Clay 2 (132)
EDMONSON, Robert 20* (B) (8)
EDMONSTON, Amy 60* (B), Thomas 29, Hattie 6 (134)
EDMONSTON, Chas. 30 (B), Milley 22, Lonso 8/12 (m) (133)
EDMONSTON, Gray 28 (B), Lucy 28, James 12, Walter 10, Thomas 6, George 4, Oscar 2 (133)
EDMUNDSON, A. 33 (m), S. F. P. 30 (f), Susan 50 (25)
EDWARD, L. C. 20 (m)* (93)
EDWARDS, Authar O. 38, Bettie H. 35, George W. 7, Eddie 5, Anna P. 2, Jhon P. 1 (271)
EDWARDS, Bill 25* (B) (134)
EDWARDS, J. P. 39 (m), Bettie A. 31, Ema C. 7, Henry W. 5, William 3, Jimmie 3, Edgar A. 1 (64)
EDWARDS, W. W. 42 (m), Ann 41, W. T. 3 (m), E. M. 11/12 (f) (190)
EDWARDS, William 36*, Mildred 36, Sarah J. 15, Eliza 12, Joseph 5, Haywood 22 (203)
EDWARDS?, Maryann 59*, Frank 23, George 28 (32)
ELIFF, John O. 68, Sarah E. 34, James W. 18, John P. 16, Nancy A. 14, C. F. 12 (m), R. J. 10 (m), Benjamin 6, J. S. 3/12 (m) (191)
ELLIS, E. W. 49 (m), Nannie L. 39, Lizzy T. 7 (143)
ELLIS, Hattie 18*, Wm. 21 (134)
ELLIS, Henderson 21* (B), Mattie 23, Emma 1 (159)
ELLIS, Henderson 22* (B), Mattie 25, Pearly 1 (162)
ELLIS, J. W. 36 (m)*, E. F. 35 (f), Mary 14, Finettie 12, Cyntha 10, James 8, Sallie 5, Jennie 3, John 8/12 (157)
ELLIS, James 22* (116)
ELLIS, James 58, Mary 12, Elisabeth 10, Jane 8, Agness 6 (216)
ELLIS, James J. 35, Kate A. 24, Jhon L. 5, James R. 9/12 (265)
ELLIS, Jasper 50*, Elizabeth 45, Izora Lee 14, Anna 11 (112)
ELLIS, Lucy 28* (B) (113)
ELLIS, Lucy 30* (B) (102)
ELLIS, M. A. 35 (f), Ada G. 11, Jas. B. 6, Ida S. 5, I. P. 15 (m) (27)
ELLIS, M. J. 35 (f,B), Dona 15, Albert 7, Lilly M. 2, Anna Lou 1 (185)
ELLIS, Sowell 60* (B), Advella 72 (260)
ELLIS, Wiley B. 36, Harriet 32, Laura 12, Gartha 10, Wm. 6, James 4, Ida 3, Ola 1 (137)
ELLIS, Wm. 23* (138)
ELLISON, Thomas 32, Elmina 24, Martha C. 4 (232)
ELMORE, M. A. 61 (f), Tom M. 28 (72)
EMET, James 18* (B) (197)
EMMERSON, R. 28 (m)*, Amanda 32, Joseph E. 8, Siss 5, Iona? V. 3 (183)
EMMONS, J. A. C. 21 (m), Lucinda 23 (186)
EMMONS, M. F. O. 18 (f)* (189)

1880 Census, Lincoln Co. TN

EMMONS, M. M. 41 (m), Minerva 36, John W. 13, Hattie? A. 10, James? E. 8, _____ 5 (m), Susan 3, Percy 1 (208)
EMMONS, S. M. 70 (m)*, Elizabeth A. 68 (186)
EMMONS, Will 33* (B), Caroline 34, Garilla 9, Orlena 8, Della A. C. 3/12, Charlie 10 (184)
ENDSLEY, Geo. 34* (B), Amanda 26, Susan A. 8, Mary Bell 3, Georgetta 2 (142)
ENGLAND, Elisha 27, Frances B. 22, William E. 2 (224)
ENGLAND, William A. 24*, Rebecca A. 27, Margaret C. 10/12 (9)
ENGLEMAN, G. F. 53 (m), Mary W. 46, Mattie 18? (90)
ENGLIS, John L. 34, Sarah E. 32, Julia 9, Sallie A. 7, Anney L. 4, Essie E. 2 (240)
ENGLISH, A. M. 66 (m)*, Elenora 23 (118)
ENGLISH, James E. 71*, Margaret L. 70 (240)
ENGLISH, W. B. 32 (m)*, S. J. 32 (f), John H. 12, M. M. A. 9 (f), Wm. Y. 6, Oscar 4, R. A. 2 (f) (163)
ENNIS, Nathaniel 33, Polly 30, N. N. 7 (f) (135)
ENNIS, Robert 26* (57)
ENOCHS, Martha 45, Laura 24, Alice C. 22, Ida Ann 19, Julia Ann 12, Blanch 10 (119)
EPPS, Andy 18* (B) (126)
EPPS, Franklin 85, Sallie 50, Malinda 40 (134)
EPPS, J. N. 39 (m), Florence 30, Mattie 2, L. K. 1/12 (f) (129)
EPPS, Jas. C. 70, Nancy 73, Hessey 15 (138)
EPPS, Joseph 30, Sallie 25, Clinton 6, Annie 4 (130)
EPPS, Joseph A. 19* (139)
EPPS, M. Jane 18* (159)
ERVIN, Frank 23* (B), John 31 (110)
ERVIN, James 15* (B) (281)
ERVIN, Lucinda 40* (B), Caldona 18, Alice 13, Isaac 6, Jhon A. 5, Nellie 1, William 2, A. Babe 4/12 (f) (280)
ERWIN, John 65, Ann 58, Wm. C. 21 (132)
ERWIN, W. W. 34 (m), N. A. 27 (f), Robt. 5, Willie B. 3, E. S. 1 (m) (183)
ESHAK, Caroline 26, Jack 12, Carrinna 8, Mathew 6, Emma 3 (37)
ESLECK, Levi 35*, Clara 60 (263)
ESLECK, Sarah 67*, Montgomery 39, Tunstall F. 29, Conrad 9, Charlie 4 (269)
ESLICK, Daniel M. 42*, Sarah V. 19, Freddy M. 11/12 (266)
ESLICK, Joseph 28, Annie 28, Bell 2, Charley 1 (39)
ESLICK, Matt 35*, Delia 27, Walter 10, Fannie 7, Evaline 4, William 1 (39)
ESLICK, Mollie 19* (B) (51)
ESLICK, Morgan S. 40, Julia D. 26, Walter R. 5 (266)
ESLICK, Nancy 30, Thomas 15, Rufus 14, Jane 13, Isaac 8, Ettie 6 (41)
ESLICK, William 20 (43)
ESLICK, William 37, Martha 19, Manervian 16 (f) (42)
ESLICKS, Orange 25 (B), Millie 23, James 2 (41)
ESTEEL, Philander 31, Elizabeth 25, Florence F. 8, Mary B. 6, Leah 2, Dora E. 8/12 (277)
ETHERAGE, Edmond 38*, Sarah E. 41, Nancy 10, Veetta? 7, Robert A. 4 (281)
ETHERAGE, Jhon 27, Sarah 24, Elizabeth 1 (268)
EUDELEY, Westley 30* (B) (143)
EVAN, Dorcas 70* (B) (150)
EVANS, Adella 6* (152)
EVANS, Nettie 21*, Fannie 5/12 (56)
EVANS, O. D. 50 (m)*, S. Ellen 38, Thomp. O. 18, Willie Dale 15, Earl Augusta 11, Jim Eva 5 (109)
EVANS, Rebecca 58* (226)
EVENS, Green 45, Julia 40, John 11, Henry 8, Alexander 4, Caroline 5, Velevia 2 (49)
EVERETT, T. 9 (f)* (169)
EVINS, John 25*, E. 28 (f) (166)

1880 Census, Lincoln Co. TN

EZELL, Alexander 38 (B), Eliza 28, Ada 10, Samuel 8, James 5, Julia 1, Minerva 10, Charly 6, Mamie 5 (216)
EZELL, Frank 50?, Mary J. 44, Patty 21, Josiah M. 10 (208)
EZELL, Gideon 7* (229)
EZELL, Ida 12* (B) (189)
FAFTS?, DAvid M. 48, Fannie 42, Margaret E. 20, Daniel W. 19, Oliver P. 18 (237)
FANNIN, Betsey 80* (B) (16)
FANNIN, Juda 47 (f)* (B) (89)
FANNING, Arlona? 20* (40)
FANNING, Ben 39, Frances 39, Ben 18, Nora 10, Wm. A. J. 7, Leton A. 4 (70)
FANNING, Benjamin 17* (B) (269)
FANNING, Emily 35 (B), John 17, Green 11, James 9, Caroline 8 (58)
FANNING, Jack 16* (40)
FANNING, James 38 (B), Rosina 47, Wesley 15, Margret 8, George 3, Ida 1 (280)
FANNING, Thomas 56, Mary 40, Jennie 12, Linnie 10, William 8, Rachel 2 (39)
FANNING, William 35* (B) (267)
FANNING, Wm. 14* (B) (108)
FANNON, Laura 20 (B), Mary 2 (102)
FARLEY, Wm. L. 24, Mary 22, James 7/12 (68)
FARMER, Simon 45 (B), Lillie 47 (177)
FARQUHARSON, Tony 36* (B), Frances 22, Nancy 2 (101)
FARRAR, B. 24 (m)* (B), M. 23 (f), M. 5 (f), L. 2 (f) (164)
FARRAR, Dave 40* (B), Eliza 43, Neal 17, Margt. 12, Charlie 9 (117)
FARRAR, J. 69 (m)*, E. 66 (f), M. J. 26 (m), W. 20 (f) (176)
FARRAR, Joe 23*, Z. 24 (f), E. 2 (f), A. 6/12 (f) (167)
FARRAR, P. E. 29 (m), A. 24 (f), L. 2 (f), E. M. 1 (f), A. 2/12 (f) (170)
FARRAR, Sylva 30* (B) (3)
FARRAR, T. Jas. 35*, S. L. 38 (f), M. E. 12 (f), M. F. L. 9 (f), J. W. A. 4 (m) (156)
FAULKENBERY, James 25, Mary 24, Wm. L. 4 (237)
FAULKENBERY, Wm. R. 49*, Jane 52, Jeremiah M. 20, Wm. T. 17 (237)
FAULKENBEY, Columbus 24, Sarah E. 26, Lizzie 5, Lula 3, Minnie 1, Rebecca 71 (237)
FAULKENER, J. Frank 25, Josephine 28, Jno. A. 2 (74)
FAULKNER, Frank? 61, Mattie 16, Preston 15, Maggie 8 (74)
FAULKNER, Robert 62, Mary 60, Rejer___ 20 (f), Sarah 18? (75)
FAULKNER, Sarah 72, Mary 69 (62)
FAULKNER, William 43*, Harriet A. 26, Elizabeth 13, Nancy J. 11, Belle 8, Ellen F. 6, William 2, Martha 7/12 (273)
FAULKNER, Wm. 28?, Ann 24, Andrew 4, George 2, Orphia 1/12 (62)
FEAR, Robert 6* (42)
FEENEY, A. W. 31 (m)*, Mary E. 30, John M. 7, Lula 5, Rosa M. 3, Robt. P. 6/12 (97)
FEENEY, R. P. 68 (m)*, M. A. 58 (f), W. G. 28 (m), Rosa 23, Minnie 20, James R. 38, R. E. 13 (m), J. W. 11 (m), William 5, Roy 3, Herbert 1 (94)
FERGUSON, J. C. 36 (m), Nancy 30, Robert L. 12, Ellen 10, Susan 7 (85)
FERGUSON, W. G. 38 (m), Ella 33, Ada 2, Edna Maud 1 (200)
FERGUSON, W. W. 57 (m), Margaret 47, Robert L. 20, John B.? 18, Emma 15, Carrol 13, John I. 11, Alice 8, Amzi 6 (m) (206)
FERGUSON, Wm. T. 39*, Iva J. 38, James T. 7 (84)
FERRIN, Wm. 50 (B), Lemiry 27, Wm. 11, Elizabeth 7, Cansas 5 (f), Lewis 4, CAtherine 3, Robt. 1, Lucey 3/12 (261)
FIELDS, Chas. 11*, Maggie 9 (163)
FIFE, William 70, Elizabeth 60, James P. 34, Mary K. 36, William L. 22, Levina L. 21 (224)

1880 Census, Lincoln Co. TN

FINCHER, Andrew J. 39, Temperance 42, Nancy J. 23, Jeff D. 18, Martha L. 17, Oliver 12, Wm. A. 9, Alvorado 8 (f), Sarah D. 7, Matilda 4, Mary 1 (141)
FINLEY, Louisa 35, Delia 12, Didama 10, Rosa 7, Ambrose 3, Carl 4/12 (5)
FINLY, J. T. 30 (m)*, Mary 30, Lizzie 7, Jas. Tillman 5, Etta 2, William 8/12 (132)
FINNEY, F. J. 26 (m) (213)
FINNEY, J. J. 57 (m), Martha J. 50 (213)
FINNEY, Nelson 33, Eliza 32, Jessie 11, Thomas 5, John 3 (227)
FISHBACK, Henry 24 (B), Beccy 22, Marion 5 (m), Bell 4, Cordelia 1 (155)
FISHBACK, W. H. 24 (m,B), Beccy 22, Marion 6 (m), Bell 4, Delia 2 (152)
FISK, Moses 63, Thompson 17, Jennie 14, Susan 12, Jackson 9, Fama 6 (222)
FITCH, Anderson 62*, Sarah A. 39, W. J. A. 9 (m), Q. M. 5 (f), Jno. T. 1 (24)
FITCH, Martin 35 (B), Delia A. 34, Henry D. 16, Israel J. 8, Mary M. 7 (3)
FITE, J. L. 46 (m), Rachel 48, James 18, Houston 15, Calaway 14, Mary 11, Isaac 9, Robert 8, Ada 6, George 4, Alla 2 (134)
FITE, J. M. 30 (m), F. 25 (f), W. 6 (m), B. 4 (f), M. 1 (f) (167)
FLACK, J. 24 (m,B), Milly Ann 22, Ida 1/12 (154)
FLAHERTY, Sarah 48*, Emma 20, Lelia 18, John 16, Bettie 15 (59)
FLANAGAN, Ambrose D. 20* (229)
FLANNERY, Mary 34* (B), Jenny 6, Emeline 18 (95)
FLAX, Susan A. 57* (18)
FLEISHMAN, Ida 16*, Hattie 15 (143)
FLEMING, Anna 19 (47)
FLEMING, Susan F. 41*, Joseph D. 10, Roy 7, Lena M. 4 (101)
FLEMMING, Salina 46*, S. Walter 24 (88)
FLETCHER, Jane 48* (B), Joana 22, Mary 7 (109)
FLETCHER, R. C. 18 (m)* (94)
FLETCHER, Rebecca 60* (B), Henry 4 (109)
FLETCHER, Wm. 23*, Frances 25, Ollie 3 (f), Inez 2, Carl 2/12 (159)
FLETCHER, Wm. 47* (B), Mariah 35, Minerva 5 (105)
FLINT, Benj. H. 30 (B), Caroline 26, Jennie 11, Johnnie 8, Josephine 7, Addie 5, Ozzo S. 4, Ida 2 (16)
FLINT, Hal 40 (B), Allice 35, Barney 13, Ed 10, Maney B. 7 (f), Harris 5, Allen 4, Victoria 9/12 (260)
FLIPPEN, Robt. 53*, Ella 37, Wm. T. 10, A. T. 7, Mary C. 6, Jno. N. 4, Mary H. 79 (30)
FLOYD, J. A. 31 (m)*, Maggie 31, Jennie L. 4, unnamed 3/30 (m) (18)
FLOYD, J. E. 73 (f)* (245)
FLY, John J. 48*, Sarah J. 39, E. D. 11 (f), John C. 9, F. P. 7 (f), Mattie D.? 5, N. B. 2 (m) (183)
FLYNN, Hugh A. 36, Beatrice J. R. 31, Amelia E. 8, William B. 5, George W. J. 4, Zelah W. 1 (11)
FLYNN, J. T. 43 (m), M. J. 33 (f), M. E. 10 (f), J. W. 9 (m), S. M. 6 (f), J. W. 3 (m) (246)
FLYNN, John E. 28, Parthena 24, Margaret L. 5, Albert L. 1, Mary C. 61 (223)
FLYNT, Dock 21 (B), Amanda 36, Eddy 11, Charlie 5 (178)
FLYNT, Harrison 25 (B), Amanda 22, William H. 3, Jhon R. 2, Ola Lee 3/12 (m) (266)
FLYNT, Sopia 46*, Noris M. 17 (263)
FLYNT, Younger T. 43, Paralee L. 33, Robert C. 14, Hiram P. 12, Mary S. N. 10, Joseph H. 7, Younge E. 5, John J. 3, Maud E. A. 1 (226)
FORBES, Montgomery C. 53, Elizabeth J. 53, Mary 31, John R. 21, Cordelia 18, Ella J. 15, Eliphaz I? (m) (237)
FORBES, Wm. P. 29*, Tabitha E. 27, Mariah E. 8, Wm. E. 7, Eula 5 (229)
FORD, Hanna? 78* (154)
FORD, Hezakiah 50*, Nancy J. 39, Lucy I. 17, Laura E. 13, Charles E. 11 (144)
FORD, Tandy W. 53, Mary 48, William 13, Fannie 11, Samuel 8 (79)
FOREST, G. L. 18 (m)* (136)
FORMAN?, Permelia 39* (98)
FORMWALT, Mary 59*, M. R. 37 (f), John A. 35, M. D. 38 (f), Charley J. 4 (103)

1880 Census, Lincoln Co. TN

FORRISTER, Christopher 40, Sarah V. 42, George 15, Willie 13, Rabecca 10, CAtherine 8, Louanna 6, Sam T. 3 (82)
FORRISTER, Isaac 88, Mattie M. 79 (87)
FORRISTER, Mary 19* (74)
FORRISTER, Matilda 18* (88)
FORRISTER, N. S. 44 (m), Maggie A. 34, Lillian 6, Ruby L. 3, Mattie 1, Nancy J. 4/12, John F. 39 (87)
FORRISTER, Wm. 34*, Nannie 27, Felix 12, Edward 8, Joseph 5, Boonie 3 (f), Nathaniel 3/12 (73)
FORTENBERY, Jas. 48, Nancy E. 29, Rebecca 10, Thomas 6, Louzena 4, Sarah P. 2, Raymon R. 11/12 (231)
FOSTER, Anthony 35, Malissa J. 28, Sarah 14, Mary 10, Martha 8, D___ F. 2 (275)
FOSTER, Chas. 30 (B), Margaret 25, Horace 3 (57)
FOSTER, J. A. 20 (m)* (152)
FOSTER, James W. 28, Sarah C. 27 (151)
FOSTER, James W. 38, Mary J. 38, Joe Alice 6 (152)
FOSTER, Joel 55, Sarah 50, Permelia 65 (276)
FOSTER, John B. 28, Sophia A. 23, Hattie F. 4, Adolphus G. 3, Thomas L. 18, Mattie E. 15 (149)
FOSTER, John H. 22, Tempie A. 21, Mandy L. 4/12 (149)
FOSTER, John R. 23* (151)
FOSTER, John R. 52*, Mary E. 49, Molley C. 22, John A. 19, Livona 15, William R. 13, Newton J. 10, Rosie D. 7, Golie 4 (m), Bob L. 1 (151)
FOSTER, Lafayette 30, Cynthia 25, Mollie 13 (115)
FOSTER, Peter 36, Sarah 38, Letha B. 14, Nancy Lou 11, Willis H. 9, Charles T. 5 (152)
FOSTER, Rason F. 21 (m)* (146)
FOSTER, Willis H. 51*, Martha C. 51, Martha B. 21, John R. 17 (151)
FOUCH, Chaney 15 (f)* (61)
FOWLER, Austin 46* (B), Louisa 46, Minerva 20, Susan 9, Peter 7 (9)
FOWLER, Daphne 58* (B), Calvin 19 (98)
FOWLER, David 31 (B), Dinah 33, Martha 21, Elvira 5, Sallie A. 2, Frances 4/12 (10)
FOWLER, Nathaniel 28 (B), Laura 30, Lee R. 7, Elizabeth 5, Lucy 3, Eddie 6/12, Alonzo 2, Sallie 1 (13)
FOWLER, Ned 35* (B), Susan 23 (184)
FOWLES, Dennis 75, Sarah 51, Missouri F. 7 (202)
FOX, Elizabeth 9* (130)
FOX, Joseph P. 41*, Permelia A. 37, William J. 16, Robt. B. 12, James 9, May E. 7, Mary 70 (148)
FOX, Julia 45* (B), Walter 13, George 8 (80)
FRAME, Mathew B. 28, Sophia E. 24 (280)
FRANCIS, C. M. 61 (f)*, Hugh 27, Sallie 23, J. R. 19 (m) (95)
FRANKLIN, A. U. 42?, Manerva 38?, Frances 14, Robt. J. 12, Ann 10, Mollie 9, James? 2 (133)
FRANKLIN, Alice 18* (202)
FRANKLIN, Amanda 43*, Tennessee 23 (38)
FRANKLIN, David 43*, Melissa 40, Arlona 15, Sarah 13, Emma 10, Robert 7, Authur 5, Rebecca 2/12 (40)
FRANKLIN, Elizabeth 58, John 28, Mary F. 23 (237)
FRANKLIN, Harm 53, Phoebe 50, David 18, Jesse 16, Hal 12 (40)
FRANKLIN, Hyram 35 (B) (205)
FRANKLIN, J. A. 47 (m), Cansada 40, Mary F. 21, William A. 14, Willia 8, James M. 6, John W. 4, Sally B. 2 (202)
FRANKLIN, John 30, Mary H. 21, W. H. 2 (m), Cecile J. 4/30 (18)
FRANKLIN, M. J. 17 (f)* (260)
FRANKLIN, Samuel 34 (B), L. 26 (f), Mandy 9, R. 6 (m), L. 3 (f) (165)
FRANKLIN, Thos. W. 27, Milly A. 22, John T. 2, Humphry R. 9/12 (229)

1880 Census, Lincoln Co. TN

FRANKLIN, W. A. 39 (m), Clerissa E. 33, Thomas W. 13, Foster A. 12, Fanny V. 7, William B. 3 (202)
FRANKLIN, Wm. 73, Sarah 74 (202)
FRANKLIN, Zack 20, Nancy 27, Hattie Lee 5 (134)
FREEMA, Hester 50 (B), Sam 20, Frances 18, Sarah 14, John 12, Dick 9, Dan 7 (137)
FREEMAN, A. M. 31 (m), Drucilla 58, Nettie 6, Charles W. 4, Mattie 2 (151)
FREEMAN, Ann 38* (B) (143)
FREEMAN, Daniel F. 28*, Susan A. 20, Mattie C. 3, Saml. C. 1 (150)
FREEMAN, James 15 (209)
FREEMAN, Jane 57, Georgia E. 27, Susan 23, Mattie 15, Lula O. 6 (238)
FREEMAN, Jas.? K. 26, Mary E. 20, James A. 9/12, William 23 (B) (143)
FREEMAN, John 14* (B) (132)
FREEMAN, John A. 22* (144)
FREEMAN, Lewis S. 48, Judith C. 47, Carnie? W. 21 (f), Willie B. 18, Florence 13, Thos. W. 11, ARthur R. 3 (232)
FREEMAN, Louella 5* (B) (67)
FREEMAN, Martha 54, Monnie 19 (f), Mary E. 17, Thos. H. 20 (72)
FREEMAN, Moses 45, Martha J. 41, Mary K. 18, Ruth B. B. 13, Hattie D. 4, Calvin B. 2 (151)
FREEMAN, N. D. 41 (f), Ida 19, R. B. 17 (m), J. E. 14 (m), C. H. 9 (m), John G. 7, J. C. 4 (f) (180)
FREEMAN, R. E. 24 (m), D. M. E. 21 (f), W. B. 1 (m), Fannie 3/12 (20)
FREEMAN, Robert 33, Clem 34 (f), Jennie 12, Charley 9, Ida 6, William 3, Thomas 1 (39)
FREEMAN, Sarah 63* (193)
FREEMAN, T.? H. 29 (m)*, Nannie J. 21, Dellie 3, Georgie 1 (f), Harvey 9 (151)
FREEMAN, W. M. 25 (m), F. W. T. 18 (f), J. H. 3 (m), C. C. 1 (f) (24)
FREEMAN, Wm. B. 40, Susan C. 27 (149)
FRENCH, C. A. 66 (m), Olivia 63, Kate 30, Anna 28, Carrie 26, Jennie 23, Frank H. 20 (95)
FRIEDMAN, Lewis 17* (143)
FRIERSON, Littleton 22* (B), Alice 21 (65)
FULKS, McKnight 18* (136)
FULLER, A. J. 65 (m), V. A. 39 (f), M. E. 10 (f), J. M. 8 (m), J. M. 5 (m), N. M. 3 (f), J. T. 75 (m), J. H. 67 (m) (246)
FULLER, Emily 50 (B), Stephen 23, Docia 20 (246)
FULLER, J. T. 42 (f) (187)
FULLER, Tolbert 30, Mattie 27, Ollar S. 8 (m) (87)
FULLERTON, Aggy 57* (B) (99)
FULLERTON, Charles 59 (B), Mary A. 58, Wm. H. 23, Sarah J. 21, C. A. 19 (f), J. L. 15 (m), Mary J. 14, Nancy Ann 13, Willis J. 11 (248)
FULLERTON, J. G. 26 (m), Mattie 22, Robbert 10/12 (156)
FULLERTON, John 26, L. A. 20 (f), W. H. 3 (m), I. B. 1 (f) (161)
FULLERTON, Lucy 30*, Willa 8, L. G. 6 (f) (157)
FULLERTON, Margaret 87* (160)
FULLERTON, Sarah 50, Jas. R. 16 (161)
FULMER, Thomas 25, Marilda 24, Elizabeth 5, Dora 9/12 (224)
FULTON, Charity 45* (B) (263)
FULTON, Ellick 34 (B), Missouri 32, Matilda 14, Caroline 10, Henrietta 7 (115)
FULTON, Frances 25* (B), Charlie 5 (106)
FULTON, Hiram 33* (B), Susan 34, Neil 19, Anna 16, Helen S. 14, Kate 7, Ella 4, Willie F. 3, Mattie R. 1 (140)
FULTON, Jo 53 (B), Sarah 60 (99)
FULTON, John 32* (B), Indiana 29, Lucy A. 3 (249)
FULTON, Laura 42*, Margt. 45 (B) (97)
FULTON, Lawson 14* (B) (249)

1880 Census, Lincoln Co. TN

FULTON, Mattie 26*, Thos. 12, M. E. 10 (f) (19)
FULTON, Monroe 52* (B), Becky 39, Anna 10, Laura 5 (99)
FULTON, T. P. 49 (m), Martha A. 46, Mary L. 25, Ada 20, James E. 19, J. Mosley 13, Minnie 11, Robert 8 (103)
FULTS, Lavena 13* (190)
FULTZ, J. 9 (m)* (175)
FULTZ, Mary (Mrs) 60*, Maggie 10 (159)
FULTZ, Mary 50* (160)
FUNDERBURK, W. H. 33 (m), Mathena 30, Laura 10, Sarah 8, Walton 2 (201)
GABARD, Mariah 45 (84)
GAINES, W. J. 30 (m), Elisabeth 24 (209)
GAINES, Wm. 19* (B) (156)
GAITHER, John 18* (67)
GALLEWAY, Sampson? 22* (B) (247)
GALLOWAY, D. 32 (m)* (B) (176)
GALOWAY, Prince 27* (B) (248)
GALOWAY, W. C. 26 (m), A. L. 28 (f), S. H. 7 (m), O. C. 6 (m), J. N. 4 (m), J. A. 1 (f) (246)
GALOWAY, W. J. 62 (m), Mary A. 52, L. J. 26 (f), S. E. 21 (m), Robt. E. 15, Rosa L. 10 (249)
GALOWAY, W. P. 29 (m)*, Martha J. 24, Wm. A. 2/12, John A. 24 (247)
GAMMEL, G. W. 25 (m)*, Rutha C. 30, John Thomas 7, Wm. J. 6, E. J. 4 (f), Georgeana 3, Jinnie 2, Luther H. 6/12 (132)
GAMMEL, J. W. 21 (m), Manerva 22 (131)
GAMMEL, Thos. J. 46*, R. J. 46 (f), Minerva 19, Bettie 14, Matilda 12, Thos. J. 16, Tennessee 10, Jessie 8, Fannie 4, Hattie 1 (137)
GAMMILL, Joshua P. 41*, Docia E. 40, Eddie 14, William M. 11, James L. 10, Jarrel F. 8, Sanford 6, Matilda 4, Texas A. 2, Benjamin D. 6/12 (147)
GANT, Elizabeth 60* (150)
GANTT, Catherine 57, George 23, John W. 21 (218)
GARDNER, Dennis 38 (B), Charlotte 40, Tennessee 18, William 16, Henry 14, Lucinda 6, Joe 4, Jenny 2 (206)
GARDNER, R. H. 12 (m)* (95)
GARRET, Nancy E. 35, Sarah J. 12, Toliver 10 (199)
GARRISON, Sam 19* (B) (202)
GARY, D. L. 31 (m), M. A. 25 (f), W. E. 11 (m), Lula 7, Fannie 1, N. A. 26 (m) (127)
GARY?, Rachel 26*, Wm. 4, Marion 3 (m) (138)
GATHER, Thomas 30, Almedia 22 (38)
GATHER, Wm. 34*, Malinda 41, Mary 14, Elizabeth 13, Lillie 9, Caldony 7, William 4, Mattie 1 (53)
GATLIN, Isaac T. 35, Sarah A. 38, Dotia 13, Nancy E. 8, Margaret J. 11, James F. 4, Isaac M. 2 (205)
GATLIN, James 35, Lucinda 30, Alice 15, Mary 13, Ella 11, Thomas 7, Walter 3 (202)
GATLIN, John W. 37*, Lucy A. 42, Columbus 12, Archer D. 10, Newman 7, Samanda 82 (202)
GATLIN, Lucinda 64, Julia 37, John C. 32 (204)
GATLIN, R. L. 35 (m), Sarah C. 31, Nancy J. 10, Martha 8, Margaret 7, Texanna 5, Sarah B. 3, Flora 1/12 (202)
GATLIN, W. W. 45 (m), Martha 40, Mary 22, John 21, Elisabeth 17, Harvey 15, Martha 13, Benjamin 11, Horace 9, Eliza 7, David 5, Sarah 3, Walter 10/12 (201)
GATTIS, David B. 32, Mary J. 36, Charles 13, Thomas 9?, Irene F. 6, Luther 4, Willis 3 (273)
GATTIS, George 50, Mary 47, Louisa 19, Ella 15, Henry 9, Annice 80 (44)
GATTIS, Henry 53, Mary 55, Louisa 18, Rufus 27, Susan 23, Nancy 13 (44)
GATTIS, Isaac 34, Elizabeth 38, Sarah 14, Rily 13, Jacob 12, Jane 10, Amandy 6, Rufus 2 (41)
GATTIS, Isaac V. 36, Mary F. 33, Marcus F. 11, Walter V. 9, Ida V. 8, Flora A. 6, Lula E. 4, Edgar N. 2, Oscar L. 2 (275)
GATTIS, Jhon 15* (277)

1880 Census, Lincoln Co. TN

GATTIS, John 35, Matilda 37, Claude 8, Mary 6, Emma 3, Ella 3, Mitchel 1/12 (44)
GATTIS, Nathan 79* (44)
GATTIS, Susan 44, Wm. F. 18, Danl. 14, George B. 11 (68)
GATTIS, Thomas 89, Nancy 74, Jane 47 (44)
GATTIS, Virginia 20*, Wilson 21, Edna 1 (66)
GATTIS, W. M. 53 (m), M. J. 58 (f), C. F. 30 (m), A. L. 27 (f), M. J. 24 (f), H. G. 18 (f) (20)
GATTIS, WEsley 23, Julia 19, Mary 3, Ann 1 (44)
GATTIS, William 28, Sarah 30, James 6, Felix 4, Lou 2 (f) (38)
GATY, Ben 13* (B), Sally 11 (161)
GAULT, H. C. 23 (m), Lou 23 (f), Mattie 2, Henry 60, J. W. 26 (m), Davis 16 (160)
GAULT, Hugh C. 52, Nancy M. 22, Hugh A. 20, Jhon W. 16, Martha A. 13, Luther 11, James C. 7 (275)
GAULT, Wm. S. 35*, C. A. 39 (f), Frederick 8, Minnie 6 (158)
GAUNT, Henry 24* (B) (145)
GAUNT, Wm. T. 20, Nettie 18, L. Bruce 15, Leona A. 12, Edward 10, Alfred E. 1 (144)
GAUNT?, Charles 36 (B), John 18, Jacob G. 16, Walter 9, Eddie 9, James 8 (152)
GAUTNEY, Frank 35, Sophronia 35, Aquilla 4 (f), Jasper May 24, Lucy 20 (198)
GAYLE, Leroy W. 43*, Mary E. 52, Mary 18, Alonzo 13, Adolphus (219)
GAZAWAY, Eliza 50, David 21 (37)
GENTRY, Johnson 42 (B), Martha 45, Alec 19 (154)
GEORGE, Alexander 25, Martha 22, Mahala 4, Samuel 2 (267)
GEORGE, Ann 70* (B) (102)
GEORGE, Belle 22* (265)
GEORGE, C. 21 (f)* (161)
GEORGE, Charles L. 52, Eliza 45, Samuel R. 26, Frances C. 23, Charles 6, William L. 4, Alexander W. 2 (15)
GEORGE, David J. 31, Nancy E. 23, Ada L. 6, Margaretta B. 4 (208)
GEORGE, F. A. 52 (m), Betsey J. 47, Joseph F. 16, William L. 14, Hervey 13, Ada 11, Leoni 6, Earley 2 (m) (209)
GEORGE, G. E. 21 (m), Nancy 20, Carl 1 (216)
GEORGE, H. P. 44 (m), Sue N. 32, Edna H. 6, Charlie R. 3, Henry P. 11/12 (81)
GEORGE, I. 12 (f)* (171)
GEORGE, Isaac 30 (B), Mollie 20 (128)
GEORGE, J. B. 25 (m)*, Delpha 19, Eddie 2, James Thos. 6/12 (133)
GEORGE, J. H. 52 (m)*, Mary J. 40, H. T. 17 (m), Erra 14, Irbin 13, Sallie B. 11, J. J. 7 (m), Mary 2 (129)
GEORGE, J. M. M. 32 (m), Mary E. 24, W. T. 7 (m), Richard W. 5, Martha J. 2 (23)
GEORGE, J. W. 30 (m), Lucy 25, Charly 7, Henry 3, Robert 1 (128)
GEORGE, Jas. C. 28, Emma C. 20, Eula R. 3, Walter D. 1 (19)
GEORGE, Jessee M. 66*, Jane 51, Anna 20 (81)
GEORGE, John H. 37, Mary H. 30, Della H. 11, Willis A. 6, Mary E. 3, Walter C. 4/12 (263)
GEORGE, Joseph 25*, Telitha 20, Etta 2, Joseph Jr. 6/12 (134)
GEORGE, M. A. 22 (f)* (102)
GEORGE, Margaret F. 49* (8)
GEORGE, Mat 19 (B), Exie 22 (128)
GEORGE, Mindosia 21, David 16 (217)
GEORGE, N. J. 41 (m) (110)
GEORGE, Presley O. 58, Phebe E. 41, Estella 12, Matilda 10, Marcus 9, Mary F. 7, James O. 5, Luzina M. 3, Leora E. 1, Effie C. 6/12 (82)
GEORGE, Richard 77, Mary E. 44, Martha A. T. 36, Richard L. 34 (23)
GEORGE, T. O. 34 (m), Maggie 30, Tobe 6, Maggie 2 (128)
GEORGE, Thomas 39, Sarah 31, Corrinna 11, James 10, Martha 6, Ella 4, William 2 (43)

1880 Census, Lincoln Co. TN

GEORGE, Thomas 76, Polley 62, Rena 25, Nathaniel 22 (129)
GEORGE, W. P. A. 62 (m)*, Nancy 86, D. W. 42 (m), D. P. 17 (m) (208)
GEORGE, William 25* (B) (93)
GGILLESPIE, George C. 33*, Sallie H. 25 (142)
GIBBS, Amanda C. 43*, Eugene 6 (230)
GIBBS, Annie 5e4* (219)
GIBBS, Edward L. 17* (8)
GIBBS, Edward P. 40, Cynthia O. 38, Fances E. 13, Ginsy A. 12, Bevely W. 11 (m), John W. 5 (235)
GIBSON, Amanda 34 (B), Sarah F. 15, Alonzo 12, Will 11, Mariah 6, Tinch 4 (f), Della 1, Luther L. 1/12 (188)
GIBSON, Elizabeth 53, Mahalah 29, James L. 27, Emily E. 24, Loudora 22, Margaret A. 19, Nathan F. 17, William H. 12 (154)
GIBSON, George 55 (B) (154)
GIBSON, James T. J. 19, Martha A. 41, BEthany N. 21, Mary A. 13 (152)
GIBSON, Josiah B. 31, Mary J. 30, Martha A. 10, Roda A. 8, Fannie Lee 6, William T. 1 (154)
GIBSON, Mariah 66* (129)
GIBSON, R. B. 62 (m), R. J. 48 (f), W. B. 25 (m), P. P. 16 (m), S. B. 11 (m) (180)
GIBSON, Thos. W. 46, Sarah C. 38, James A. 12, Thomas D. 7 (153)
GIHLLAM, Wm. G. 50, Agness J. 50, Thomas P. 20, John L. 18 (240)
GILBERT, D. A. 60 (m), Lucretia 60, Cordelia 18, Ruth A. 16, Fanny 14 (153)
GILBERT, J. 22 (m)* (B) (157)
GILBERT, L. 40 (f,B), L. 18 (f), D. 15 (f), Nancy 12, Tom 2 (162)
GILBERT, Mary 20* (B), Thomas 4/12 (112)
GILBERT, Peter C. 30*, Percella 19, James F. 4, Ella E. 7/12, Ambros F. 36, James L. 27 (148)
GILBERT, Racheal 68* (147)
GILBERT, W. A. 41 (m), Margaret P. 35, Alice E. 13, Ivie D. 11, Mary A. 7 (149)
GILBERT, William W. 35, Carrie E. 11, William R. 9, Moses A. 7 (153)
GILBRETH, A. 21 (f)* (B) (179)
GILBRETH, B. F. 28 (m,B), Frances 26, Sarah 11, James 8, Thurman 7, Henry 6, John 5, Frank 2 (179)
GILDEN, John 23* (B) (19)
GILES, A. F. 29 (m)*, Lucy 28, Laura 4, Halbert 3, N. N. 1/12 (m) (129)
GILES, R. 32 (m)* (B) (169)
GILES, Thos. H. 64, Doratha 51, C. M. 23 (m), C. M. 23 (m), Sallie A. 21, S. F. 20 (f), Dolley 14 (129)
GILHAM, Levi 66* (237)
GILL, A. G. 76 (m)*, Alice 66 (71)
GILL, Anna 62*, David D. 20 (208)
GILL, C. W. 41 (m), Mary 41, Fanny 14, Maud 12, Pryor 8, Fleming 1/12 (111)
GILL, Eliza J. 48, John H. 23, Samuel L. 13 (211)
GILL, J. H. 24 (m), Russia 18 (211)
GILL, James M. 28, Mary O. 26, Richard A. 5 (210)
GILL, Jno. Y. 42*, Mary E. 40, Robt. T. 22, Alonzo F. 13, Mary Y. 9, Maggie J. 5, Mattie E. 2 (107)
GILL, M. 25 (f)*, O. 5 (m) (171)
GILL, W. A. Jr. 30 (m), Mattie A. 28, Charles F. 2 (92)
GILL, W. T. 44 (m)*, Mary F. 38, Lula B. 17, Mattie J. 15, Suella 9, Antonia 7 (f), Mattie M. 19 (90)
GILL, William A. 68*, Elizabeth F. 64, Maria M. 35 (223)
GILLESPIE, J. F. 48 (m), A. P. 46 (f), B. F. 24 (m), C. N. 20 (f), P. N. 18 (f), L. M. 13 (f), H. A. 9 (m), J. C. 8 (f), J. A. 1 (m) (118)
GILLESPIE, Jacob 66*, Latitia 46, Ann K. 11, James B. 8, Wm. C. 6, Right 32 (m,B) (141)
GILLESPIE, Jacob R. 25, Maria M. 24, Emma K. 3, Jacob G. 1 (141)
GILLESPIE, John 12* (B) (140)

1880 Census, Lincoln Co. TN

GILLESPIE, Jos. G. 29, Annie W. 27, Geo. R. 4, Jacob W. 2 (141)
GILLESPIE, Morgan 50* (B), Sarah J. 28 (140)
GILLESPIE, Saml. 19* (B) (140)
GILLIAM, J. A. 48 (m)* (170)
GILLIAM, William 12*, Hugh 10 (277)
GILLIE, Disk 16 (m)* (41)
GILLILAND, Elisabeth 63*, Mary 18 (207)
GILLILAND, Samuel 36* (232)
GILLISPIE, Loutitia 6* (B) (146)
GLACIER, WEstly F. 56, Salina 53, Clarissa 22, John L. 16 (148)
GLACIER, William 31, Elizabeth 30, Rufus R. 4, John 4/12, Thomas 12 (149)
GLAGHORN, S. W. 47 (m), Sarah 38, Chalmers A. 12, Thomson S. 9, Samuel M. 6, Mary R. 6, Martha E. 3, Samuel 85 (183)
GLEGHORN, A. C. 59 (m), Sallie 40, J. A. 14 (m), Margret 21, Sallie B. 13, Hanah 29 (B), Lucy 7 (B), Chalie 4 (B) (135)
GLEGHORN, Mary 32*, Sallie 8 (138)
GLEGHORN, R. Y. 28 (m)*, Sallie 24, Jinnie R. 4, Mord 2 (f), Leila 1 (135)
GLENN, Rena 13* (B) (117)
GLIDEWELL, Enoch 40 (36)
GLIDEWELL, Wiklliam J. 48, Mourning 53, John W. 24, Benjamin F. 23, Alfred H. 20, Sarah J. 13, William B. 10 (149)
GOLDEN, Jhon J. 35*, Susan A. 29, Martha A. 9, Joseph S. 7, William H. 5, Mary F. 2, Sarah E. 2/12 (279)
GOLDEN, Joseph 62*, Sinthia 63, George W. 20, Jefferson 18 (263)
GOOD, George 36, Sally 40 (202)
GOODE, James A. 25, Martha M. 25, George W. 2, John W. 1 (8)
GOODE, John 49, Elizabeth 53, John L. 23, David N. 21, Sarah S. 10, Margaret 16, Martha D. 12 (8)
GOODE, Joseph M. 40, Sarah J. 43, Samuel M. 20, John A. 14, James A. 9, Mary L. 11, Elbert P. 6, Joseph B. 4, Fannie E. 1 (11)
GOODNER, D. Milton 31*, Naomi 22, Ora 3/12 (265)
GOODRAM, Jackson 60 (B), Jane 37 (190)
GOODRICH, Bob 26* (B), Maggie 21, Dale 3, George 1 (106)
GOODRICH, Isaac 24* (B) (136)
GOODRICH, J. C. 43 (m)*, Ann 33, M. R. 21 (f), J. C. 13 (m), George 4 (92)
GOODRICH, Jane 55 (B), Frances 36, Mary 10, Molly Lou 3 (100)
GOODRICH, Jno. T. 36, Mary R. 34, Lucile 9, John B. 7, Anna F. 4, Charlie L. 1 (94)
GOODRICH, Mary L. 10* ()
GOODRICH, Ruth 24* (B), Clara 10/12 (136)
GOODRICH, Sallie A. 34*, George C. 13, Cora H. 7, Anna M. 4 (96)
GOODRICH, T. C. 63 (m)*, Lou 38, Tommie 20 (f) (107)
GOODRICH, Wm. C. 34, Lizzie A. 33, Joel M. 3, James C. 2 (80)
GOODWIN, George 39, Mary J. 45, Robert N. 8, Sarah F. 4 (238)
GOODWIN, J. W. 36*, Mollie 28, Anna? V. 6, Mattie? T. 3, Gussie A. 10/12 (90)
GOODWIN, W. 10 (f)* (B) (172)
GOOSBY, William 35, Lucy A. 17 (197)
GORDON, Bettie 40* (16)
GORDON, Jenkins 33, Mary A. 28, Sarah Alice 9, Walter C. 6, Lillie M. 5, Blanch M. 3 (152)
GORDON, S. E. 36 (f)*, Virginia B. 33, Fannie L. 19, Kate 15, Emma 40 (B), Matt 22 (B) (95)
GORGON, John 18* (196)
GOWAN, James 24, Frances 23 (4)
GOWER, Mary Ann 36*, Dovey E. 3, Diemer 10/12 (104)
GRACY, Fannie 19* (B), Elvira 5 (120)

1880 Census, Lincoln Co. TN

GRAHAM, James 21* (273)
GRAHAM, John H. 27* (9)
GRAHAM, Martha A. 65*, William R. 5 (230)
GRAHAM, S. P. 45 (m), Martha 38, Mary S. 14, Chas. S. 12, Laura A. 9, Virginia L. 8, Sarah F. 4, Benj. W. 1 (25)
GRAHAM, Thomas G. 22* (8)
GRAHAM, Violet 60, George W. 35, James M. 30, William W. 25, Elisabeth 27 (215)
GRANT, Frances 84, Frances 39 (209)
GRANT, G. A. 28 (m), Sarah J. 28, Bettie 7, I. G. B. 2 (f) (189)
GRANT, George H. 45, Mary J. 30, Charly E. 10, Virginia T. 8, Minnie R. 4, Etta B. 1 (209)
GRAVITT, Frank 19* (52)
GRAY, Brice P. 58*, Mary A. 55 (278)
GRAY, Charley 26 (B), N. G. 23 (f), Auvelle 6 (f), ___y T. 4 (f), Cordelia G. 2, Mary Heursey 10 (248)
GRAY, Dollie 17* (18)
GRAY, Elizabeth 39*, Henry J. 14, Bell 11, Joseph 9, Nicholas 9 (258)
GRAY, Ellen 18* (B), William 2 (260)
GRAY, F. J. 49 (m)*, Lucy N. 48, Mark H. 26, J. O. 23 (m) (93)
GRAY, Fannie 41 (B), Martha J. 12, Sarah A. 20, Wiley J. 9, Dora A. 3, Ellen 1 (267)
GRAY, Isaac 42, Maranda 38, Lucy 13, Virginia 8, Mary 5, Elizabeth 2 (66)
GRAY, J. P. 22 (m)*, O. P. 21 (m) (252)
GRAY, Jacob 53, Mary 45, Henry A. 14, S. S. 12 (m) (26)
GRAY, James 21 (B), Ann 17, Alice 5?, Jhon 1 (273)
GRAY, James P. 41, Sophronia J. 35, Susan 10, Fannie 6, Daniel P. 4, Willie 1 (95)
GRAY, James T.? 42, Matilda J. 43, William D. 10, Elizabeth M. 6 (265)
GRAY, John 36, Margret 26, Mack 13, Tom 12, S. E. 10 (f), Als? 8 (m), Sillar 5 (183)
GRAY, John 50 (B), Reuben 15, Ida 13, Amanda 11, Roda 2 (35)
GRAY, John E. 39, Mary 36, Lewis 5, Myrtle 3, Edward 1 (223)
GRAY, Joseph 62, Mary M. 44, Robert 15 (211)
GRAY, Joshua D. 57, Elizabeth 51, William 28, Sarah J. 25, Mary 22, Lewis? S. 19, Jhon M. 17, Brice P. 14, Octavus S. 12, Hannah B. 9 (273)
GRAY, Louisa M. 49?*, L. M. 66 (m), Joseph O. C. 8 (99)
GRAY, Maggie 2* (186)
GRAY, Mary E. 59*, Clement A. 18 (223)
GRAY, Matilda 40, Hero 17 (f) (11)
GRAY, Nady 16 (f)* (B) (248)
GRAY, Nellie 40 (B), Margaret 15 (34)
GRAY, Samuel 36, Nancy 48, Bettie A. 38, Augustus W. 31 (255)
GRAY, Squire 60* (B), Lou 45, Joseph 15 (114)
GRAY, Susan 18* (B) (267)
GRAY, Thomas 32, Elisabeth 25, Ida B. 12, Madison 11 (213)
GRAY, Thomas 35, Nancy E. 26, Esther C. 8, Fannie E. 6, Jhon 2 (266)
GRAY, Thomas J. 60, Mary 50, Robert J. 16 (217)
GRAY, Thos. H. 32, Elisabeth 26, Ida 12, Madison 8 (211)
GRAY, William J. 38, Mardtha 18, Anna V. 14, Martha A. 12, Sarah 10, Nancy 7, James 5, Robert 1 (263)
GRAY, Wm. 52 (B), Nancy 60, E. K. 14 (f) (164)
GRAYHAM, Eliza 24* (222)
GREEABLE, W. A. 30 (m), Mary E. 26, E. S. 8/12 (m) (128)
GREEN, A. C. 34 (m), Mary 37, Adelia 13, Telicatitia 10, Martha 7, Alice 5, Nora 3, Josephine 1 (205)

1880 Census, Lincoln Co. TN

GREEN, A. C. 39 (m), Amanda M. 32, Martha J. 12, George W. 10, John L. 7, Julia E. 4, Cora Alice Charles E. 3/12 (65)
GREEN, Ab 27 (B), Caroline 27, Charlie 8, Foster 6, Lawson 2 (97)
GREEN, Anderson 18* (B) (30)
GREEN, C. 16 (m)* (B) (147)
GREEN, Christine 73* (229)
GREEN, James R. 35, Elizabeth 55, Josephine 9 (6)
GREEN, John 19*, Wilson 15 (132)
GREEN, John T. 39, Amanda 39, Martha J. 17, Jeremiah 15, Mary E. 13, Thomas 7, Houston 4, Jas. Milton 2, Gertrude 10/12 (69)
GREEN, L. 5 (f)* (B) (173)
GREEN, Margarett 50* (60)
GREEN, Mary 35* (B), Abb 3, Ellen 1 (102)
GREEN, Mary F. 39, Mary L. 16, Horace E. 11, Elbert O. 10, James B. 6, Ida 2 (224)
GREEN, Patrick J. 27, VErnetta 31, Noble 5, Edwin 2, Sarah 1/12 (218)
GREEN, Philip J. 48, Mary E. 22, Theadocia C. 12, Sarah F. 10, Charles C. 8 (1)
GREEN, Pinkney 36, Annie 33, Edmon 9, Pink 7 (f), Ursula 5, Allene __ (f) (41)
GREEN, Samanda 34 (205)
GREEN, Sarah O. 54* (93)
GREEN, Sealy 51 (f), K. L.? 11 (m), S. J. 9 (f) (26)
GREEN, Wilson 27, Scyntha 28, Mittie 3 (59)
GREER, A. A. 62 (m)*, Elzira R. 55, Sue Ella 19, Lizzy 23, Anna 6, Fleur 3 (f) (139)
GREER, Ada 19* (B) (142)
GREER, Andrew J. 24* (B) (142)
GREER, Andy 24 (B), Adaline 24, Isaiah 9/12 (122)
GREER, Archibald 25 (B), Molly C. 20, Henry O. 7/12 (144)
GREER, Bob 18* (B) (138)
GREER, Elijah 47*, Frances 41, Margret 19, Willis 13, Albert M. 10 (132)
GREER, Ellen 21* (B), Jno. 25?, Mollie 1 (125)
GREER, Ellick 38 (B), Ann 29, Mary L. 14, Rufus 9, Davy 8, John H. 5 (107)
GREER, Emily 26* (B), Fanny 24, Jocko 2/12 (95)
GREER, Esther 60* (139)
GREER, Felix 33* (B), Laura A. 26 (107)
GREER, Flem 53 (B), Easter 43, Lizie 17, Joe 13 (132)
GREER, Frank 32 (B), Louisa 25, Geogiana 11, Robert 8, Mary L. 6/12, Riah P. 90 (m) (141)
GREER, Jack 16* (B) (132)
GREER, Jno. J. 56, Eliza B. 49, James W. 19, Carrie B. 18, Mary Kate 10 (155)
GREER, John 38 (B), Ellen 30, Roseann 12, Irvin 9, Alex 7, Will 6, Catharine 4, Lucy 1 (130)
GREER, John 62* (B), Susan 60, Mathew 17, DeKalb 13 (146)
GREER, Jones 27* (B), Betty 26, Alec 12, STerling 10, Manda 9, Mary Bell 7, Wm. G. 5, Jones 3, Susan 56, Riley 16 (144)
GREER, Mack 28 (B), Fanny 29, Lacy 8 (m), Charles 5, Tilman 6/12 (155)
GREER, Marinda 19* (B) (144)
GREER, Peggy 59 (B), Emily 22, Lucy 16, Parker 13, Wid 9 (f), Hetty 4, Zed 2, Jack 2/12 (99)
GREER, Washington 68 (B), Mary J. 48, Mary Ida 18, Kier 16, John 14, Ella 12, Wm. B. 8, Lucy 5, Robt. T. 1 (141)
GREER, Willis 25* (B) (139)
GREER?, Thos. V. 56*, Elizabeth A. 55, Mary L. 20 (146)
GREGORY, Ephraim 28, Matild 28, William M. 2 (215)
GREGORY, Henry 46* (B) (269)
GREGORY, Jane 36 (B), Susan 20, Robert 10, Andrew 7, Lovy E. 6 (219)
GREGORY, John 30 (B), Sallie 15, John 10, Willie 8, Jane 4, Thomas 2, Maggie 6 (57)

1880 Census, Lincoln Co. TN

GREGORY, Mary 25* (B), Robert Em. 4 (f), Arie E. 2, Cartalle? 67 (109)
GREGORY, Ned 34 (B), Pink 24, Frank 4, Fannie 8/12 (97)
GREGORY, Petter 75 (B), Louisa 65, Amanda 12 (34)
GREGORY, Saml. 50* (B), Jane 32, _____ 15 (f), Saml. 9, George 7, Mary 3, Thomas 5/12 (56)
GREGORY, Wm. 56 (m), Martha 56, Hu B. 32, John W. 18, Nancy Ann 18 (215)
GRIDER, James 54, Julia A. 40, Margaret V. 15, William M. 10, Laura B. 7, John 5, Gustavus 2 (222)
GRIFFEY, Emeline 44, James 23, Jefferson 19, Mary 11 (256)
GRIFFICE, J. W. 35 (m)*, Mary E. 34, O. D. F. 7 (m), Candase 6, Eliza F. 3, John R. 1 (248)
GRIFFIN, Bob 25 (B), Sarah 35, Arch 9, Ella 5, Emma 2 (160)
GRIFFIN, Caroline 8* (B) (116)
GRIFFIN, H. B. 30 (m)* (22)
GRIFFIN, Jacob 73, Nancy 77, Sarah A. 35, Colonel 6 (274)
GRIFFIN, James 33, Dosia 27, Elishna 7, Zora 5, Nancy 4, Jacob 2 (274)
GRIFFIN, Jhon 38, Nancy 34, James 6, Frank 3 (272)
GRIFFIN, Lou 17 (f)* (B) (100)
GRIFFIN, M. C. 41 (f), M. M. L. 12 (f), S. A. 9 (f), D. H. H. 7 (m), C. I. 5 (f), A. V. 3 (f) (191)
GRIFFIN, Pallis 46, Elizabeth 46, Nancy 15, Andrew 13, Margret 10, Martha 8, Pallis 6 (281)
GRIFFIS, Clabe 40* (B), Polly 26, Robt. 5, Mary 3, Mastie? 5/12 (f) (161)
GRIFFIS, Dessa 56*, Hugh 36, Josephine 29, Mary A. 9, Walker 5, Joseph 4, William 7 (2)
GRIFFIS, Elizabeth 59, A. J. 31 (m), G. W. 28 (m), E. Thomas 27 (247)
GRIFFIS, George 50* (B), Kiziah 27, Zula Z. 11, Bettie 15 (223)
GRIFFIS, Hugh D. 36*, Josephine 29, Mary A. 9, Walter P. 5, Joseph H. 4, William C. 1 (2)
GRIFFIS, Thos. D. 41*, Mariah E. 33 (229)
GRIFFITH, W. 21 (m,B) (165)
GRIGGS, M. 75 (f)* (167)
GRIGSBY, Charles S. 71*, Delpha 73, G. G. 45 (m), Narcissa 38, Bunavista 30, C. M. 26 (m) (108)
GRIGSBY, R. S. 37 (m)*, Katy 22, Marie 2, Maud 1, Downer 2 days (108)
GRILLS, W. J. 49 (m), Delina 39, Nancy E. 19, Lizzie E. 15, Wm. B. 13, John J. 12, James B. 9, H. T. 7 (m), Riley M. 5, infant 1/12 (m) (253)
GRIMES, Richard 62, Isabella 55, Columbus 27, G. B. 21 (m), John 16 (190)
GRIMES, Thos. 56*, Rebecca A. 47, Manca? F. 14 (m), Mary E. 13 (249)
GRIMES, Wm. 30, Almira 26, Columbus 7, William 5, Elbert 2, Jas. R. 2/12 (190)
GRISWELL, Wm. C. 48*, Mattie 36 (84)
GRIZARD, Ellen 30* (B), Laura 5 (95)
GRIZARD, Ewing 17* (B) (280)
GRIZARD, Marion 29 (B), Margarett 24, Pina 8, Mary 6, Joseph 3, Ida 8/12 (69)
GRIZZARD, Laura 34* (B), Lou 4 (f) (71)
GROCE, F. M. 37 (m), M. J. 32 (f), Nannie 11, H. L. 10 (f), M. H. 8 (f), C. A. 5 (f), David E. 3, W. M. 1 (m) (20)
GROCE, Martin V. 42, Mariam 45, Olona T. 14, Nathan W. 4 (74)
GROCE, Sallie 22*, Delia 1 (83)
GROCE, Susan 17* (74)
GROCE, Susan 65* (73)
GROCE, Thos. 41, Susan 31, Cincinnati 65 (f), Thos. F. 18, Marietta 16, George 8, Johny 6, Mattie 5 (74)
GROCE, W. M. 37 (m), J. A. 34 (f), T. W. 11 (m), C. F. 7 (m), W. H. 5 (m), R. E. 2 (m), J. H. 4/12 (m) (20)
GROSE, Martin 65* (63)
GROSS, Geo. 16* (193)
GROSS, Martin 60*, Elvada 10 (56)
GROVES, C. C. 35 (m)*, Lyda 35, Albert 12, Brazier 15, Alma 8/12 (63)
GROVES, W. H. 20 (m)* (111)

1880 Census, Lincoln Co. TN

GRUBBS, Jas. A. 36, Susan F. 33, Mary E. 7, William 3, Missouri? A. 28, William E. 19 (207)
GRUBBS, Martha A. 43, Fountain 8 (m), Samanda 12 (207)
GUEST, John 22* (92)
GUINN, Mary J. 40* (267)
GUIRE, Jane 65, Geo. H. 40, Rufus H. 24, Susan A. 22, Elizabeth J. 6 (29)
GUIRE, Marion? P. 30 (m), Nancy 35, E. J. 7 (f), Jasper L. 4, Margaret B. 3 (25)
GUIRE, Thos. W. 34, Mary J. 29, Mary Jane 3, Wm. S. 7/12 (30)
GULLEY, George W. 27, Martha 22, Walter 4?, Robert 1 (225)
GULLEY, John 22, Drue 26 (f), Mary 3, James 3/12 (49)
GULLEY, John 27, Cordelia 23, Emma 9, Ida 5, Owen 3, Theo. 4/12 (225)
GULLEY, Thomas 26, Mary E. 35, Lucinda A. 29, Jhon 13? (272)
GULLY, James 36, Harriet M. 28, Fannie J. 8, Sarah L. 7, Sobrona E. 4, Martha A. 9/12 (272)
GULLY, Johnson 21, Mary 19 (209)
GULLY, Johnson 30*, Martha A. 21, Charles W. 6, Susan E. 3, Robert 4/12 (153)
GULLY, William 35, Eliza Jane 29, William J. 13, Sarah A. 11/12 (272)
GULLY, William 45, Elisabeth 49, John 13, Jackson 9, Ethy 7 (209)
GUNTER, Benjn. 27, Lucinda 22, Sarah A. 3, Nancy 1 (209)
GUNTER, George W. 31, Henrietta? 24, Leona 6, Thomas A. 5, William O. 2, Alvin 1/12 (210)
GUNTER, H. W. 38 (m), Lucy L. 34, Charley W. 9, Urby A. 2 (m) (115)
GUNTER, J. A. 29 (m), Sarah M. 32, John W. 7, James F. 4, Elmore 7/12 (187)
GUNTER, J. H. 35 (m)*, C. C. 29 (f), M. L. 1 (f) (190)
GUNTER, M. 39 (f), T. S. 21 (m), I.? J. 17 (f), Lou 14 (f), J. M. 10 (m), M. M. 8 (f) (163)
GUNTER, W. H. 45 (m), H. O. 5 (m) (177)
GUNTER, W. J. 38 (m), L. F. 38 (f), Charlie M. 12, M. L. 8 (f), T. M. 6 (m), N. A. 3 (f), W. S. 1 (m) (192)
GUNTER, William 63, M. A. Sr. 62 (f), M. A. Jr. 16 (f) (192)
GUNTER, Wm. F. 33*, L. F. 32 (f) (186)
GUSTIS, Ad. 23 (m,B), Mary 36, Ike 5, Alesy 3 (123)
GUSTIS, Caroline 51* (B), Nit 18 (f), Frank 11, Moses 9 (123)
GUSTIS, Spence 20 (B), Mary 20 (123)
GUSTUS, Daniel 34 (B), Mary J. 33, Lamon 4/12 (m) (248)
GUSTUS, Lyman 8* (B) (249)
GUY, Joseph 24, Nannie 26, Lewis 7, Henry 5 (51)
GUY, Robert 26, Lusie 23, Allie 1/12, Gabriel 28, Mollie V. 23 (3)
HACKIT, Henry 40 (B), C. 30 (f), C. 10 (m), M. 8 (m), Mattie 3 (169)
HACKIT, Joe 32 (B), L. 23 (f), P. 1 (f), R. 13 (m) (169)
HAGUE, Bunk? 26 (B), Sarah 21, Ellen 4, Martha 1, Anna 18, Maggie 11 (72)
HAGUE, Catherine 16* (B) (73)
HAGUE, Ella 20*, Robert 17 (70)
HAGUE, James C. 41, Mary 34, Lizzie 14, Leslie O. 12 (f), Margret A. 10, Mary 8, Thomas W. 6, William H. 2, James 1 (267)
HAGUE, Lucious 13* (B) (72)
HAGUE, Lucious 14* (B) (64)
HAIRSTON, Frances 28 (B), Green H. 10, James 6, Kate 5, Isaac M. 1 (249)
HAIRSTON, John 40 (B), Margaret 35 (246)
HAIRSTON, Lou 42 (f,B), Andy 21, Lemon T. 17, Oscar H. 11, Edger H. 10, Bulah 7, Ernest A. 6, Carry M. 3, Opfey 1 (m) (250)
HAIRSTON, Lou 45 (f,B), Lincoln 13 (250)
HAIRSTON, M. M. 70 (m)*, Eliza 23 (B) (251)
HAISLIP, Dave 45 (B), J. A. 37 (f), G. W. 17 (m), Fount 4 (m) (183)
HAISLIP, Isaac 19 (B), Lov 18 (f), Fount 5 (m) (180)
HAITHCOCK, Thos. 22* (233)

1880 Census, Lincoln Co. TN

HALBACH, Ed W. 43*, Victoria 40, Blanch P. 23, Cora A. 18, Myrtie 17, John W. 15, Edward 13, Hansford 11, Faith G. 9, Herbert 7, Bertram 5, Earnest 3, Baby 1 (f) (72)
HALBERT, Ely 29 (B), Mariah 24, Nasis 3 (f), Sam 10/12 (183)
HALBERT, J. C. 33 (m,B), Winnie 23, Fannie 12, Addie L. 2 (177)
HALBERT, J. H. 42 (m), M. J. 34 (f), Evalena 12, R. L. 8 (m), W. E. 6 (m), Clemantine 4, James E. 2 (178)
HALBERT, Jno. 45*, Martha 40 (136)
HALBERT, Louisa 50 (B), Hay 19 (m), Note 16 (f), Mag 14 (f), Henry 7 (123)
HALBERT, M. A. 42 (f), H. I. 28 (f) (179)
HALBERT, Milly 27* (B) (179)
HALBERT, Pleasant 68*, Martha J. 53, Isaac B. 21 (115)
HALBERT, Sam 30 (B), Hanah A. 25, Herbet 5, Dora 2 (183)
HALE, Denny 34, Amanda C. 26, Margaret A. 6, Mary P. C. 4, Louiza C. 1 (27)
HALE, Mattie 25*, Minnie 3 (77)
HALE, William 13* (77)
HALEY, Lewis 30 (B), Elizabeth 25, Mary J. 10, Ady L. 6 (m), William T. 5, unnamed 2 (m) (218)
HALEY, William F. 34, Amanda A. 34, Arah B. 11 (f), William A. 9, Hester A. 6, Mary E. 2 (220)
HALEY, William W. 73, Nancy A. 56 (227)
HALEY?, C. C. 32 (m)*, Margarett 19 (256)
HALL, A. D. 54 (f)*, Lucretia 23, William J. 20, John P. 17, Willis A. 12, Lillie M. 1 (4)
HALL, A. M. 57 (m)*, Sophie E. 48, Hatten E. 24 (f), Edna A. 22, Allen M. 18, Ella S. 14, Philip D. 6 (143)
HALL, Adaline 69* (23)
HALL, Benjamin 32 (B) (1)
HALL, Charly 7* (B) (140)
HALL, D. C. 60 (m), Mary Ann 46, Lizzie 30, Emma 27, Susan 24, Rossa 10, Tomma B. 7 (f), David 5 (94)
HALL, Elizabeth 36*, John A. 15, James M. 1 (249)
HALL, Franklin 19 (B), Martha 35, Eliza 12, Rossa 6 (7)
HALL, Green 29* (B) (250)
HALL, Isaac J. 40, Elizabeth J. 36, Robt. H. 18, Elizabeth A. 16, Thos. H. 11, Malissa L. 9, Franklin J. 7, Sarah D. 5, Jno. A. 3 (23)
HALL, J. A. 41 (m)*, M. E. 41 (f) (19)
HALL, James W. 33*, Lizzie May 25, John Cowan 5, Robt. G. 3, Jimmie 1 (109)
HALL, Jas. C. 24, Dina 24, Sam 4, E. 2 (f) (160)
HALL, John 12* (B) (34)
HALL, Joseph 39, Lou 47 (f), Sallie 17, Lucy 3 (37)
HALL, Julia G. 31* (B), Mary Ann 10 (141)
HALL, Molly 6* (B) (142)
HALL, Mrs. 49, Richd. F. 10 (205)
HALL, Perry F. 21 (205)
HALL, Robert 17* (B) (3)
HALL, S. E. 47 (f), Cornelius 23, Thos. 21, John H. 15, S. F. 13 (f), R. J. 11 (f) (25)
HALL, Saml. 10*, Sarah Bell 17 (206)
HALL, Samuel 30 (48)
HALL, Suzanna 25* (142)
HALL, W. A. 32 (m), R. E. 35 (f), M. L. E. 11 (f), J. M. 9 (m), M. H. F. 7 (f), S. V. C. 5 (f), M. A. E. 3 (f) (192)
HALL, Walton 47, Martha 49, John R. 22, Emit 20, Lucy T. 17 (205)
HALL, William 66* (B) (99)
HALLOWAY, Nancy 46, Martha S. 18 (222)
HAMBLIN, Abagail 41, Nettie 10, Jno. W. B. 8, Aaron K. 6 (102)

1880 Census, Lincoln Co. TN

HAMBRIC, Monroe 25*, Margaret 21, Ada 6/12 (220)
HAMBRICK, Joseph 20* (109)
HAMBRICK, M. A. 50 (f)*, Alice 11 (110)
HAMBY, Mary 22* (148)
HAMES, J. 45 (m), E. 40 (f), J. R. 23 (m), J. 20 (m), C. 18 (f), T. 13 (m), M. 12 (f), F. 9 (m) (172)
HAMILTON, A. 30 (f)*, Nelson 10, Jane 8, Elisabeth 6, James 4 (196)
HAMILTON, Alonzo 40, M. E. 35 (f), Mattie A. 15, Loutitia M. 12, Bertha G. 11, Wm. D. 8, Arcola P. 5 (f) (27)
HAMILTON, David 39, Mary 33, John 13, Lula 11, Angie 9, Roy 3, Exie 2 (159)
HAMILTON, Geo. 39 (B), Victoria 18, Mary 17, Abram 12, Eliza 9, Dilley 7 (152)
HAMILTON, Harriett 43, Henry 20, Thomas 17 (247)
HAMILTON, J. 18 (m)* (B) (172)
HAMILTON, J. B. 51 (m)*, H. S. 41 (f), W. A. 20 (m), Cordelia 18, Mary E. 14, Robert 12, Evans 6 (113)
HAMILTON, J. P. 35 (m)*, M. D. 33 (f), Anna C. 12, N. W. 10 (m), Lou Ella 9, Mary K. 7, L. M. 2 (f), E. 73 (f) (27)
HAMILTON, J. P. 35 (m)*, S. 32 (f), E. 3 (f), E. 8 (m) (165)
HAMILTON, J. W. 29 (m)*, M. 55 (f) (174)
HAMILTON, Jacob 33, Una C. 46, Martha A. 12, James J. 10, William J. 7, Mary G. 2 (281)
HAMILTON, James H. 30, Margret A. 26, William Q. 10, Mary G. 8, Walter M. 5, Sarah L. 3, Alice L. 3/12 (267)
HAMILTON, Jennie 12* (B) (156)
HAMILTON, Jim 10* (B) (124)
HAMILTON, John 20* (B) (57)
HAMILTON, John Jr. 25? (212)
HAMILTON, Julius 26* (6)
HAMILTON, K. 38 (m), Sarah 33, W. L. 16 (m), E. R. 13 (m), Anna L. 10, M. E. 8 (m), M. L. 5 (f), Thos. W. 3, J. H. 6/12 (28)
HAMILTON, Martha J. 49, Edley W. 20 (m), Thos. A. 18, Robt. F. 16, Amos 13, Ida G. 11, Anna E. 9 (30)
HAMILTON, Mary Ann 40* (B), John 16, Harvy 10 (158)
HAMILTON, N. A. 47 (m), Nancy C. 37, Elizia 26, Fannie A. 24, Jas. P. 15, Laura? E. 12, ____ A. 9 (m), ____ N. 6 (m), ___n E. 4 (m), ___ Ella 1 (30)
HAMILTON, Riley 30, Mary Jane 21, Olivia 3, Violet 2 (195)
HAMILTON, Robt. 65*, Iva 18, Robt. 30, Wm. 26, P. G. 23 (m), O. A. 20 (m), Anna 11 (162)
HAMILTON, S. 40 (f)* (B), Turpin? 9, E. 6 (f) (162)
HAMILTON, S. P. 40 (m), Josie 23, Mary E. 18, Lillie L. 11, Susan E. 5 (123)
HAMILTON, Saml. 9* (B) (152)
HAMILTON, W. J. 38 (m)*, Mollie J. 26, William 3, Herbert 1 (142)
HAMILTON, Wm. 38*, M. O. 34 (f), T. R. 12 (m), M. V. 10 (f), A. P. 8 (m), R. E. 7 (m), A. W. 1 (m) (172)
HAMILTON, Wm. 44, Anna 23, Knox 20, Mollie 18, Elizabeth 67, Martha 46 (159)
HAMILTON?, John 37?, Sarah 34, Martha A. 16, John 13, James 11 (212)
HAMILTOON, John 24, Julia 24 (20)
HAMPTON, Cadonia 29*, Morgan D. Jr 8/12 (267)
HAMPTON, Charlie 33 (B), Ann 38, Charlie Jr. 15, Mary B. 13, Joseph 12, Martha A. 8, Ringo 7, Henry 2 (180)
HAMPTON, David 54* (B), Rebecca 50, Thomas 21, Charles 19 (144)
HAMPTON, Ella 10* (B) (267)
HAMPTON, Henry 30* (B), Fannie 24, Lucy Ann 9, Wm. H. 7, W. J. 6 (m), James R. 5, Louisa 2, Camona 7/12, Levi 10 (259)
HAMPTON, Holman 33, M. L. 50 (f) (171)

1880 Census, Lincoln Co. TN

HAMPTON, Hu L. 38, Missouri 33, William 7, Wade 3/12 (208)
HAMPTON, M. D. 53 (m)*, Callie 30, Babe 10 (m) (107)
HAMPTON, Mary M. 26 (144)
HAMPTON, P. 55 (f)* (169)
HAMPTON, Rufe 27* (B) (91)
HAMPTON, Sam 28 (B), L. 28 (f), G. 9 (m), B. 5 (m), L. 2 (m) (168)
HAMPTON, Saml. M. 71 (208)
HAMPTON, Susan 50 (B), Minerva 16, Delia 1 (2)
HAMPTON, Thos. 64, M. J. 54 (f) (125)
HAMPTON, Tilda 76* (B) (109)
HAMPTON, Tom 24 (B), Mattie 22, Fannie 7, Alex 4, John 2, Maggie 2/12 (159)
HAMPTON, W. W. 36 (m), Delia 28, A. E. 3 (m) (125)
HANAWAY, W. R. 50 (m)*, Caroline 51, Ella 21, Bell 18, Joe D. 16, Robert 14 (131)
HANCA?, A. W. 29 (m), Mary E. 25, Cordelia A. 1 (253)
HANCOCK, J. Robt. 26*, J. Rufus 24 (107)
HANDCOCK, Isaiah 53, Martha 45, John R. 26, Samuel M. 19, Scynthia J. 16, Newton F. 15, Young T. 12, Mary C. 10, Alonzo W. 8 (218)
HANEY, Carol 36*, Cordelia 36, Addie 13, David 10, Mary 6, Cullen 4 (54)
HANEY, James 33, Edie 57, Ollie P. 13 (f) (257)
HANEY, John 36, James D. 18, Martha J. 13, Mary A. 12, Frances E. 9, Allice N.? 7, Robt. P. 3, Elizabeth 60, Sarah J. 35 (255)
HANEY, Martha 25, Lee 10 (m), Maggie 6 (52)
HANEY, Samuel 46, Anna 47, Jas. A. 22, Jefferson 18, Robert 16, Mary 14, Hugh 12, S. J. 10 (m), Lou 7 (f), Lee 3 (f) (80)
HANKS, Isaac 44, Nancy 48, Sarah 16, Mattie 12, Tennessee? 10, Alice 9, Allen 9 (46)
HANNA, John 23* (124)
HANNOVER, Malinda 40* (107)
HANY, James 20* (161)
HARALSON, John 50, Elizabeth 36, Polly 19, Josiah 18, William 12, Eva 9, Sarah A. 6 (15)
HARALSON, William 63, Caroline 47, Savilla 14, Peche N. 12 (f), Amanda S. 10, Jesse M. 6, Susan R. 3 (7)
HARBIN, E.? J. 25 (m), Eliza 22, Jasper 5, Arther 3, Sallie 10/12 (255)
HARBIN, George 31, Frances 30, Margarett A. 10, John T. 6, Marian A. 4 (m), Walter 1 (253)
HARBIN, Idella 6* (255)
HARBIN, James 67, Nancy 64, Luvina 21, James W. 19 (264)
HARBIN, James E. 27, Sarah E. 20, Mary A. 2, James R. 1/12 (264)
HARBIN, Jasper 20, Hettie 22, Elizabeth 1 (268)
HARBIN, John S. 29, Martha S. 36, John N. 2, Priscilla 4/12 (264)
HARBIN, Marion 23, Nancy C. 20, William 2 (264)
HARBIN, Richard A. 31, Mary J. 34, Jhon C. 7, William A. 5, Polk Mc. 4, George T. 1/12 (265)
HARBIN, William 57, Elizabeth 52, George W. 17, Mary E. 12 (264)
HARBINN, Thomas A. 32, Hannah M. 22, Newton A. 5, William A. 4, James E. 1 (265)
HARDEN, Epp 61 (m), Clarinda 52, M. J. 24 (f), Epp D. 16 (192)
HARDEN, J. T. 40 (m), H. E. 33 (f), J. M. F. 12 (f), M. L. 9 (f), M. L. 7 (m), J. T. 4 (m), R. E. 1 (m) (194)
HARDEN, William 60, Eliza J. 54, Benjn. 22, Sarah F. 18, Leander B. 15, Columbus 12, Benton 10, Logan 6 (195)
HARDIMAN, Jno. T. 38, Sophronia 38, Alfred S. 17, William E. 15, Ella 13, Henry H. 9, Luther O. 7, George E. 5, Louanna 3, Elvissa M. 1, Halbert 10/12 (115)
HARDIN, Ezra 26, Nannie 20, Drusilla 2 (238)
HARDIN, Harry 66 (B), Mary 30, David 21, Wiley 17, Vicie 15, Dock 10, James 9, Henry 7, Margaret 6, Hiram 3 (76)

1880 Census, Lincoln Co. TN

HARDIN, J. H. 43 (m), M. A. 35 (f), Jas. E. 7, Sam F. 5, A. J. 3 (m), Robt. D. 1 (29)
HARDIN, James 50, Mary 35, Rufus 16, Ella 14, Thomas 12, Eva 10, Sallie 8, Frances 6, Josie 4, Lucinda 7/12 (235)
HARDIN, M. A. 52 (f) (20)
HARDIN, M. A. 52 (f), C. A. 21 (m), J. C. B. 19 (m), M. E. 14 (f) (21)
HARDIN, Sarah 38 (B), L___ 20 (f), ___e 18 (f), William? 16, Rebecca? 13, ___is 8 (m), Victoria 6, Walter 4 (61)
HARDIN, Thomas B. 37*, Mary D. 27, Joseph B. 3, Conar B. 1 (m), Winnie 85 (238)
HARDING, Daniel 34, Elisabeth 33, Althena 10, Eveline 8, John R. 6, Nancy 4, William A. 2 (196)
HARGRAVE, J. H. 38 (m), Lizzie S. 40, Elizabeth 13, Jasper 12, Martha 11, Sarah A. 9, Medora 7, James 4, John 1 (206)
HARGROVE, J. R. 46 (m)*, Fanny 40, Alice 20, Benjamin 18, William 16, Mary 14, Ida 12, Lena 10, Lewis 6, Fanny 3, _____ 77 (m) (203)
HARGUS, Ann 41*, Jhon 13 (274)
HARKINS, Dock 58* (127)
HARKINS, Margaret 69* (150)
HARKINS, Thomas M. 55*, Caladonia E. 26, John W. 19, Walter S. 11, Oliver R. 9, Thomas E. 3, Robt. J. 1 (148)
HARLDSTON, W. L. 33 (m)*, Amanda C. 41, Mary D.? 12, Sarah A. 7, Noris 18 (247)
HARLOW, Willis 18, Mary F. 8, James W. 6, Rhoda A. S. 4, Tennessee 4, Winston W. 2 (200)
HARMENING, William 26, Ella 4 (274)
HARMES?, J. H. H. 58 (m), T. 58 (f), J. H. 24 (m), M. 21 (f), C. 18 (m) (165)
HARMONING, Jhon F. 23*, Malissa E. 22, Mary E. 7, Dora A. 4, Maldo 10/12 (f) (274)
HARMONING, Martha 35* (274)
HARMS, Charles 30, Susan 26 (208)
HARPER, Dan 42 (B), Mollie 26, Fannie 9, John H. 6, Wm. J. S. 5, S.M.M.M. 3 (f), Daniel L. 1 (185)
HARPER, Henry 38 (B), Jene 24 (f), Dora 10, King 8, Sarah 6, Charity 4, Alx. 2 (181)
HARPER, John 22* (B), C. 50 (f) (168)
HARPER, John 59, Malinda 63, Martha 27, Udella 8, William 6, Arbella 4, Mary A. 1 (281)
HARPER, Thos. M. 38, D. F. 39 (f), M. L. 9 (f), J. H. 5 (m), N. D. 1 (f) (185)
HARRELL, Jas. M. 40, Nancy E. 38 (18)
HARRELL, Melissa 20 (B), William 3 (213)
HARRELSON, Green 60 (B), Violet 50?, Julia 20, Adelia 18 (208)
HARRIS, Allen 18* (B) (162)
HARRIS, Amanda 39, Thomas C. 25, Luella 7, Marietta 2 (221)
HARRIS, Cam 52 (B), Martha 40 (53)
HARRIS, David L. 50, Sarah J. 38, William 22, Alice B. 20, Sarah L. 18, Joel Lee 16, Jhon Morgan 14, David D. 12, Samuel S.? 10, Susan T. 8, Thomas H. 7, Frances K. 5, Margret M. 4, Ira C. 2 (270)
HARRIS, Elizabeth 26, Wm. F. 10, Mary J. 8, Martha I. 6, Jesse J. D. 4 (180)
HARRIS, Elizabeth 53, Sally P. 13 (2)
HARRIS, Ellen 16* (B) (103)
HARRIS, H. H. 72 (m), Amand J. 63 (217)
HARRIS, Howell 66*, Henry 27, John 34, Harriet 23, Mary 5, Willie 3 (125)
HARRIS, J. M. 34 (m), N. H. H. 26 (f), Margt. Ann 10, Thomas R. 9, Susan E. 6, Geo. Nelson 4, Mary E. 8/12 (114)
HARRIS, Jim 20 (B), Janie 28, John 1 (134)
HARRIS, Joel M. 33, Lucy L. 22, Ethel 8/12 (125)
HARRIS, John 23* (B) (143)
HARRIS, Mandy 20* (B), Jim 4, Sarah 1 (118)
HARRIS, Marey 79* (159)
HARRIS, Mary 16* (B) (93)

1880 Census, Lincoln Co. TN

HARRIS, Mary 25* (B) (143)
HARRIS, Mattie 10* (B) (136)
HARRIS, N. C. 30 (m), Joanah 27, Chas. 4, Tabitha 2 (126)
HARRIS, N. F. 37 (m), Stacy 24 (f), Pearl 2, Rufus 1/12 (262)
HARRIS, Narsiss 43*, J. T. 12 (m), E. Z. 10 (f) (193)
HARRIS, Nath 33 (B), Selia A. 34, John 10, Will 5, Allice 3, Joseph 10/12 (181)
HARRIS, Oliver 17* (B) (181)
HARRIS, Rufus 45*, Susan A. 40, William B. 20, Ella 15, Jennie W. 13, Harry H. 4, Rufus 2 (145)
HARRIS, Sally 55* (B), Anthony 12, Mary S. 6 (134)
HARRIS, Sam 45 (B), Sallie 38, Louisa 15, Henry 7/12 (182)
HARRIS, Suse 35 (f)* (B), Emma 13, George 7 (131)
HARRIS, T. H. 25 (m), D. S. 23 (f), J. H. 1 (m) (125)
HARRIS, T. H. 41 (m)*, Mary C. 36, Annie 11 (158)
HARRIS, Theo. 67*, E. E. 55 (f), Theo Jr. 19 (124)
HARRIS, Thomas 21* (6)
HARRIS, Thos. F. 35*, M. C. 32 (f), Eugene 14, Phil 12, Theo. W. 11, Bula 9, G. O. 7 (m), J. E. 5 (m), Peyton 15 (B) (137)
HARRIS, Tom 21*, L. 18 (f) (169)
HARRIS, W. G. 28 (m)*, Mollie C. 25, Elizabeth 2/12, S. C. 66 (f), M. C. 37 (f), M. E. 35 (f) (125)
HARRIS, Wm. 16* (B) (46)
HARRIS, Wm. S. 47*, Lizzie 44, _ . E. 13 (f), Joe M. 11, W. L. 6 (m) (136)
HARRISON, Chas. 24 (B), Mollie 20, Maggie 5, Weston 3? (32)
HARRISON, D. Z. 48 (m), Eliza E. 49, J. R. 23 (m), J. C. 21 (m), Amanda C. 10, Thos. L. 5 (186)
HARRISON, E. L. 39 (m)*, Malinda 39, John 12, Adelia 8, Lawson 5, Shellie 4 (m), Mary 1 (197)
HARRISON, Green 35 (B), Ann 25, Will 12, Mollie 3, Julia 2 (126)
HARRISON, J. C. 40 (m), Jane F. 31, Ida J. 13, Martha 11, Wiley 8, Jane 4, Louisa 2 (214)
HARRISON, J. E. 25 (m), Sophia Ann 25, Lula Belle 5/12 (217)
HARRISON, J. E. 26 (m), Sophia M. 25, Lula Belle 5/12 (210)
HARRISON, James 60, Charlotte 40, Thomas 10, Jackson 9, Franklin 8, Dewitt 7, Ella 5, Hervey 4, Uty 3 (m) (211)
HARRISON, Jas. G. 63*, J. N. K. 63 (f) (18)
HARRISON, Jhon B. 68* (265)
HARRISON, Malinda 58*, Johny 9 (112)
HARRISON, Mary 21* (B) (258)
HARRISON, Oty 30 (m), Ella 23, Le Roy 6, Thomas R. 4 (216)
HARRO?, Jane 60 (79)
HARSTON, Fannie 12* (B) (246)
HARSTON, J. M. 26 (m), J. R. 21 (f) (244)
HARSTON, R. P. 33 (m)*, M. E. 35 (f), M. S. 12 (f), E. J. 10 (m), A. H. 8 (f), B. M. 6 (f), E. M. 4 (m) (244)
HART, Thomas C. 26* (142)
HARTWICK, William 58*, Louisa J. 25, Jamie M. 11 (f), Sabie L. 2 (f) (11)
HARVEY, Lafayette 40*, Susan 45, Thomas 91 (75)
HARWELL, A. W. 25 (m), M. A. 22 (f), S. O. 6 (m), C. L. 4 (f), F. E. 2 (f), W. F. 3/12 (m) (193)
HARWELL, C. S. 23 (m)*, Orlena 23, B. M. 2 (m) (193)
HARWELL, M. A. 26 (m), Maggie 29, J. T. 2 (m) (186)
HARWELL, Ransom 72, Polly 60, Mary 36, Narcissa 23, Alfred I. 19, Ida Frances 15, Octavia B. 9, Presley C. 7, Mattie Lou 4, Johny E. 2 (117)
HASTING, Hannah 60?* (B) (148)
HASTING, Lydia 25* (B) (103)
HASTY, James A. 43, Mary Jane 32, Charles 13, Mattie 9, Annie 8, Robert 6, Alexander 4, Julia 1 (86)
HATCHEL, Mary 16* (88)

1880 Census, Lincoln Co. TN

HATCHER, A. H. 28 (m)*, C. B. 55 (f) (132)
HATCHER, B. M. 55 (m), S. F. 50 (f), B. M. Jr. 24 (m), L. J. 22 (f), B. F. 1 (m) (94)
HATCHER, Charlie 27* (B) (111)
HATHCOCK, F. D. 40 (m)*, M. E. 38 (f), J. W. 15 (m), M. A. 13 (f), S. A. 10 (f), Jas. W. 6, R. N. 4 (m) (21)
HATHCOCK, Frances 26* (247)
HATHCOCK, Henry 57, W. J. 32 (m), Martha 30, James H. 5, Martha M. 4, Sarah L. 1, Mary J. 1, Charley 20, Mary 40 (250)
HATHCOCK, John 66, Margaret 44, Ola 13 (217)
HATHCOCK, L. 20 (f)* (172)
HATHCOCK, M. D. 26 (m), Sarah S. 31, F. L. 3 (m), James H. 9/12, Elvira 45, W. S. 24 (m), Elizabeth 14 (249)
HATHCOTE, M. W. 50 (m), Martha 39, John 17 (205)
HAUN?, Geo. D. 28, Elizabeth J. 38 (154)
HAVIS?, M. C. 36 (f), Wm. P. 14, John S. 12 (185)
HAWKINS, Columbus 6* (B) (234)
HAWKINS, Jesse 76, Sabara 68, Mary 45 (15)
HAWKINS, Martha L. 47, Sallie 21, Joseph P. 18, James F. 16, Jonathan B. 13, Rufas E. 10 (2)
HAWKINS, Robert 38* (B), Marina J. 28, Maria 17, John 14, Elizabeth 9, Washington 9, Jenkins 8, Julia 3 (16)
HAWKINS, Robert W. 20, Martha A. 16 (16)
HAYES, Edward 24 (B), Ellen 22, Pearl M. 3 (99)
HAYES, James 25*, Willie 18 (f) (40)
HAYES, Lucy 22* (B) (113)
HAYES, William 28*, Jane 29, Maggie 2, Baby 1 (f) (41)
HAYNES, J. L. 51 (m)*, Elizzabeth A. 41, Elizzabeth A. 20, J. L. 12 (m), Mary J. 1 (106)
HAYS, Alexander P. 63*, Mary B. 62, Sarah E. 36, Saml. H. 23, John B. 20, Lawson Y. 13 (16)
HAYS, Daniel 68, Mary 63 (73)
HAYS, James H. 27, Theodosia H. 22, Minnie R. 3, Edward G. 4/12 (10)
HAYS, Jas. D. 66, Rebecca 58, Sarah 17 (156)
HAYS, John 29* (B) (158)
HAYS, John B. 28*, Minerva 28, Carra C. 2, James A. 3/12 (1)
HAYS, Ned 88 (B), Easter 75, Oscar 5, M. L. 2 (f), John 1 (159)
HAYS, Reuben 26* (B) (3)
HAYS, Robert F. 27*, Mary A. 21, Albert G. 9/12 (8)
HAYS, Robt. T. 32*, Sarah A. 27, Wm. D. 7, James L. 1 (236)
HAYS, William S. 39*, Nancy P. 36, Robert B. 12, Mary A. 10, Elva E. 8, Walter M. 6, Magddie P. 3 (15)
HAYSE, John 17*, Robt. 16 (186)
HAYWOOD, Henry 40* (B), Lindy 27 (f) (262)
HAZELWOOD, J. 40 (m), Mary 42, Rebecca 14, William 12, Mary Jr. 10, Willis 8, Pollie 6, John Jr. 7, Jennie 5, Amanda 2 (39)
HAZELWOOD, Sarah 25, William 3 (47)
HEATH, George W. L. 51, Annavernetta 46, Nancy C. 22, William 20, Martha 15, Mary 10, Franklin 5 (280)
HEATHCOCK, Alfred 27, Susan D. 22, Lula P. 2, Dessa C. 7/12 (2)
HEATHCOCK, Frances 20*, John M. 18 (15)
HEATHCOCK, Lucretia 25* (1)
HEDGEPH, Katie 59, Mary 22 (37)
HEDGPETH, S. 46 (m,B), M. 40 (f), S. 21 (m), M. 16 (f), G. 14 (m), C. 12 (m), M. 10 (f), L. 8 (f), R.? 12 (f), J. 10 (m) (170)
HEFLIN, David J. 56, Marand C. 52, Martha E. 22, Fannie 18, Mary M. 15, Eugena J. 10 (154)

1880 Census, Lincoln Co. TN

HELMS, David 54, Sarah 53, John 21, Elijah 19, Thomas 16, David 9 (37)
HELMS, Mary E. 16*, Jefferson 30 (195)
HENDERSON, A. 24 (m), Louella 18, Author 5/12 (257)
HENDERSON, A. 33 (m), Mary 31, Albert 11, Lou Ella 9, Caldoney 5, James 2 (35)
HENDERSON, Alford 60* (B), Sarah 20, Robt. 8 (230)
HENDERSON, B. L. 38 (m)*, Susan 38, Lizzie 16, Florence 13, John 11, Thomas 8, Eddie 6 (f), Battle 3, Infant 1 (m) (233)
HENDERSON, C. 52 (m)* (B), Caroline 45, Walter 11, Lizzie 5, S. 1 (m) (156)
HENDERSON, Cary 48 (m,B), Jane 38, Tillman 20, Victoria 12, Emma 7, Washington 4, Basil 5/12, Emiline 18 (233)
HENDERSON, Eli 22, Mollie 18 (256)
HENDERSON, Ellen 30* (B), Wm. 2 (158)
HENDERSON, G. 35 (m,B), S. 24 (f), G. 6 (m), M. 3 (f), B. 2 (m), J. 6/12 (m), M. 5 (f) (168)
HENDERSON, Henry 55, Sarah 52 (218)
HENDERSON, James 62, Isabella 48, Eliza J. 30, John P. 25, Nancy R. 17, Thos. J. 15, Martha F. 13, Catherine 11, H. N. 14 (f) (252)
HENDERSON, James M. 28, Malinda C. 23, Rufus M. 3, Martha A. M. 1 (11)
HENDERSON, Jas. 73, E. M. 55 (f), A. G. 21 (m), Jas. W. 12 (21)
HENDERSON, Jerry P. 29, Mary E. 23, Sandy F. 6 (m), Syrus 1 (239)
HENDERSON, John A. 32*, Ettie P. 9 (10)
HENDERSON, Leah 22 (B), George 2 (183)
HENDERSON, Norris 24 (B), Rebecca 22, Lilly 4, Minnie 3, Lizzie 4/12 (158)
HENDERSON, S. A. 27 (m), Margaret 26, Varena 8, John M. 1 (198)
HENDERSON, Sandy 59 (m), Nancy 51, Louisa C. 20, John M. 19, Rufus M. 17, Lisaan V. 15, Bobby J. 13, Newton M. 9 (240)
HENDERSON, Sarah 18* (11)
HENDERSON, Simeon J. 26*, Malisa A. 34, Mary C. 2, Wm. M. 1, Wiley H. 3/12 (240)
HENDERSON?, M. J. 48 (f)*, L. L. 20 (f), Sarah? E. J. 20 (255)
HENSON, J. R. 48 (m)*, S. A. 36 (f), James M. 16, Mary E. 14, Johnathan 11 (255)
HEREFORD, R. H. 32 (m), Margaret E. 29, John W. 8, Isaiah 6, Thomas E. 4, James E. 11/12 (209)
HERRELSON, Mary G. 71* (232)
HERRIN, Jas. E. 22* (19)
HERROD, Doctor 68* (B), Lucy 63 (101)
HERRON, Gus 36* (B), Sally 28, Willis 13, Walter 8, Martha A. 4, Fannie 2 (105)
HESTER, Ann 60* (B) (93)
HESTER, E. 50 (m,B), E. 40 (f), C. 7 (m), L. 9 (f) (176)
HESTER, E. 53 (m)* (B), E. 40 (f), C. 3 (m) (165)
HESTER, Elijah L. 43, Mary Ann 39, Mary F. 21, Wm. J. 18, James B. 17, Ann A. 14, Mary J. 12, Paul 10, Joseph 8, John 5, Archey C. 3, Cora 1/12 (242)
HESTER, Hinton Y. 33, Isabel J. 39, James D. E. 11, Etta A. 3, William W. 10/12 (155)
HESTER, James R. 82*, Martha J. 51, Sarah 42, Dora M. 19, William 19 (155)
HESTER, Thos. G. 34*, Frances 33, Tobin R. 10, Joseph S. 6, Fannie M. 4, Allen M. 2, unnamed 3/12 (m) (144)
HETHCOCK?, Peggy 54*, John 72 (208)
HEWITT, A. 39 (m)*, M. E. 34 (f) (188)
HEYMANN, S. 40 (m)*, E. P. 29 (f), J. K. 10 (m), S. C. 8 (m), J. L. 6 (m), H. M. 4 (f) (91)
HICE, John 17* (61)
HICKERSON, James 25* (68)
HICKLIN, Malissee 51, Elizabeth 33, Cordelia 30, Benjamin F. 19, Mollie 17, Lawson W. 15, Fannie 13, Lee 11 (m), Emmit 5, Elizabeth 76 (231)
HICKMAN, Andy 21 (B), Jennie 21, Willie 4, Eligia 7/12, Wm. 24 (250)
HICKMAN, Fred 32 (B), Maggie 30, John T. 6, Mollie B. 3, Fred L. 2, Virginia 1/12 (250)

1880 Census, Lincoln Co. TN

HICKMAN, Wm. 27 (B), Frank 6, Mary E. 4 (250)
HICKS, Alfred 35 (B), Annie 40, Bardy 17 (m), Even 15 (49)
HICKS, Edmund D. 54*, Louisiana 52, Eustatie E. 22, Erline G. 19, Martha M. 15 (7)
HICKS, Jennie 46* (B) (229)
HICKS, Lewis W. 29*, Martha 23, Alma 2, Nancy 59 (236)
HICKS, Marion G. 50 (m), Frances 30, William D. 6, Mary L. 4, Ada B. 2, Elenora 4/12 (7)
HICKS, Rice W. 25, Elizabeth 20, Theophilus 2 ()
HICKS, Walter L. 25, Nancy A. 19 (7)
HICKSMAN, Willie 7* (B) (244)
HIGGINS, Emily 33* (B), Edna 7, Louella 2 (83)
HIGGINS, Geo. W. 49, Sue A. 37, Sally S. 15, Owen W. 13, Alma 12, Fanny 10, Joe C. 8, Madie 6, Hiram 3, CArl B. 1, Rolfe 19, Bobbie 16 (f) (219)
HIGGINS, W. J. 28 (m)*, Mary Ella 26, John L. 2, E. J. 27 (m) (112)
HIGGINS, William 8* (B) (80)
HIGHTOWER, Avery 62, Lucinda 33, Andrew 12, Robert E. 6, Anna 3, Presley 8/12 (204)
HILL, A. A. 38 (m)*, E. J. 45 (f), J. M. 10 (m), L. A. 8 (f), D. 6 (m), E. 5 (f), Z. 3 (f) (167)
HILL, Asa 44, E. J. 43 (f), Sarah L. 16, Mary S. 14, Melchisedek 10, Luticia 8, Elizabeth 4, Anna E. 3, Eliza Jane 8/12 (26)
HILL, C. H. 55 (f), M. S. 16 (f), Jas. 13 (169)
HILL, Daniel 19* (68)
HILL, Della 4* (B) (70)
HILL, Dora B. 18* (26)
HILL, Ebenezer 54, Ruth A. 52, William B. 18, Cora May 11 (272)
HILL, Elizabeth 75* (225)
HILL, Gilbert 21, L. 20 (f), L. 1 (f) (169)
HILL, Hinton 56, Virginia 37, Wm. 15, Emely 13, Samuel 10, James 9, Johnson 6, Jesse 3, Fannie 6/12 (257)
HILL, Hugh 66* (157)
HILL, J. 35 (m)*, T. 24 (f), C. 10 (f), D. 7 (f), P. 5 (m), W. 3 (m), B. 1 (m) (171)
HILL, James 29, Martha 29, Ida 10, Walter 7, Jared 4 (43)
HILL, James 55*, Mary 43, Ellen 22, Martha J. 16, Joseph B. 6 (230)
HILL, James B. 48*, Maggie C. 30, Charlie B. 11, Mary B. 9, Eben A. 6, Maggie B. 7/12, Elizabeth M. 56, Mariah 50 (B) (124)
HILL, James L. 32, Frances J. 27, Mary L. 11, John L. 9, Florence V. 6, E. R. 1 (m) (247)
HILL, Jhon 29, Sarah 32, Elizabeth __, Henry 7, Jhon 5/12 (275)
HILL, John 81, Nancy J. 78 (28)
HILL, R. 36 (f)* (130)
HILL, S. M. 39 (m)*, Mary E. 26, Cynthia L. 11, Drury I. 10, Andw. F. 7, Saml. R. 6, Fannie V. 5, Nancy E. 1 (110)
HILL, T. D. 43, Julia F. 42, Lizzie 19, Edgar 17, Walter 15, Minnie 12, Fannie 10, Clinton 5 (66)
HILL, Thos. A. 22* (27)
HILL, W. S. 50 (m), Margarett A. 46, Martha E. 25, Sarah L. 21, John A. 20, Wm. W. 16, Joseph 13 (261)
HILL, Willie 44*, Margaret 24, Catharine 5 (226)
HILLIARD, Archibald 76, Margret 65, Margret 30, Mary Ellen 17 (270)
HIMEBAUGH, P. 48 (m), Virginia 36, Belle 20, Guy? W. 14, Rolla R. 2, Roy 4/12 (84)
HINDMAN, T. J. 28 (m), Julia 21, Elizabeth 3, Anna F. 10/12 (199)
HINES, Adam 80* (B), Eliza 69, Sam 32, Manila 26, Adam 23, Montgomery 18, Will 23 (132)
HINES, Ann 38* (B) (155)
HINES, James T. 42, Mary J. 30, Wm. Thomas 5, Bettie 2, Nancy 1 (84)
HINES, William 9* (209)
HINGGIN?, Henry 34*, Fannie 34, Berry Jr. 11, Julia 1 (49)

1880 Census, Lincoln Co. TN

HINKLE, Margarett 27* (59)
HINKLE, Mary 27*, Ada 5 (273)
HIPSH, S. C. 33 (m), Tillie 19 (92)
HOBBS, Cordelia 6* (8)
HOBBS, D. F. 59 (m)*, S. 54 (f), P. 36 (m), L. 26 (f), T. 8 (f), S. 6 (f), D. 4 (m), B. 1 (m) (169)
HOBBS, Elizabeth 34, Lonzo 12, James 10, John 8, Nathaniel 6, David 4 (232)
HOBBS, J. W. 29 (m), Amanda A. 23?, C. M. 3 (f), T. M. 3/12 (m) (186)
HOBBS, James 20, Sally 18, Frank 1 (197)
HOBBS, James H. 24, Neaty M. 25, James O. 4, John W. 2 (215)
HOBBS, Jesse 58, Eliza 56 (208)
HOBBS, John 25*, Elizabeth 33, Mariah 4? (195)
HOBBS, John 36*, B. 36 (f), F. 10 (f), E. 9 (f), J. 6 (m), M. 4 (f), J. 2 (m), O. 8/12 (m) (169)
HOBBS, Joseph A. 62* (6)
HOBBS, Nathanl. 53*, Margaret B. 49, Dick A. 22, Addie 15, Sallie 12 (233)
HOBBS, P. 20 (m)* (B) (172)
HOBBS, Sarah E. 67, M. J. 39 (f), J. B. 33 (m) (186)
HOBBS, T. 44 (m), H. 32 (f), C. 12 (f), C. 9 (m), M. 6 (f), M. 4 (f), B. 18 (m,B) (176)
HOBBS, Willa Ann 5* (15)
HOBBS, William 34, Amanda 25, Maggie 6, Sally 4, John C. 1/12 (196)
HODGE, D. W. 38, Margaret 31, Sarah F. 14, Jesse G. 13, Willie 8 (f), Eliza D. 5 (214)
HODGE, Martha C. 52, Elbert G. 26, Sarah E. 17, Ella F. 6 (8)
HODGE, Minerva W. 58, Mary A. 32, Eli P. 21, George A. 18 (8)
HODGES, N. C. 30 (m), Sally 30, Martha 10, Ola 8, Rena 6, Thomas 4, John 2, Mary J. 1 (198)
HODGKINS, Frank 37*, Susan 32, Robt. F. 11, Florence 7, John D. 1 (92)
HOGAM, W. J. W. 21 (m)*, S. E. J. 18 (f) (187)
HOGAN, F. 38 (f)* (170)
HOGGATT, Susan E. 10* (B) (6)
HOLAWAY, Horrace 37 (B), Victory 32 (f), Geo. 11, John 8 (180)
HOLBERT, Cole 26* (B), Julia A. 17, Lee A. 9/12 (m) (180)
HOLBERT, Jas. 44, F. 40 (f), P. 18 (m), E. 12 (f), H. 10 (m), M. 4 (f), U.? 2 (m) (173)
HOLBERT, Levi 38 (B), E. R. 22 (f), Mattie L. 6, John L. 3/12 (185)
HOLBERT, Lydia 73* (B) (187)
HOLBERT, P. W. 36 (m), S. 35 (f), N. 12 (f), S. 4 (f) (173)
HOLDEN, Thos. 19* (B), Ella 18, Calvin 2 (148)
HOLDER, John 20, Bettie 23, John G. 1/12 (190)
HOLDER, Mary A. 70* (31)
HOLDER, Nathan 34, Eliza 23, James 6, Claudia 1 (m), Babe 3/12 (m) (271)
HOLLADAY, Thomas 22, Mary 24 (266)
HOLLAND, Edward 29, Mary E. 26, James S. 6, Maud 4 (231)
HOLLAND, Jessee A. 44*, Ella E. 35, Eugene F. 13, Willie A. 10, Benjamin E. 8, John B. 5, Robt. R. 2 (229)
HOLLAND, R. T. 45 (m)*, Margt. D. 34, Mary E. 11, Martha J. 8, Boone 3 (f), Thomas 2/12 (110)
HOLLAND, Wm. 53, Mary S. 44, Sarah L. 20, Maggie S. 18, Thos. S. 14, A. G. 8 (259)
HOLLAND, Yarberry 36, Hugh S. 8, John W. 5 (195)
HOLLAND, Yarberry 60*, W. T. 24 (f), Mary A. 18, Henry 16, David W. 13, George C. 11, Elizabeth? 10 (195)
HOLLAWAY, Louisa 89* (B) (267)
HOLLEY, Ellen M. 53*, Elenora 17, Jno. L. 15, Martha D.? 13, Carrol 10 (149)
HOLLEY, John 6* (193)
HOLLON, Jefferson 24, Margert L. 22, Willie r. 3, Freeman Y. 2, Lillie B. 7/12 (231)
HOLLOWAY, Bell 15* (B) (143)
HOLLOWAY, Jack 33, Jane 30, Isham M. 18, Henrietta 16, Bell 14, Elenora 8, Grant 6 (140)

1880 Census, Lincoln Co. TN

HOLLOWAY, Jack 46* (B) (131)
HOLLOWAY, James 24 (203)
HOLLOWAY, P. J. 27 (m), Martha A. 27, Sarah P. 6, Mary F. 5, Lydia M. 2 (202)
HOLMAN, Amy 30 (B), Green 9, Harriett 7, Mary 4 (69)
HOLMAN, Andy 39 (B), Millie 24, Louella 9, John 8, George 6, Bettie 4, Parlee 3, Mariah 2, Manda E. 2/12 (68)
HOLMAN, Booker 15* (B) (58)
HOLMAN, Byrd 21 (B), Belle 21, Ora 1 (67)
HOLMAN, D. P. 59 (m), Mary 58, Sarah 26 (95)
HOLMAN, D. W. 47 (m)*, Fannie L. 36, Jean M. 7, Roy L. 5, James W. 4, Harry T. 2, James W. 68, Jane 68, James H. 42, Lizzie C. 38 (96)
HOLMAN, George 12* (B) (70)
HOLMAN, J. I. 32 (m), Lizzie 34, M. 9 (f), Fannie 7, A. 5 (f), M. 3 (f), E. 1 (f) (167)
HOLMAN, James 20* (58)
HOLMAN, James 21, Julia E. 30, Thbomas 4, Gabriel 3 (277)
HOLMAN, John 23* (B), John 4, Minnie 3, Ella 1, Catherine 19 (67)
HOLMAN, Lavilla 2* (B) (44)
HOLMAN, Mattie 24* (90)
HOLMAN, Morgan 10* (B) (70)
HOLMAN, R. A. 33 (m)*, Lizzie C. 27, Algernon 3, Atherton 3, Babe b. May (104)
HOLMAN, R. M. 39 (m)*, Rose Ann 33, Jas. H. 5 (67)
HOLMAN, Raphiel 80* (B) (66)
HOLMAN, T. P. 46 (m)*, S. E. M. 29 (f), Burke 4, Wayne 2, Leon 8/12 (72)
HOLMAN, Thomas 53, Mary 52, Hard 12 (273)
HOLMAN, W. F. 24 (m)*, H. K. 26 (m) (106)
HOLMAN, William 25, Martha 32, Robert F.? 7, Mack A. 6, Authar W. 3, Emma 1 (281)
HOLMAN, William 69*, Eliza 45, Martha L. 15, Thomas 14, John W. 12, James R. 9, Eliza J. 8, Robert P. 7, Mary A. 1, Frances 50 (281)
HOLMAN, Willis 40, Mary 33, Susan 7, George A. 5, Sarah E. 3, Willis 1 (200)
HOLMAN?, Bell 20* (B) (55)
HOLMAN?, William 27*, Sarah? Ann 28, Mandy? L. 7?, Fanny Bell 2?, Cora Lee 7/12 (99)
HOLMES, James 33, Nancy E. 33, Naomi 6, John F. 5, Anthony 1 (204)
HOLT, Alfred 56, Mary 45, Anna M. 21, Gabriel 80 (118)
HOLT, Almeda 36 (B), Maggie 19, Tennessee 13, George 10, Elenora 8, Mary Lou 6, Eddit 2, Annie 1/12, Bobbie 1 (105)
HOLT, Ann 55*, Mary A. 30, Nancy 28, John W. 17 (256)
HOLT, Dic 20* (B) (192)
HOLT, Gabriel 79* (221)
HOLT, James 32, Sarah E. 31, William B. 9, Newton J. 7, Lewis E. 5, Eliphis 3 (215)
HOLT, M. H. 36 (m), Sarah 36 (207)
HOLT, M. H. 36 (m), Sarah 39, Jane 15, Adaline 13, Elisha 11, James 5 (207)
HOLT, Mary A. 13* (133)
HOLT, Neil 16* (95)
HOMEY, Jack 34, Emily 20, Lizzie 9, John 7, Reuben 5, James 3/12 (55)
HONEA?, Elizabeth 58, Martha 34 (12)
HONEY, W. R. 27 (m)*, L. L. V. 28 (f), J. W. A. 7 (m), Ida C. 6, Irene 4, J. H. 3 (m), M. L. 1 (m) (21)
HOOD, Willim 59, Margaret J. 42, Fanny J. 19, William A. 16, Elizabeth 14, Delitha Q. 11, Marion S. 6 (m), Thomas L. 4, Geo. W. 1 (151)
HOOPER, John 42, Angeline 37, Joseph 14, Ella 12, Walter 9, Elmo 7, Tisey 3 (m) (103)
HOOTS, H. D. 22 (m)*, Susie 19, Henry 4/12 (135)
HOOTS, John 54, Corrina 16, Eva 13, Cora 11, Julia 9, John Jr. 7 (47)
HOOTS, Mary 80 (47)

1880 Census, Lincoln Co. TN

HOOTS, Richard 20, Frances 20 (47)
HOOTS, Walter 18*, Ida 10 (33)
HOPE, Delila J. 56, Willie A. 12 (f) (236)
HOPE, Samuel D. 60, Eliza M. 45, Mary M. 16, Andrew F. 21, William H. 19, Samuel 11, Charley D. 6, Laury A. 3, Virginia E. 22 (241)
HOPGOOD, Allen J. 35, Samantha 34, James H. 7, Eveline 5, Joseph A. 1/12, Mercy 27 (207)
HOPGOOD, James 35, Mary 30, John 5, Saraella 2, Winna 4/12 (207)
HOPKINS, Babe 21 (m), Corintha 18, Charley 1 (220)
HOPKINS, Bedford 68, Nancy 61, John 17 (219)
HOPKINS, James 31, Sarah 27, Otis 7, Sarah 5, George 2 (218)
HOPKINS, John N. 27, Penina E. 19, Roxeann 2/12 (242)
HOPKINS, Lewis 43* (B), Katharine 36, Henrietta 12, Solon 9, George W. 5, Maggie 1 (103)
HOPKINS, Newton 33*, Nancy P. 30, Ida S. 6, Fleming A. 4, Alley Ann 1 (109)
HOPKINS, Ollie 22 (f,B), Willie 6, Charley S. 4, Annis Lay 3 (104)
HOPKINS, Saml. K. 23, Hellen J. 18 (242)
HOPKINS, Silas 22, Belle 19, Elias 2, Horace 11/12 (218)
HOPKINS, Thos. B. 20* (242)
HOPKINS, Wiley 26, Mary A. 26, Vashita 7, Beatrice 5, William T. 3, Nancy D. 1 (220)
HOPKINS, William 39, Martha 37, Florida A. 17, John T. 14, Otis 1 (219)
HOPPER, Burrow 28, Susan 28, Robert 3, Mamie 1 (57)
HOPPER, C. I. 29 (m), N. A. 28 (f) (188)
HOPPER, E. B. 64 (f)* (177)
HOPPER, George 40?, Jane 36, Thomas 18, Henry 10, Matt 8, Arena 6, George M. 1 (210)
HOPPER, J. M. 52 (m)*, M. A. 53 (f), J. D. 24 (m), M. L. 22 (f), M. J. 22 (f), J. W. 19 (m), W. A. 17 (m), Dicy E. 14, Jas. H. 12 (187)
HOPPER, James 26* (57)
HOPPER, P. M. 29 (m), R. 23 (f), J. 7 (m), I. 4 (f), M. L. 2 (f) (172)
HOPPER, R. D. 19 (m)* (175)
HOPWOOD, James 25, Mary 22, John 5, Etta 2 (206)
HOPWOOD, S. V. 33 (f), Emma E. 6 (202)
HORDE, Michael 32 (B), Mary 21, Malcom 4, Flora 2, Belle 10/12 (82)
HORNE, Amanda M. 70* (93)
HOSCH, Cynthia 40, John E. 17, James W. 15, Nich. O. 12, Alonzo S. 8, Lula M. 7 (15)
HOUSTON, B. F. 27 (m), M. A. 25 (f), Eugene M. 7, Trim 4, Bergess F. 2 (142)
HOVES, S. S. 45 (f)*, E. 70 (f) (172)
HOVES, W. F. 46 (m)*, M. E. 44 (f) (172)
HOVIS, Levi 72, Rachel 62, Jonas P. 30, Sarah M. 24, Samuel 17 (4)
HOVIX, William H. 33*, Sarah A. 27, Margaret C. H. 9, John W. 6, Robert L. 5, William M. 2, Jonas A. 3/12 (5)
HOWARD, Catherine 61* (21)
HOWARD, Clark 50* (B), Will 10, Charles 8 (86)
HOWARD, George 19*, Jas. Vict. 18 (f) (70)
HOWARD, N. M. 34 (m), Sarah 37, Benj. 11, Alice 3, Earnest 1 (37)
HOWARD, Thomas 44, Annie 49, John 24, Chris 20 (m), Mollie 18, James 15, George 11 (36)
HOWARD, Wm. 18* (57)
HOWEL, Amanda 28 (B), Ella 4, Annie 2 (46)
HOWEL, Elizabeth 71* (19)
HOWEL, J. 20 (m)* (172)
HOWEL, Rebecca 27* (B), Mary 5, William 3 (49)
HOWELL, C. S. 63 (m)* (253)
HOWELL, John 11* (243)
HOWELL, Manuel 35 (B), Fannie 25, Billie? 8 (f), William 4 (268)

1880 Census, Lincoln Co. TN

HOWELL, S. A. 9 (f)* (256)
HOWELL, Sallie 27* (240)
HUBBLE, William R. 36, Lutitia J. 35, Elizabeth A. 13, Hiram S. 11, Hale W. 9, Thomas B. 7, James M. 5, Donnell L. 2, Edward 2/12 (219)
HUCKABA, D. C. 18 (f)*, A. R. A. 15 (f) (187)
HUDSON, A. M. 34 (m), E. J. 37 (f), A. F. 12 (m), Idi S. L. 7, Wm. W. 5, E. O. 3 (m), Louella 4/12 (22)
HUDSON, Abraham 54, Nancy 50, Ella 15, Emma 12, Sarah 9, William 8, Florence 6, Elsie 4 (198)
HUDSON, B. F. 64 (m)*, Addie K. 49 (f), James H. 24, William J. 22, S. A. 22 (f), E. C. 18 (m), B. F. Jr. 16 (m), John M. 13 (180)
HUDSON, James J. 85*, Martha A. 45 (274)
HUDSON, Jerre 58* (B), Julia 47, Emeline 13 (100)
HUDSON, Mary M. 72* (272)
HUDSON, Tennessee 24* (23)
HUDSON, Thos. 45, D. E. 30 (f), M. A. 11 (f), M. N. 12 (m), M. D. 10 (f), J. M. 9 (m), D. P. 7 (m) (244)
HUFF, Allen 51 (B), Millie A. 32, Ida 16, Wm. Henry 14, Jennie 12 (89)
HUFF, Johnie 18* (105)
HUGGINS, Frances 28* (B), Willie 12, Della 6, Isabella 9, Mattie Lou 2 (101)
HUGHEY, A. N. 27 (m), E. R. 17 (f) (183)
HUGHEY, H. H. 66 (m), E. 55 (f), F. 26 (f), C. 22 (f), O. 18 (f), C. 13 (m) (167)
HUGHEY, R. H. 44 (m), I.? 43 (f), D. 21 (f), G. W. 19 (m), M. A. 17 (f), Wm. 12, E. A. 10 (m), S. R. 8 (m), T. A. 6 (m), L. M. 3 (f), S. E. 2 (f) (174)
HULBERT, W. H. 32 (m)*, S. J. 31 (f), Thos. E, 6, Mary B. 5 (131)
HULL, Wm. 52, M. L. 36 (f), Dunlap 18, Mary L. S. 15 (129)
HULL?, Eliza C. 47, William K. 21, John O. 11 (209)
HULSEY, Bill W. 28 (B), Bell B. 26, Oscar 5 (103)
HULSEY, Charlie 16* (B) (122)
HULSEY, James 55, Sarah 50, Fannie 24, Angus 22, Bettie 20, George 19, Morgan 16, Robert 14, Fredrick 23, James 12, Alice 11, Emma 6 (52)
HULSEY, John 28, Julia 20, Myrtle 1, Angus 50, William 15 (52)
HUMPHREY, J. F. 30 (m)* (B), Alice 28, Lucy Ann 11, Willie A. 9 (100)
HUMPHREYS, Margt. 42*, Eliza 20 (98)
HUNT, Elva 12*, Robert 8 (226)
HUNT, Prince 28* (B), Caroline 26, Emma 8, Lively A. 6 (f), Josie 4, Mary 2 (266)
HUNTER, Alexander J. 27, Mary F. 24, George 4, Minnie 2, Zilphia 1 (268)
HUNTER, D. A. 28 (m), Fannie 25, Willie 3, Maggie 1 (138)
HUNTER, F. 27 (f)* (167)
HUNTER, George P. 67*, Cincinnatti 54 (268)
HUNTER, J. D. 31 (m)*, Elizabeth 35, James 10, Mary M. 8, Wm. W. 5, John C. W. 2 (250)
HUNTER, James 70 (B), Sarah 62, Tuskarora 20 (m) (104)
HUNTER, James D. 30, Sarah 25, Ada F. 7, Horace 3, Glenn D. 2, Ura? A. 6/12 (m) (268)
HUNTER, Mary J. 44*, James N. 6, Martha R. 3 (276)
HUNTER, William 33, Mary J. 28, John 14, Eligia 12, Bell 10, George 8, Edmond C. 6, Dora A. 2, Mary E. 10/12 (250)
HURLEY, A. 21 (f)*, E. 4 (m) (174)
HURLEY, E. R. 59 (m), Bettie 38, E. B. 4 (m) (190)
HURNDON, Frank 26 (B), Susannah 21, Wm. Henry 2, Walter E. 1 (107)
HUSTIN, Benj. 22 (B), Lizzie 20, Eldrige 1 (52)
HUSTIN, Perry 45 (B), Lizzie 25, W. 12 (m), Frank 10, Mary 8, Jas. 6, Mattie 2, Iva 3/12 (162)
HUTCHINSON, J. H.? 53 (m), Margarett E. 52, James A. 23, G. J. 20 (f), Thos. L. 19, Wm. A. 16, Disclamana U. 14, Allend E. 12 (248)

1880 Census, Lincoln Co. TN

HUTSON, Elizabeth 69* (82)
HUTSON, John A. 19* (84)
HUTSON, Saml. 23*, Fanny 13, Virgil 10 (59)
HUTSON, Tabby 51* (B) (77)
HUTSON, Wm. B. 40*, Martha F. 20, James B. 6/12 (81)
HUTSON?, Jas. P. 35, Mary 35, Susan? 15, Wm. 12, Minnie 8, Ola 4 (82)
HYTER, Henry 35* (B), Sally 37, Ida 15, Henry 13, Mary E. 10, Doctor 8, Elizabeth 7, Robt. H. 5, Anna 3 (120)
INGLE, Albert 24* (B), Rose 20, George 4, Ann 3, Caroline 1 (60)
INGLE, B. B. 49 (m)*, Martha A. 47, Christopher 18, Robert 15, Jacob 12, Sallie 10 (59)
INGLE, Henderson 50* (B), Ann 46, Augustus 18, John 16, Barny 14, Arther 12, Lou 10, Josie 8, Ida 6, Joseph 4, Annie 2 (60)
INGLE, Paul 67, Adelaide 61 (72)
INGLE, Wm. H. 42*, Mary C. 36, John J. 14, Edwin P. 2 (84)
INNMAN, Jane 62* (190)
IRVIN, Hettie 20 (B), William 1 (35)
IRVIN, James 16* (50)
IRVIN, William 25 (B), Caroline 4 (34)
IRWIN, James 76, Sarah 70, Willson 38, Mary Jane 26, Elizabeth 24 (239)
IRWIN, John J. 29*, Sarah A. E. 35, Dora E. 6, Mattie B. 5, John T. 3, William L. 1 (145)
ISOM, Ann 57* (B) (89)
ISOM, C. C. 52 (m), James 35, Fannie J. 30, Quilla 25 (f), Malinda 23, Sallie 19, Cornelia 16 (133)
ISOM, Edward 52*, Louisa 50, Mary 21, Anna 19, Edward Jr. 16, Louisa 14, Eliza 12, John 9, Mary 5 (46)
ISOM, Floyd 55, Delia 40, Delia Jr. 19, Volentin 17 (f), June 15 (m), Floyd 13, Lizzie 11, Charley 9, John 6, Adolphus 3 (46)
ISOM, Floyd Jr. 18, Elizabeth 15, Ida F. 8/12 (88)
ISOM, Henry 30 (B), Mattie 34, Emma 10, James 6, Lizzie 35 (88)
ISOM, James 31, Malinda J. 46, Diemer 12 (88)
ISOM, Lizzie 17* (B) (80)
ISOM, Margaret 37, May? 18, Diemer 16 (87)
ISOM, Mary A. 58*, Robert C. 22 (88)
ISOM, Patience 35* (B), Alexander 16, Elvira 14, James A. 11, Geo. W. 9, Iluph A. 5 (m), Thompson 4, Vick Fulton 1/12 (98)
IVEY, A. S. 60 (m), Lucy A. 51, Thomas H. 21, Rachael 20, Eliza M. 18, Moses R. 13 (203)
IVEY, Zachariah C. 30, Mary J. 26, Anna 4, Robert 3 (243)
JACKSON, A. 41 (m), M. A. E. 37 (f), David 14, Augustus 11, William 9, Emma 7, Ida 4, Mary 1 (62)
JACKSON, Charles 27 (B), Sally 22, Wm. 3, Fred 1 (159)
JACKSON, D. F. 39 (m), Eliza 39, William T. 18, Savannah 15, Elisabeth 10, Albert 8, Martha 6, Hervey 4, Oscar 8/12 (211)
JACKSON, Frances C. 17*, Georgeann 8/12 (113)
JACKSON, J. M. 33 (m), N. S. 34 (f), O. A. 13 (f), W. A. 9 (m), M. D. 7 (f), M. E. 5 (f), T. A. 2 (m), L. E. 3/12 (f) (189)
JACKSON, John W. 26, Jane C. 26, William T. 6, John L. 3, Newton M. 21/30 (146)
JACKSON, Julia 39*, Elizabeth 8, Martha 5 (159)
JACKSON, M. 10 (f)* (B) (163)
JACKSON, Susie 30* (B), Harvey 14, Tillman 10, James 8, Caroline 5, Dan W. 3, David 1/12 (123)
JACKSON, Zilla 53* (251)
JACOBS, Ben 25 (B), Susan 25 (158)
JACOBS, Crecia 29* (B), Willie 6, Matt 5 (107)
JACOBS, Ed 52* (B), Manda 50, Ema 12, Nerva 8, Mary E. 6 (125)
JACOBS, James 29*, Kate 29, Mary 4, Everitt 2 (48)

1880 Census, Lincoln Co. TN

JACOBS, Martha E. 45*, J. W. H. 22 (m), Jas. M. 19 (m) (184)
JACOBS, Mary A. 11* (B) (111)
JACOBS, W. F. 24 (m), Mary E. 25, Jas. H. 9/12 (185)
JAMES, A. C. 50 (m), Brancia 36, Mary M. 10 (207)
JAMES, C. C. 37 (m)*, T. H. 23 (f), M. V. 3 (f) (92)
JAMES, Edy 40* (B), Martha 12, Morgan 2 (62)
JAMES, F. Maddox 43, Martha A. 25, Rufus S. 5, John S. 4, Bertha 1 (196)
JAMES, John W. 26, Elisabeth 26, Nancy 12, Wiley 5, Henry 3 (212)
JAMES, Sarah 34 (B), Roberta 2 (267)
JAMES, Tasker 16* (B) (258)
JAMES, Thos. A. 49*, Martha E. 52, John A. 22, Elizabeth A. 19, Thos. M. 18, Martha L. 16, Mary C. 12, George W. 8 (252)
JAMES, W. W. 53 (m)*, S. V. 37 (f), Davis 18, S. Annie 14, W. W. Jr. 11, Alice S. 8, John M. 4 (71)
JAMES, ____ 45 (m)* (272)
JARED, Richard 49, AManda 40, James 20, William 17, Ella 8 (38)
JARVIS, Gustavus A. 39*, Mary L. 32, George A. 5, Minnie E. 2 (144)
JEAN, Alexander 27, Lath 24 (f), William 8, Allen 6, James 5, Joseph 3 (42)
JEAN, David 36, A. E. 39 (f), Horace 12, K. E. 11 (f), A. B. 9 (f), Robt. E. 4, A. C. 1 (m) (20)
JEAN, Edmon 30, Cynthia 26, Arney 4, Sterling 2 (42)
JEAN, John 28, Laura 21, Birdie 5, Curtis 2 (42)
JEAN, John L. 1* (54)
JEAN, Joseph 28, Viola 5, CAroline 3, John 86 (54)
JEAN, Lucy 44, America 21, William 12, John 10, Thomas 8, Althea 6 (41)
JEAN, Moore 22, Martha 22, Catharine 52, Martha 20 (42)
JEAN, Thomas J. 18, Eliza 21, Wesly 15 (270)
JEAN, Westley 52, Elizabeth 48, Jane 17, Edna 14, David 24, Thomas 22, Daniel 12, Benjamin 10 (54)
JEAN, William 25, Caldony 20, Walter 6, Rily 4 (42)
JEAN, William 60*, Betsy 58, Laura 14 (42)
JEAN, Wily 52*, Roseanna 48, Davey 4 (f) (43)
JEAN, Wm. Mc. 24* (B), Clementine 18 (124)
JEAN, Wyatt 34, Eliza J. 34, Mary M. 16, David 12, Wiley A. 9, Alice S. 6 (271)
JEANS, Mary 24* (B), Jinney 8, Josie 10/12 (112)
JEFFERSON, Monroe 17* (77)
JEFFERSON, Polly 37, Nancy 23, James W. 12, John C. 12, Benjamin 10, Mary J. 8, Nancy F. 4, Hensley 6, Martha A. 2, Ruben 6/12 (212)
JEFFRES, Rena 15* (81)
JEFFREYS, Thomas J. 31, Lucy A. 25, William A. 9, Rosella E. 4, Robt. H. 2, Thos. N. 3/12 (146)
JENKINS, Alice 17* (B) (233)
JENKINS, Amos 27* (178)
JENKINS, Fed 22? (B), Lou 17 (f) (233)
JENKINS, GeoGeo. 33, Norcis 32 (f), Louisa 9 (49)
JENKINS, L. M. 35 (m), Mary J. 27, Wiley W. 9, William A. 3, Robert 2 (1)
JENKINS, M. 53 (f), T. J. 25 (f), M. A. 24 (f), Emma 21, P. D. 9 (m), R. P. 6 (m) (178)
JENKINS, Newton 50*, Elenora E. 38, Thomas N. 18, Alice C. 16, Martha C. 13, Denever D. 7 (f), William A. 4 (265)
JENKINS, Robt. T. 42*, Frances E. 36, Efleda 5, Ruth 3 (229)
JENNINGS, Brown 49*, Ann 50, Rufus 16, George 15, Martha 13, Walter 12, Alice 9, Bert 6 (41)
JENNINGS, Henry W. 69 (B), Eliza 45, James 21, Elizabeth 9, Eliza 7 (267)
JENNINGS, James C. 25, Myra 22, Barbee 2 (m), Urena V. 5/12 (280)
JENNINGS, Robert 23 (B), Fannie 17, Oscar 1 (267)

1880 Census, Lincoln Co. TN

JENNINGS, William 42, Margret A. 37, James 19, Mary 17, William 15, Cora 13, Martha 11, Cludius C. 10, Margret 4 (277)
JENNINGS, William C. 74*, Malissa 70 (280)
JENNINGS, Winny 35* (B), Lula 3 (100)
JESTER, B. T. 38 (m), Betsy 35, William 12, Josephine 11, Ella 9, Sarah 7, Susan 5, Luna 2 (m) (197)
JESTER, David 20, Sarah 25, Terah 9, Catherine 7 (197)
JESTER, Isaac 70*, Mary 18, Martha 14, Thomas 21, Elizabeth 19, Mary Jane 5, Sally H. 10/12 (195)
JESTER, Sterlin 35 (B), Judy 30, Orney 4 (f), Samuel 1 (213)
JETTON, J. M. 24 (m), E. J. 21 (f) (20)
JETTON, Jhon 22* (278)
JETTON, Landon C. 48, Mary J. 50, Jalia C. 18 (241)
JHONSON, Walker 39* (B), Amanda 30 (271)
JINNINS, Jane 59* (186)
JOB, Harvy 36?*, Young 23 (159)
JOB, Saml. 31, Nancy 30, Wm. 9, Joel 5, John 1, Baby 1/12 (f) (159)
JOBE, John H. 55, Nancy P. 54, E. Jane 28, James L. 20, Laura 17, Orlena L. 13, L. M. 4 (m) (184)
JOHNSON, Aleck 26 (B), Rachel 27 (100)
JOHNSON, Aleck 42* (B), Susan 48, Eugene 24, Henretta 12, Joseph 9, Charlie 5 (100)
JOHNSON, Amanda 40*, Willie 7 (105)
JOHNSON, Angus 51, Elizabeth 46, James 21, Walter 21, Jane 14, George 16, Elisha 11, Zula 10, Sarah 7, Andrew 5, Smith 3 (46)
JOHNSON, Burlena 8* (B) (236)
JOHNSON, Charity 40* (B) (108)
JOHNSON, Conan 25, Martha J. 22, William F. 4, Ola 1 (206)
JOHNSON, Dicey 38?* (B) (1)
JOHNSON, Dicy 55 (f)* (B) (109)
JOHNSON, Duke 28* (B), Willie 9, Vic 18 (f) (122)
JOHNSON, E. G. 62 (m)* (125)
JOHNSON, E. M. 32 (m)*, Hyram 23 (90)
JOHNSON, Fannie 11* (B) (236)
JOHNSON, Henry 25* (B), Fannie 22, Ella 4, Ida 2 (2)
JOHNSON, J. C. 37 (m), Mary I. 30, D. B. 9 (m), Sallie A. 5, Ed G. 7, W. S. 3 (f), Mary B. 9/12 (180)
JOHNSON, James 42, Sarah 36, James 17, Lucy 15, William 11, John Joseph 9, Henry 7 (47)
JOHNSON, James E. 21, Caroline S. 22 (253)
JOHNSON, Jo 25* (B), Cynthia 23 (122)
JOHNSON, John H. 35, Elisabeth 36, Alfred 8, Columbus 5, Harney 3, Jackson F. 7/12 (201)
JOHNSON, Jordan 17* (B) (118)
JOHNSON, Josie 7* (B) (122)
JOHNSON, Julia 7* (125)
JOHNSON, K. 22 (f)* (B), R. 5 (m), Geo. 3 (175)
JOHNSON, L. R. 32 (m)*, Sarah N. 22, Clara M. 4, Carl L. 2, Gussie M. 7/12 (143)
JOHNSON, Laura 14* (B), Almeda 9 (261)
JOHNSON, Lucy 3* (B) (16)
JOHNSON, Manda 22 (B), Yerb 5 (m), Ora 3, Hardy 1 (114)
JOHNSON, Margart 42, John 18, William 16 (47)
JOHNSON, Mariah 65 (B), Henry 20 (88)
JOHNSON, Mollie F. 4* (91)
JOHNSON, N. 40 (m)* (B), Maria 33, Porter 3, William 1 (56)
JOHNSON, Nancy 50, Benjamin 27, Sarah 12, James 20, Leonard P. 18 (201)
JOHNSON, Rebecca 80* (B) (98)
JOHNSON, Richard 36, Nannie 22, James 20, Mollie 17 (50)
JOHNSON, Robt. 20* (60)

1880 Census, Lincoln Co. TN

JOHNSON, Sallie Ed 5* (131)
JOHNSON, Sarah A. 52* (229)
JOHNSON, Stephen 47, Jane 39, Charlie 13, Edward 12, Walter 3, Stephen Jr. 11/12 (60)
JOHNSON, Susan 24* (50)
JOHNSON, William 39, Mollie 25, Clide 3, Mack 33 (50)
JOHNSTON, A. B. 33 (m), S. I. 29 (f), L. M. 11 (f), M. L. 9 (f), M. 4 (f), W. 5/12 (m) (172)
JOINES, J. C. 32 (m), Mary A. 32, Sally A. 6, Xantippia 4, A. R. 1 (f) (186)
JOINES, M. H. 25 (m), Martha 20 (189)
JOINES?, Geo. W. 45, Lizzie M. 38, Charles 19, Clarence 15, Lelia W. 13, Geo. M. 11, Jennie M. 5, Jas. Estelle 3, Paul W. 7/12 (72)
JOINS, James 35, L. E. 29 (f), Fannie 6/12 (189)
JOINS, John 68, Christenia 58, Ann 23, Rufus 18, William 12 (189)
JONES, Allen 54, Mary A. 53, Levina 34, Sarah J. 32, James P. 26 (225)
JONES, Ann 45* (15)
JONES, Bill 15* (B) (114)
JONES, Charley 29, M. M. 33 (f), Horace M. 1, Kate 28 (91)
JONES, Clarissa 40*, Bluford 13, William 11, Rachael 9 (201)
JONES, David 24, Neesa J. 23, Thomas W. 1, ____ 1/12 (m) (221)
JONES, E. C. 57 (m), Mary 48, James T. 27, Katharine H. 18, Alice O. 14, Nannie A. 10, John R. 6 (120)
JONES, Emison? 30 (m,B), Charlott 50, Robt. W. 21, Deamer 18, Henryetta 17 (262)
JONES, Epps L. 66 (m), Sarah F. 30, Mary L. 6, Henry L. 3 (264)
JONES, Geo. W. 40, Rody 34, John H. 15, Wm. W. 10, M. E. 8 (f), Samuel 2 (158)
JONES, Geo. W. 74* (92)
JONES, George W. 26, Nancy J. 20, Mary Ida 4, Minnie E. 4/12 (151)
JONES, Henry 46 (B), Julia 22, William 4, George W. 2, Ada M. 6/12 (266)
JONES, Hillie 9 (m)* (B) (179)
JONES, Isaac M. 53, Lucy S. 46, Safrona E. T. 12, Peter L. F. 10, David H. W. 3 (228)
JONES, J. J. 21 (m)* (91)
JONES, J. M. 21, Margaret E. 25, James W. 2, Arthur 5/12, Fannie 55, Mattie E. 16 (150)
JONES, J. W. 42 (m), Sarah 32, Lizzie 15, Della 13, James 10, John 7, Mary 5, Pearl 3, Lawson 9/12 (58)
JONES, James 22, Eliza 25, Sugg 24, George 19 (206)
JONES, James A. 66*, Mary 34, Lorenzo D. 11, Jefferson A. 10, Doctor Beaty 7, Henderson F. 1 (235)
JONES, James B. 47, Lucinda V. 38, George E. 21, James N. 19, Luvina F. 16, Mary C. 13, Robert R. 5, Ada Pearl 2, Ula Lee 2 (265)
JONES, Jennie 77* (B) (27)
JONES, John 16 (B) (50)
JONES, John 22, Mary A. 17 (234)
JONES, John 30, Sarah 26, Piney 1 (f) (234)
JONES, John T. 29, Emma E. 29 (224)
JONES, L. D. 18 (f)* (167)
JONES, M. 45 (m,B), J. 45 (f), F. 13 (m), R. 12 (f), __ 10 (m), J. 8 (m), A. 4 (m) (174)
JONES, Marion 28 (m), Elizabeth 30, William 12, James 10, Sist 8 (f), Mary F. 5, Pleasant A. 3 (238)
JONES, Martha 40, Davis 18 (224)
JONES, Mary 44*, Chas. 18, Effia 14 (56)
JONES, Nancy 50* (B), E. 16 (f), James 7 (260)
JONES, Newton 44, Jane 45, Wm. N. 18, James A. 14, Hetta L. 10, Andrew A. 8, Cassinia 5, Minnie M. 2 (231)
JONES, Polly 65* (114)
JONES, Prior 13 (B) (48)
JONES, Rabecca 30* (77)

1880 Census, Lincoln Co. TN

JONES, Robert 37, Mary A. 33, Thomas 6, William 5 (201)
JONES, Robert A. 7* (268)
JONES, Robert C. 35, Martha C. 19, Rufus C. 2 (119)
JONES, Rufus 45 (B), Lizzie 26, David 10, Richard 7, Sallie 5, Lou 4 (f), Bettie 1 (53)
JONES, Samuel B. 61*, Irena 57, Samuel M. 26, Hettie I. 18, Vina 16, Thomas 14 (224)
JONES, Sarah 41*, Mattie 21, Annie 12 (69)
JONES, Thomas 16 (B) (48)
JONES, Thomas 39? (B), Annie 22?, Westly? 4, Benjamin 3, David 2, Thomas 5/12 (74)
JONES, Thomas J. 67, Lucy M. 61, James 31, William 26 (226)
JONES, Tillman 3* (B) (123)
JONES, W. C. 35 (m)*, Mary C. 22, Maud 1, Mable 1, Willie 1/12 (102)
JONES, W. H. 37 (m)*, Mary C. 29, Saml. L. 13, Rosanna 10, Sallie Kate 5, Mary Lou 2 (115)
JONES, William 41 (B), Sallie 45, William R. 17, Lee 14, Thomas 3, Ulysses G. 7/12 (4)
JONES, William 67, Frances A. 22, Medora H. 18, Thomas B. 16, William M. 14 (9)
JORDAN, Frank 26, Sallie 22, O. L. 3 (m), W. P. 1 (m) (188)
JORDAN, John 29* (264)
JORDAN, M. J. 28 (f)* (191)
JORDAN, Nancy A. 56*, Dillia 32, William 18 (188)
JORDAN, R. S. 28 (m), Elisabeth 26, sJas. F. 4? (206)
JORDAN, Z. S. 35 (m)*, M. E. 30 (f), Donn. L. 7, Frank 5, Luella 3, C. E. 1 (m) (190)
JORDEN, Sam 26, Tabitha 25, Della 6, Ewen 3, Willie 2/12, Branch 62 (131)
JOWELL, Rachel 75* (B) (144)
JUSTUS, Jeffry G. 75* (B) (16)
KATES, Joseph 22 (50)
KATES, Marion 24, Susan 22, Lula 4, Jennie 2, Rufus 1 (50)
KATES, Willis 60, Eliza 40, Willis Jr. 18, Eliza Jr. 15, Caldony 12 (51)
KAVANAUGH, Bob 48 (55)
KAY, George W. J. 21* (225)
KAY, John 60, Catharine A. 41 (225)
KEAR, Hardin 56* (148)
KEELING?, Morency A. 29, Emma 21, Oscar L. 3/12 (278)
KEEN, Fletcher 26* (142)
KEEN, J. 21 (m)* (174)
KEILING, John B. 52, Elizabeth A. 44, Nannie A. 20, Lillie A. 18, Barkley E. 16, Molley E. 14, John G. 10, Flora G. A. 6 (140)
KEITH, Andrew 34 (B), Mary 32, George 14, Sarah 12, Henry 8, Monroe 6, Moses 4 (55)
KEITH, Geo. 23 (B) (34)
KEITH, Henry 26 (B) (57)
KEITH, John P. 40, Evalina 42, Ida Amelia 17, John O. 12, Edgar L. 8 (88)
KEITH, Margret 63 (179)
KEITH, Martha 65 (37)
KEITH, Mary 19* (49)
KEITH, Presley A. 36, Mary J. 36, Francis W. 14, Cynthia A. 11, Louisa C. 9, Mary Jane Jr. 7, John Alex 4 (86)
KEITH, William 15* (64)
KEITH, William 38*, Symantha S. 30, Willie 14 (f), Jas. W. 4, David F. 1 (86)
KEITH, Wm. F. 75, Bethiah C. 73 (87)
KEITH, Yance 19 (B), Lou 18 (f), Andrew 1 (51)
KELLAR, Adam N. 39, Margt. E. 29, Arthur K. 9, Richd. H. 6, Ellen F. 4, Mark N. 2 (108)
KELLER, Isaac I. 45*, Elizabeth 39, Francis M. 21, Ferrille 12 (m) (22)
KELLEY, C. H. 23 (m), A. B. E. 22 (f), Lucy E. 2, Margaret L. 2/12 (29)
KELLEY, Charles 68, Lucy E. 62 (25)

1880 Census, Lincoln Co. TN

KELLY, Hannah 27 (B), Columbus D. 15 (105)
KELLY, Thos. 50, America 33, Susan 14, John T. 6, Mary C. 4, James 2 (59)
KELSO, Andy 34* (B), Edith 30, Edward 12, William 7, Budd 2 (53)
KELSO, Donnel 41, Mary 34, Thomas 11, Frank 9, Jones 6 (f), Donnel Jr. 4, Tennessee 2, Jamie 3/12 (f) (56)
KELSO, F. M. 37 (m)*, Bobbie 35, Mary Lou 13, Henry J. 10, Rebecca 16 (113)
KELSO, James 50*, Lizzie 39, Robert 16, John 15, Lucy 12, Chas. 11, Jefferson 10, Lizzie 5, James Jr. 4, Mary 1 (56)
KELSO, James C. 25, Margart A. 23, Joseph R. 5, Emmit D. 2, Willie O. 11/12 (232)
KELSO, Kato 58 (B), Ann 47, Leona 18, Eliza 1 (56)
KELSO, Lee 20 (B) (51)
KELSO, Lowes? 17* (B) (164)
KELSO, Mary 7* (B) (263)
KELSO, Mime 22 (m)* (B) (116)
KELSO, Ned 60 (B), Suvilla 60, Maggie 13, John 3 (35)
KELSO, Rebecca 62, Virginia 31, Florence 24, Gracy G. 18, Gilbert 45 (105)
KELSO, Sopha 45 (B), Caroline 28, Allison 15 (m), John 13, Mary 12, Dora 2 (56)
KELSO, Susan 46* (B), Green 24, Ellen 22, Charlie 19 (99)
KELSO, Thomas 34 (B), Lou M. 28 (f), John 12, Mary 11, Carity 10, Callie 9, William 5, Ida 1 (263)
KELSOE, Ham 23* (B) (239)
KENADY, E. 60 (m)*, M. 48 (f), E. B. 17 (m) (21)
KENEDY, H. T. 56 (m), James P. 26, Hugh F. 22, Jane B. 52, Mary E. 19 (247)
KENEDY, J. H. 32 (m), S. C. 28 (f), Hugh T. 8, W. H. 6 (m), Levi R. 3, J. H. 1 (m), Mary A. 1/12 (247)
KENEDY, J. T. 20 (m)* (190)
KENEDY, S. J. 19 (f)*, J. H. 17 (m) (164)
KENNEDY, T. H. 32 (m)*, A. E. 34 (f), W. G. 9 (m), Claud B. 7 (192)
KENT, J. E. 24 (M), L. P. 19 (f), Tula 1 (130)
KENT, John? 32, Ruth 46, Laura 18, Caraline 17?, Frank 15, Sarah 13, Fredonia 10, William 9, Samuel 5, Henry 1 (32)
KENT, Lucy 85*, Jno. 20, Bettie 22 (128)
KERCHEVAL, E. 60 (f)* (B) (165)
KERCHEVAL, H. 45 (m,B), F. A. 57 (f), F. 11 (f), J. 7 (m), H. E. 4 (f), infant 2/12 (f) (175)
KERCHEVAL, T. B. 25 (m)* (95)
KERCHEVAL, W. F. 57 (m), Horace 24 (109)
KERCHIVAL, Jack 21 (B), Amanda 25, Oscar 5, Kate 3, Minnie 1 (123)
KERN?, John 17* (176)
KEY, Camel G. 47, Hepliza L. 34, James M. 13, Thomas Y. 11, Hester A. 9, Jackson D. 7, Edna J. 4, Martha J. 2 (224)
KIDD, George 70, Martha N. 69, Elizabeth G. 30, Tallant John 14, W. T. 3 (m) (247)
KIDD, J. H. 61 (m)* (163)
KIDD, J. T. 36 (m), Emily A. 32, Mary L. 9, Maggie A. 6, W. C. 2 (m) (250)
KIDD, James B. 32, Johanna K. 19 (2)
KIDD, John 27, M. J. 24 (f), Eva 6, A. H. 4 (m), A. 1 (m), W. M. 23 (m) (163)
KIDD, W. H. 28 (m), Peggy 63 (136)
KILLPATRICK, E. R. 58 (m), Martha 30, Mary L. 16, Margaret E. 13, Jno. F. 12, Rebecca A. 10, Nancy A. 9, Carline M. 6, Ruthy N. 5, Ephraim L. 3, Thos. R. 1 (24)
KILPATRIC, John M. 20* (239)
KILPATRIC, Thos. B. 26*, Rena E. 21, Willie C. 9/12 (3)
KILPATRIC, W. L. 22 (m)*, Mary J. H. 15 (117)
KILPATRICK, W. R. 35 (m)*, M. C. 36 (f), Matilda 78 (21)
KIMBLE, Tom 46* (B), Ann 35, Paralee 17, Joe 12, Lela 10, Disey 2 (f) (124)

-72-

1880 Census, Lincoln Co. TN

KIMBRO, John 30 (B), Mary 21, Lucy 5 (66)
KIMBRO, Joseph 10* (B) (116)
KIMBRO, Martha 72* (69)
KIMBRO, Worcester 28* (B), Lucy 25?, Mary 4, John 2, Ida 11/12 (66)
KIMBROUGH, Wm. 26 (B), Rosalia 22, Mary 8, Andrew 5, Minnie 3, N.? N.? 1/12 (m) (133)
KIME, Sarah Lou 25* (116)
KIMES, America 18* (B) (264)
KIMES, B. 51 (m,B), M. 40 (f), J. 14 (m), G. 10 (m), A. 8 (f), B. 6 (m), J. 4 (m), H. 2 (m), J. 6/12 (m) (174)
KIMES, C. 60 (m,B), Mary 54, Parthena 16, Emma 13, Seanie 17, Thomas 11, Robt. 5 (254)
KIMES, Geo. 26* (B), Sue 26, Mary 8, Nettie 6, Mattie 1 (135)
KIMES, Jim 37* (B), Ann 37, Walton 16 (118)
KIMES, John 56*, L. A. 37 (f), Wm. 21, Maggie 16, Sine 9 (f), Jas. L. 9/12 (131)
KIMES, M. L. 30 (m)*, Sarah H. 28, E. L. 6 (m), Mary M. 4, Joe 13 (130)
KIMES, Nelson 65 (B), Cinthia 44 (80)
KIMES, Van 29 (B), Neeva 24, George V. 10, Mollie 8, Sam 6, Narcis 4, Emma 1 (127)
KIMES, William 24* (B), Charles 17 (80)
KINCAID, C. L. 21 (m), Ann 18 (75)
KINCHUM, Frank 25, Frances 30, Elizabeth 6, Sallie 4 (189)
KINCHUM, J. W. 32 (m), Rachal J. 25, Ella May 6, Luannis 9/12 (f) (186)
KINCHUM, M. A. 48 (f), I. L. 17 (f), W. A. 16 (f) (172)
KINES, Ella 15* (B), Joseph 13 (79)
KING, Annette 23* (44)
KING, Anthony 48 (B), William 14, Franklin 12, Luther 11 (79)
KING, Benjamin T. 44, Mary 45, Millya 17 (241)
KING, Charles 25* (140)
KING, Dock 30 (B), Sarah Jane 22, Susannah 6, Lou 5, Henry 4, Arch 2, Lewis 1 (121)
KING, Dock 45 (B), Margarett 25, Dora 11, Salley 8, Pincy 5 (f), Violet 2 (261)
KING, E. Eliza 59*, Alace 18, Ebbie D. 8 (144)
KING, E. Jefferson 39, Elizabeth P. 41, Ida G. 12, Oscar E. 11, Lula A. 9, Edna E. 7, Nannie B. 6, Sanford J. 4, Myrtle 3, Annie 2, unnamed 7/30 (f) (146)
KING, Frank 15* (B) (79)
KING, Frank 39, Kazath 50 (f), Mary 17, Rebecca 14, Etta 12 (55)
KING, Isaiah 37, Peninah 39, Miranda 18, Jennie 15, Joseph R. 12, Matthew J. 11, George L. 20, Emeline 15 (5)
KING, James 31, America 20, Conney? 3 (m), Felix 3/12 (55)
KING, Jasper 33, O. A. 37 (f), Lucy 16, Julia 13, B. S. 10 (m), Mattie L. 6, Neely John 26 (252)
KING, John W. 28, Jane 20, William 3 (212)
KING, Kissiah 56, F. R. 32 (m), Mary 17, Rebecca 14, Etta 12 (129)
KING, Laura E. 19* (147)
KING, M. I. 30 (f)* (27)
KING, P. O. 35 (m), Rebecca 37, Margret 13, W. B. 10 (m), Frances 5 (126)
KING, Sarah 36* (6)
KING, Sarah 67?, Susan R. 16, Eliza E. 26, John 10 (76)
KING, Thos. 28, Alina 37 (144)
KING, William 25* (148)
KINGSLEY, C. A. 44 (m), Cornelia 34, Maud E. 12, Willie H. 8, Jean M. 10/12 (104)
KINKANON, Thomas 70* (B) (96)
KIRBO, Susan 42, Laura 21, Thomas 18, George 15 (35)
KIRCHEVAL, Sarah 22* (B) (156)
KIRCHEVAL, Wm. 22* (B) (156)
KIRKLAND, Fate 19* (139)

1880 Census, Lincoln Co. TN

KIRKPATRICK, Manda 31 (B), Jinney 7, Thomas 5, Iceleus 1 (f), Sarah 16 (101)
KIRKPATRICK, Robt. 18* (117)
KIRKPATRICK, Thomas 22* (9)
KLONCH, James C. 4* (6)
KNOOCE?, Mart 34* (B) (57)
KNOWLES, Benj. 30, Cynthia 22, Sanford 7, Ida 6, George 4, Emma 2 (36)
KNOWLES, Chas. S. 26, Callie E. 19, Willie G. 1 (19)
KNOWLES, W. G. 53 (m), F. E. 46 (f), M. E. 21 (f), L. L. 19 (f), W. D. 18 (m), J. J. 16 (m), B. S. 15 (f), L. V. 12 (f), E. M. 11 (m) (21)
KOONCE, ADaline 38* (B) (102)
KOONCE, C. M. 58 (m), Sarah A. 57, Tennessee 21, B. L. 17 (f), Bell 16, J. K. P. 14 (m) (255)
KOONCE, C. T. 31 (m), Mattie 26, Mary 8, Alice 6, Emmer 4, Eddie 1 (256)
KOONCE, H. M. 44 (m), Hellen M. 45, Anna E. 19, Marth P. 17, Francis M. 14, Mary E. 11, Charley N. 8, Sidna C. 6, Rufus 3 (254)
KOONCE, J. C. 21 (m), Mary O. 21 (254)
KOONCE, James 43, Susan 43, Eliza 19, Martha A. 14, Mary E. 12, Robt. 9, Josie 7, Wm. G. 5, James K. 2 (254)
KOONCE, Lou 19* (B), Lawra 1 (120)
KOONCE, Mary E. 24 (B), Bettie G. 3, Mary M. 4/12 (109)
KOONCE, N. P. 50 (m), Mollie D. 44, Robt. 13, John 12, Kate G. 10, George M. 8, Turnip? 2 (f) (252)
KOONCE, Nancy 50* (B), Jane 14, Josee 13, Zoo 8 (m) (260)
KOONCE, R. M. 33 (m), Mary 32, Fannie B. 7, Hattie M. 4, Burrdatt 68, Charley B. 20 (254)
KOONCE, Rufus 27, Mattie 22, Theo. 3, Baby 2/12 (f) (54)
KOONCE, W. D. 22 (m)*, Eliza J. 27, Mary B. 2, Dora F. 2/12 (253)
KURTZ, Austin 23, Elmira 26, Diora 1 (276)
LA RUE, M. 75 (f)* (155)
LACKEY, Robert 40, Sarah 27, George 7, Ida 5, Claudlie? 3 (m), Charley 6/12 (33)
LACKEY, Sarah 48* (269)
LACKEY, Sarah 55* (34)
LACKEY, TEmple 50, Elizabeth 43 (34)
LACKEY, Thos. R. 50, Sarah A. 43, Dora A. 22, George E. 16, John B. 10 (210)
LACKEY, W. Y. 35 (m), Margaret E. 29, Mary M. 7, Sarah E. 3, Birdie M. 1 (f) (23)
LAMB, Allen 35* (B), Martha 46, Henry 13, Viney 26 (122)
LAMB, Boss 58?* (B), Tom 50 (122)
LAMB, Coly 51 (m,B), Susan 37, Lee 14 (m), Joseph 14, Paul 9, Albert 6, Sarah 3, Mary E. 2 (263)
LAMB, Dony 45 (B), Abb 21, Ajutant 15, Curtis 13, Walton 11 (103)
LAMB, Henry 20* (B), Ellen 19, Oliver 23 (116)
LAMB, Isom 12* (55)
LAMB, Jas. B. 58*, Elizabeth F. 48, Wm. B. 22, H. C. 19 (m), Fannie N. 17, Mary F. 13, Tillman 11, Elizabeth H. 8 (96)
LAMB, Joel 38*, Martha C. 27, Vandella 9, Emma 7, Robert J. 5, Lee F. 3, Sanford T. 1 (14)
LAMB, Malinda 11* (B) (251)
LAMB, Newton 49 (B), Sally 31, Cassie 21, Charlie 12, Natt 8, Fanny 6 (112)
LAMBERT, H. C. 42 (m), Susan 37, James M. 14, John K. 12, Thomas J. 9, Alice 6, Robt. F. 4 (154)
LAMBERT, Mariah 60* (151)
LANCASTER, Wm. J. 39*, Elizabeth C. 30, John G. 11, Odella J. 9, Hattie E. 7, Anna M. 3, William W. 1 (139)
LAND, Alley 57*, Malissy 30, Mary E. 28, Wm. T. 26, John L. 24, Martha A. 18, Emeline 14 (255)
LAND, Delaney 77, Polly 67, James 18 (239)
LAND, J. T. 30 (m)*, May 31, Bettie 2/12 (127)
LAND, James C. 45, Nancy T. 45, Wm. T. 22, Mary M. 19, Nancy C. 15, Drury P. 13, Samuel 10, James G. 7, Ada J. 4, Wann 1 (m) (239)

1880 Census, Lincoln Co. TN

LAND, Josiah J. 42*, Mary E. 42, Martha J. 22, A. J. 19 (m), Avice O. 14, Eliza E. 14, Thos. P. 12, S. F. 9 (f), N. E. 6 (f), Z. A. 4 (f), O. A. 3 (f) (20)
LAND, Martha 40, Calvin 16, Mary A. 12, Martha A. 8 (258)
LAND, Meridith 38, Elisabeth 34, Martha 15, Alexander 13, James A. 11, Wm. T. 9, Pleasant H. 7, Joseph W. 5, Charles 3, Tarley 1 (m) (239)
LAND, W. G. 25 (m)*, S. A. 24 (f), Addie L. 8, John M. 4, Jas. O. 1 (19)
LANDERS, William 11* (B) (14)
LANDESS, John H. 31, H. Betty 28, Lucy H. 7, Robert T. 4, Eugenia S. 8/12 (139)
LANDESS, Mary H. 64*, Sallie L. 42, Wm. J. 27, May Boon 24, Charlie S. 23 (77)
LANDESS, Sue K. 29* (140)
LANE, Bailey E. 48*, Lewina J. 46, Daniel 20, Wilmer 17 (f), Luvica Jr. 15, Joseph 12, Ezell 9, Erwin 8, Grace 6, Elma 3, Raubecca 86 (87)
LANE, Eli 42*, Elvira 39, Willie O. 12 (87)
LANE, Green 45, Sarah 33, Napoleon 10, Eli 8, Lula 5, Oscar 3 (48)
LANFORD, Nancy B. 64 (22)
LANGSTON, Martha 44*, William 12 (281)
LANHAM?, D.? 12 (f)* (166)
LANKSTON, J. M. 33 (m), A. F. B. 31 (f), George R. 7, W. M. 5 (m), Lanora E. 2/12 (22)
LANKSTON, Jessee 26, Martha L. 22, Wm. T. 2 (22)
LARGEN, H. Milton 43*, Mary Ann 39, Rachel A. 14, Willie E. 12 (f) (88)
LARGEN, Thomas 28, Addie 5 (48)
LARKINS, Melissa 64? (B), Fanny 25, Malinday 23, Charlie 8, Lizzie 5, Trimble 3, Margt. 6/12 (120)
LARKINS, Sally 24* (B) (106)
LARU, John W. 40, Ella F. 28, Bettie 2, Doke 1 (146)
LASATER, J. J. 23 (m), Mattie J. 22, T. M. 1 (m), J. L. 1/12 (m) (188)
LATHUM, C. H. 33 (m), A. E. 33 (f), V. O. 8 (f), D. A. 6 (m), M. E. 4 (f), S. V. 3 (f), J. F. 1 (m) (169)
LATTICE, John 30* (B), Lou 18, ___ 1 (m) (123)
LAUD, J. W. 20 (m)* (18)
LAUDERDALE, J. W. 41 (m)*, Nancy A. 46 (91)
LAUDERDALE, M. A. 15 (f)* (156)
LAUDERDALE, W. T. 51 (m)*, M. A. E. 46 (f) (156)
LAWE, David A. 30, Mary J. 28, Willie 9, Ollie F. 6, Jessee 4, John B. 10/12 (84)
LAWS, Amanda 40* (B), Sam 1 (105)
LAWS, Jack 60*, John 26, Emma 17 (77)
LAWS, Rufus F. 34, Juda A. 27, Ezella 5, Birdie 3, Emma B. 1 (147)
LAWSON, J. M. 35 (m), Sarah 37, Lizzie 11, Phillip 8 (61)
LAWSON, Ray 57* (B), Fanny 57 (75)
LAXTON, Charles 58, Mary 45, Molley 16, Charles 13, William 11 (243)
LAY, Andrew 57, Mary 53 (36)
LAY, Emily 55* (B) (93)
LAY, Gideon 68* (B), Victoria 25, Gertrude 7, Oliver C. 5, Rosa 4, Anna 1, Joel M. 32, Mariah 47 (B), Alfred 14, Ella 6 (120)
LAY, Henry 36* (B), Charlotte 35, Matt Raney 13, Thos. Raney 11, Viney 9 (98)
LAY, Milly 50* (B), Caroline 16 (98)
LAYNE, ___ 27? (m), Lizzie 16, ___ ___ (m) (32)
LAYTON, J. S.? 42 (m)*, Margarett A. 41, Joshua 16, B. J. 12 (m), William 10, Laura 4, Eligia 2 (257)
LAZENBY, A. 40 (m), E. S. 41 (f), W. H. 14 (m), C. D. 12 (m), J. K. 10 (m), S. T. 8 (m), W. H. 6 (m), B. A. 4 (f), M. B. 3/12 (f) (163)
LEATHERWOOD, Ann 17* (B) (9)
LEATHERWOOD, F. 37 (m), Fanny 34, Beatrice 12, Patella C. (m), James H. 8, Beulah 6, Martha 4, Frances 1 (200)

1880 Census, Lincoln Co. TN

LEATHERWOOD, Isaac 50 (B), M. 37 (f), J. 36 (m), C. 12 (m), Sally 9, A. 6 (f), R. 3 (m), E. 1 (m) (170)
LEATHERWOOD, J. J. 33 (m), Victoria 33 (198)
LEATHERWOOD, Jas. K. 40, Bethana J. 41, Emma B. 14, William T. 12, Robert L. 9, Benj. S. 7, James L. 5 (12)
LEATHERWOOD, Jesse 59*, Malinda G. 53, James A. 32, Nancy A. 26, Beatrice O. 22, Jonathan B. 29 (8)
LEATHERWOOD, John A. 63*, Fannie 64, Columbus C. 23, May V. 19, John E. 11/12 (236)
LEATHERWOOD, Mary E. 14* (B), Laura 11 (263)
LEATHERWOOD, Mary E. 45* (12)
LEATHERWOOD, Matt 14* (B) (282)
LEATHERWOOD, N. S. 21 (m) (198)
LEATHERWOOD, Nancy 63*, John S.? 27, Nora 18 (8)
LEATHERWOOD, S. 28 (m), Ann 26 (198)
LEATHERWOOD, Saml? 28, Ann 26 (206)
LEATHERWOOD, W. 19 (m,B), M. 23 (f), A. 1 (f), A. 6 (f) (170)
LEDBETTER, H. 37 (m), Narcissa 34, Binford 13, Edward 11, Nancy J. 5 (216)
LEE, Mary 56* (B) (123)
LEE, Polly Ann 21* (26)
LEE, William T. 50, Mary A. J. 44 (219)
LEG, Washington 30 (B), Generva 21, Jackson 2, George W. 5/12 (154)
LEGON, Dave 14* (B) (92)
LEIGH, John 23 (B), Eliza 24, William 3, John Jr. 2 (53)
LEITH?, Thomas 20* (B), Ida 17 (38)
LEMMONS, T. J. 51 (m), E. J. 46 (f), L. A. 21 (m), John S. 19, L. H. 15 (f), M. C. 13 (f), H. T. 11 (m), L. E. 8 (f) (181)
LENARD, J. S. 22 (m), R. A. 16 (f) (21)
LENARD, James 23, Fannie 25, Monroe 3 (277)
LENORD, Nancy 80* (B) (154)
LEONARD, Jefferson 41*, Milly 42, James D. 18, Jhon A. 13, Mary A. 12, Martha 9, Della 8, Elizabeth 69 (270)
LEONARD, Jessie R. 35, Margaret 28, Edna R. 11, Laura H. 7, Luna 4 (f), Jessie 11/12 (227)
LEONARD, Mary F. 19*, Louisa J. 16 (281)
LESLEY, William 54*, Betsy 53, William 17, George 13, Ann 11 (42)
LESTER, G. B. 58 (m)*, R. S. C. 42 (f), Sarah E. 11 (177)
LETCHER, Z. P. 40 (m), Ann E. 26, Anne Lee 1 (113)
LETHERWOOD, Beth 18* (B) (260)
LETHERWOOD, Jesse 58, Sarah 55 (256)
LEWIS, John S. 29, Mary E. 26, George C. 6, Robt. E. 1, Talbort J. 14 (230)
LEWIS, Lina 34 (B), Charles 9, Alexander 8, Mollie 5, John A. 3 (82)
LEWIS, Malida 59 (199)
LEWIS, Thomas A. 59, Sallie A. 59, William A. 32, John M. 21, Newton M. 17, Martha A. 9, Daniel T. 8 (5)
LICKY, Joe 35*, C. 25 (f), L. 3 (f), J. A. 1 (m) (165)
LIGHT, Wesley 33* (227)
LIGHTFOOT, F. 25 (m)* (B) (95)
LIGON, Bettie 20* (B) (104)
LIMBAUGH, Tranquillia 22* (279)
LINCOLN, John 32, Pamplin? 29 (f), Harrison I. 8, Mary E. 8, Thomas W. 4 (221)
LINDSLEY, J. M. 32 (m), S. A. 35 (f), Jno. D. 10, H. T. 8 (m), Jas. A. 6, Levi L. 2, Lillie L. 2 (22)
LINDSLEY, W. P. 55 (m), Sarah A. 37, Ella D. 20, John W. 18, Ivey J. 16 (f), Allice E. 14, Henry T. 4, Wm. V. 2 (249)

1880 Census, Lincoln Co. TN

LINDSLY, John Jr. 36, Mary F. 27, Joseph H. 11, Archa T. 2, E. B. P. 2 (m), Minnie L. 2/12 (249)
LINDSLY, John Sr. 79*, Marth 78 (249)
LINEBERGER, A. A. 29 (m)* (173)
LINEBURGER, M. 26 (m), M. 25 (f), L. 2 (f), E. 7/12 (m) (171)
LINTON, Elijah 50, Rachel 50, Sarah Ann 25, Louesa 12, Benjamin 27, Sally 18, Orlando H. b.May (108)
LINTON, Sarah J. 23*, Wm. J. 6 (115)
LIPSCOMB, Douglas 27* (B) (123)
LITTLE, Benjamin 26, Emma 24, Ada 7, William Jr. 6, Stonwall Jack 4 (47)
LITTLE, Haggard 22, Maggie 28, Jessee 2 (86)
LITTLE, James C. 30, Nancy 25, Mary A. 4, Augustus 1, Mary J. 68 (281)
LITTLE, Jno. A. 25*, Elmina 24, Ben T. 4, Wm. L. 2, Lillie E. 3/12, Jesse 18 (111)
LITTLE, Samuel 70, Jane 60 (47)
LITTLE, T. C. 32 (m)*, Agnes E. 32, Lucy M. 9, Tennie C. 6, Ida 4 (122)
LITTLE, Thomas W. 33, Harriet V. 28, Charles M. 9, George T. 5 (151)
LITTLE, WIlliam 35 (B), Jane 40 (49)
LITTLE, William 20, Fannie 20 (83)
LIVELY, James C. 40, Frances 33, Willis C. 5, William 4, McNewton 1 (263)
LIVELY?, Minnie 18?* (32)
LLOYD, Jno. W. 36* (90)
LOCK, Edward 47 (B), Emily 42, Rosetta 10, Christiana 6, Edwin 2, Mary 1 (119)
LOCK, Eliza 48, Samuel R. 23, Eliza J. 16 (235)
LOCK, Erastus P. 21, Margaret J. 19, Kelly A. 1 (235)
LOCK, James B. 36, Virginia F. 34, Delila 12, Claude C. 5, Mamie D. 4, Gertrude 1, Elihu T. 22 (213)
LOCK, Joseph 50*, Janett 57, Lona V. 19, Marsellas A. 17, Joseph Y. 14 (237)
LOCK, Thomas 57*, Margaret 57, Piny 19 (f) (234)
LOCKE, James C. 31, Mary E. 24, James T. 4, William W. 2 (12)
LOCKE, John 23*, Sally 49, Jacob E. 20, Nancy A. 24 (15)
LOCKE, Juda Ann 60* (B) (97)
LOCKE, Kitty 57, Noah 27, Sarah 24, James A. 8, William N. 5, Lydia 1 (205)
LOCKE, Walton 18* (B) (267)
LOCKER, C. H. 45 (m), Mary 40, James M. 18, Sarah E. 16, W. R. 13 (m), Charley R. 11, Rebecca 9, Allice B. 4 (255)
LOCKER, Fenton 26, Mary 23, Luther F. 11/12 (256)
LOCKER, Ida 9* (256)
LOCKER, Mary 68, Nancy 42, Eligia 23 (256)
LOCKER, Rufus 31, Allice A. 23, E. P. 5 (m), Carrie 4 (255)
LOCKER, W. R. 18 (m)* (258)
LOGAN, George 38, Lizzie C. 38, Benj. 8, Annie 5 (65)
LOGAN, R. B. 31 (m), Ruth K. 26, Rutledge 6, Sallie 3, Clide 1, Claud 1 (65)
LONG, Robert W. 46, Tobitha 44, Iva 21, Nora 18, Thos. A. 14, Fannie S. 12, Jinnie B. 10, Ellen 7, Alford 3 (137)
LONG, Susan 55* (B), Frances 18 (98)
LOTT, Richard 29, Lou 27, T. 7 (f), Wm. A. 4, Haywood 2 (131)
LOVE, George 40? (B), C.? 45 (f), J. 14 (m), S. 4 (m) (164)
LOVE, James 35* (B), Henrietta 32, Essex 13, Georgie 8 (f), Henry 7, Maggie 6, Josie 2, Nora 6/12 (78)
LOVE, Jennie 12* (B) (80)
LOVE, Lilla 15* (B) (84)
LOVE, Mary 7*, Henry A. 5 (201)
LOVETT, L. L. 29 (m)*, T. A. 61 (f), A. J. 24 (m), W. T. 22 (m), D. F. 19 (m) (193)
LOVITT, Peter 28, Martha F. 25, Mary F. 6, Elizabeth 5, Lewis 9/12 (154)

1880 Census, Lincoln Co. TN

LOWE, Wm. T. 38, Mary S. 40, Charles E. 14, Sarah A. 13, Mary E. 10, John T. 8, Fred B. 6, Margt. A. 3 (107)
LOWREY?, Edward 21 (B), Violet 22, Josaphine 1/12 (276)
LOWRY, Wm. B. 32, Martha P. 23, Mary E. 7 (229)
LOYA, John 30*, James 25 (38)
LOYD, Esron 48, Sarah 44, Rily 21, George 18, James 14, Franklin 11, Amie 7, Mary 4 (38)
LOYD, Henry 31, Cynthia 25, Caroline 5, William 3 (37)
LOYD, Jane 24* (B), Cliford 3 (32)
LOYD, John 23, Laura 18, Lizzie 6/12 (37)
LOYD, John 24, Eva 20 (38)
LOYD, Louisa 60, Malinda 58 (38)
LOYD, Martha 22, Benton 3 (36)
LOYD, Rily 22 (35)
LOYD, Steven 56, Sarah 56, Susan 28, Mary 26, Margaret 24, Celdonia 22, William 20, Martha 18, Sophonia 14 (38)
LOYD, Thomas 60, Emma 60, William 21 (35)
LOYD, Wm. T. 31, Addie N. 25, Maggie Lee 5, Leonard C. 1 (69)
LUMPKIN, J. A. 35 (m)*, Alice 23, Mattie E. 4, Charlie C. 2, unnamed 2 days(f) (94)
LUNA, David C. 30, Sarah 29, Ica? 10, Allice 8, Lou 5, Charlie 8/12 (133)
LUNA, Matt 30, Mary 29, James 10, Mattie 8, John 6, Frances 5, Edna 3, Adaline 1 (51)
LUNA, Wright 64*, C. M. 51 (f), Mattie A. 14 (186)
LUNA?, Fannie 68*, Henry 24, Olley 2 (m) (133)
LUSENBERRY, Lucy 30* (B) (278)
LUSK, Etta 12* (91)
LUSK, Mary I. 3* (126)
LUSKY, Julius C. 18* (92)
LUSTER, Bell 10* (B) (50)
LUSTER, Clayborn 40 (B), Josie 20, Lilian 9, Van 6 (50)
LUTEN, James 22, Margaret 27, James L. 4, George? W.? 2, _____ 1 (m) (200)
LUTER, Henry 25, Ola 20, Andrew 5, Thomas 7 (202)
LUTER, Jacob 35* (B), M. 30 (f), A. 4 (m), H. 2 (m), P. 3/12 (m) (163)
LUTER, Silas 30 (B), L. 30 (f), P. 80 (f) (163)
LUTTEREL, G. W. 28 (m), Lucy 26, Laura 9, Wm. 8, Ada 6/12 (262)
LUTTRELL, B. F. 21 (m), C. J. 21 (f), W.L.A.J. 9/12 (m) (191)
LUTTRELL, Charles 39*, Maria E. 39, Martha 22, James W. 2, Martin A. 1 (274)
LUTTRELL, George 29, Jane 33, Mary 9, Julia 6, George Jr. 3, William 1 (36)
LUTTRELL, James L. 57, Frances 53, William 20, James M. 16, Nancy F. 16? (281)
LUTTRELL, John L. 59, Elmira 48, Hughey 14, Jessee 13 (281)
LUTTRELL, Mike 45, Jane 40 (268)
LUTTRELL, Nicholas O. 22?* (279)
LUTTRELL, Perry? 26, Rhoda 23, Nolar 4, Ada 3, A. Babe 2/12 (m) (277)
LUTTRELL, Thornton 58, Elizabeth 48, Henry M. 21, Adeline 23, George D. 18, James T. 16, Samantha E. 14, Authar 11, Nora 9, Martha 7, Emma 3 (280)
LUTTRULL, T. A. 29 (m), E. B. 21 (f), E. M. 2 (m), R. B. 5/30 (m) (18)
LYNCH, B. F. 35 (m), N. E. 30 (f), Maggie 12, Minnie 11, John 9, Bennie 8, Lula 7, Willie 4, Mary 3, Tommie 5/12 (189)
LYNCH, J. C. 43 (m), Charlotte 42, Jimmie 14, Becca E. 10, Jane 4 (193)
LYNN, John 30* (189)
LYNN, Robert 17* (5)
MADDOX, Daniel 66*, Mary J. 46, Josephus 25, John M. 23, Orlena 15, Malinda I. 12 (230)
MADDOX, E. B. 3 (f)* (247)
MADDOX, E. F. H. 29 (m), Martha E. 23, John B. 6, William F. 3, Frank? 1 (196)

1880 Census, Lincoln Co. TN

MADDOX, James 25* (233)
MADDOX, James C. 62, Jamima 54, John W. 22, Nancy J. 20, Alice 18, Louisa E. 17, Louis M. 12 (235)
MADDOX, Jo W. 22, Emily J. 20, Anna C. 4, Amanda C. 1 (230)
MADDOX, John L. 36* (232)
MADDOX, John M. 23*, Susan E. 20, Henry S. 2, Robt. T. 1 (230)
MADDOX, John Sr. 65*, Eliza J. 40, Eugene H. 4, Claudy 2 (f), Earnest E. 1, infant 11/12 (m) (230)
MADDOX, Newton 41*, Nancy A. 26, Margaret 8, Mary F. 6, Anna P. 4, infant 5/12 (f) (234)
MADDOX, William 24, Rachel 26 (232)
MADDOX, William 30, Martha C. 28, Mary E. 7, James A. 4, Jamima J. 2, infant 1/12 (m) (235)
MADOX, Benton 39, Marinda 16, Walter 15, Arkansas 13, Lena 10, Luada 8 (207)
MADRAY, T. J. 29 (m), Sallie 24, Lillian 1/12 (189)
MAHAM, Margt 47* (B), Ella 16, Susie 13 (90)
MAHAN, Peter 64*, Christina 65, Mary 23 (104)
MAHATHEY, Isaac 46, Emiline 43, James W. B. 24, John H. M. 15, William O. 13, Jinny Lee 10, Rufus W. 8, Mary P. 7, Charley 4, Laura J. 1 (104)
MAJORS, A. S. 34 (m), Ann 33, David F. 13, George H. 9, Cora Belle 5 (212)
MAJORS, J. B. 45 (m), Rhoda E. 49, Sarah A. 22, Mary J. 20, John F. 18 (196)
MALDEN, John 20 (212)
MALIN, F. 54 (f)* (B), J. 17 (m), A. 13 (m), M. 9 (f), M. 4 (f) (173)
MALIN, J. 28 (m)* (B) (173)
MALIN?, A. 13 (m)* (B) (173)
MALLERNEE, Jno. L. 41*, Emma T. 38, George E. 15, Gertrude E. 13, Kitty M. 9, Gracie E. 5, Dow A. 2 (103)
MALONE, Andrew J. 42, Nancy A. 42, Jhon A. 20, Julia A. 18, James T. 16, Elizabeth 60 (270)
MALONE, J. C. 56? (m), Malinda E. 53, Robert D. 25, M. Sarah 19, Mary E. 1, Joseph S. 23, Andrew J. 21, Henrietta 19, John C. 33, Martha 30, Mary E. 16, Sarah 8, Malinda C. 6, James C. 4, Lavina 2 (198)
MALONE, J. E. 33 (m), Martha 34, Mary E. 15, Sally Ann 8, Malinda C. 6, James T. 3, Margaret S. 1 (199)
MALONE, James 29, Cordelia 27, Jessee 5, David 3, Cordelia 2/12 (195)
MALONE, Joshua 28, Lutitia 26, Malinda 1 (199)
MALONE, W. F. 30 (m) (198)
MALONE, William 65*, Pollie A. 54 (197)
MALONE, Wm. A. 33, Sarah 30, William H. 8, James M. 6, Sarah 4 (208)
MANARD, J. C. 44 (m), Sarah A. 18 (179)
MANLEY, William 44, Cornelia 20, John F. 2, Thomas 9/12, John A. 15 (264)
MANLY, Margaret 31*, Magnolia 6, Charity 3 (207)
MANSBERG, H. 42 (f)*, B. 17 (f) (92)
MANSFIELD, Garnet 79, Garnet Jr. 39, Nancy 35, Marion 6 (m), Bettie 5, Jno. William 3, Newton 1 (76)
MANSFIELD, Joseph 48*, Margaret 47, Jno. Garnet 21, Henry M. 17, Mary A. 13, Hugh W. 11, Lyda 8 (76)
MANSFIELD, Z. M. 29 (m), Julia F. 23, Alley A. 2, Robt. A. 1 (262)
MAPP, Frank 28, Sally 25, William 6/12 (203)
MAPP, James 30, Fanny 23, Minnie 4, Ida 2, William D. 3/12 (203)
MARBERRY, Malinda 17* (235)
MARBERY, Monroe 21* (3)
MARBRY, Jacob 82* (249)
MARCH, A. G. 52 (m)*, Sallie C. 40, Tom H. 10, C. A. 6 (m), M. L. 3 (f), T. H. 22 (m) (177)
MARCH, A. M. 21 (m), J. S. 20 (m) (185)
MARCH, Ben 65*, Sarah 52, M. B. 21 (m), Rebecca 22, J. D. 18 (m), Joe 14, Hume 10 (157)

1880 Census, Lincoln Co. TN

MARCH, Billy 13* (B) (182)
MARCH, Dan 40 (B), Sarah 27, Allen 11, Shelie 7 (m), Eddie 4, Willis 3, unnamed 1/12 (m) (185)
MARCH, George 25 (B), Julia 24, Tomas 4 (116)
MARCH, Harrison 35 (B), J. 16 (f), Lizzie 13, Fannie 11, Maggie 7, Lilly 3 (157)
MARCH, Jesse 46 (B), Jane 42, James 10, M. J. 7 (f), Genie 6, Jake 5, Loucinda 1 (182)
MARCH, Lizzie 13* (B), Fannie 10 (159)
MARCH, Lizzie 14* (B), Fannie 10 (162)
MARCH, Mack 45* (B), Calvin 7 (80)
MARCH, Nancy 59, Robert P. 24, Elenora 18 (84)
MARCH, W. 39 (m,B), Louisa 36, Clark 22, Elizzabeth 18, Laura 14, Mary 11, Josie 9 (57)
MARCH, Willis 60* (B), Sarah 40, Wm. 18 (157)
MARELL, W. 8 (m)* (B) (175)
MARION, Benjamin 66*, Mary H. 54, Nancy E. 14 (11)
MARION, Charles A. 25, Nancy C. 24, Walter B. 5, Henry T. 3, Ada 1/12 (228)
MARKHAM, W. J. 30 (m), Sallie E. 29, G. S. 14 (m), W. R. 5 (m), Etta 3, Murtle 1 (189)
MARKUM, J. W. 27 (m), Henrietta 22 (211)
MARKUM, Wm. 30 (B), Anna Norris 30, Winny Burk 48, Agnus 19 (98)
MARLER, Hester A. 42* (179)
MARLER?, Wm. 40 (m), M. A. 35 (f), W. 13 (m), L. 10 (f), J. 8 (f), M. 2 (f) (167)
MARLIN, Lewis 50 (B), Dovie 14 (263)
MARLIN?, Joe 22 (170)
MARONA, Susan 40, Ann 14, Allis 12, David 9, Tera 2/12 (m) (240)
MARR, Richard 40, M. 26 (f), S. J. 12 (f), B. A. 10 (f), Henry 8, L. E. 4 (f), Dossia 4/12 (21)
MARRS, Isaac 35, Mary L. 31, Herbert L. 12, Sarah E. 9, Floy A. 4 (m), Thomas I. 1 (114)
MARRS, Marcus 38*, Sarah 33, Ulah 14, John P. 12, Marcus B. 6, Fannie 4, Ella 2, Ezella 2, Minnie 10/12, Lucy 9 (B) (114)
MARSH, J. W. 44 (m)*, S. L. 32 (f), Elizabeth 10, Micheal 9, A. P. 7 (m), Robt. C. 6, J. B. 4 (m), Mary T. 2, George 4/12 (127)
MARSH, John D. 26*, Viola N. 23, John E. 3, Mary B. 5/12 (142)
MARSH, P. B. 53 (m)*, Docia P. 52, Geo. C. 24, Millie T. 7 (142)
MARSH, Wm. H. 28*, Elizabeth A. 21, Mamie 2, Julia 1 (143)
MARSHAL, Hill 21* (B) (160)
MARSHAL, J. R. 40 (m), B. J. 34 (f), J. H. 5 (m), R. C. 3 (m) (185)
MARSHAL, John 25* (140)
MARSHAL, Richard 47, Sarah C. 45, Fanny 16, George 14, Labon 12, Andrew J. 10, Virginia 8, Edmond 6, Arthur L. 4, Adam 2 (139)
MARSHAL, William 22* (155)
MARSHALL, B. F. 31 (m)*, J. B. 31 (f), Fred D. 3, Infant 3/12 (m) (251)
MARSHALL, Hugh 19* (3)
MARSHALL, Jacob 62 (B), Hannah 40, Peter 7, Georgiana 2, Nannie 16 (61)
MARSHALL, Jessee 55, Polly Ann 51, Elisabeth 15, Eliza 14, Nancy 12, Andrew 9 (199)
MARSHALL, M. R. 22 (m), F. 19 (f), R. O. 4/12 (m) (166)
MARSHALL, Quinton 54, Eliza 53, William M. 24, Martha F. 18 (2)
MARSHALL, Sam 21* (B) (99)
MARSHALL, Thos. 22, Lucy 19 (46)
MARTILO, Doc 12* (B) (13)
MARTIN, A. C. 59 (m)*, Mary 39 (136)
MARTIN, Amanda 25* (119)
MARTIN, Ben F. 34, Martha J. 32, William 14, Franklin 12, Orphia 11, Callie 9, Bettie 7, Wilson 6, Lucy 3 (61)
MARTIN, Ben Jr. 50, Nancy? 62 (40)
MARTIN, Eugenie 69* (5)

- 80 -

1880 Census, Lincoln Co. TN

MARTIN, G. M. 46 (m)*, Delia C. 46, John W. 27 (248)
MARTIN, Geo. C. 26, Ella 17, Jas. W. 1 (61)
MARTIN, George 70, Jane 44, John 16 (37)
MARTIN, H. C. 25 (m), M. J. 21 (f), C. L. E. 3 (f) (245)
MARTIN, James 32 (B), Lucinda 21, Andrew 7, Edward 3, William 2 (48)
MARTIN, Jhon N. 26* (270)
MARTIN, John J. 33, William C. 9, Susan 8, Mary L. 6, Nancy N. 1 (16)
MARTIN, John N. 15* (57)
MARTIN, Lucy 47 (B), Duke 2, Rachel 28, Ida 6, William 4, Georgia 2, John 8, Willis 18, Frank 15, Lou 13 (f), Phronia 9, Mary 7 (65)
MARTIN, Mary 30* (193)
MARTIN, Nancy 64*, Mary A. 34, Goodloe C. 33, John M. 9 (263)
MARTIN, Newton 32* (142)
MARTIN, Patience 91, Caroline N. 60 (12)
MARTIN, Phebia 35* (B), Levi 15, Maggie 3 (58)
MARTIN, W. B. 51 (m)* (92)
MARTIN, Washington J. 28, Lucretia M. 30, John W. 6, Mary V. 1 (12)
MARTIN, William N. 30, Frances A. 28, William A. 6, Thomas B. 4, Mary D. 2 (12)
MARTIN, Wm. R. 68, Mary J. 58, Eliphas C. 19, Mary C. 15, Wm. 5 (234)
MASON, Elisabeth 60, Robert T. 18, James W. 13, John T. 30, Mary Ann 26, Soloman 7, Anah 5, Robert 2 (240)
MASON, G. W. 51 (m), M. E. D. 35 (f), T. A. 15 (f), D. F. 12 (m) (245)
MASON, George 23, M. A. 24 (f), C. U. 2/12 (m) (244)
MASON, Isaac B. 28, Nancy E. 29, Josiah 1 (275)
MASON, John 53, Sarah 43, William H. 20, Sardus M. 18 (f), Thomas M. 15, Andrew J. 12, James I. 9, Sarah E. 6, George W. 3, Nancy J. 3 (227)
MASON, Polk 15* (230)
MASON, S. 18 (m)* (244)
MASON, Wm. 74, Sarah J. 39 (245)
MASSEY, Alice 23* (158)
MASSEY, C. S. 34 (m), Martha 33, Willie 11, Maggie 8, Wilson 6, Felix 4, Hulda 1 (66)
MASSEY, James 21* (62)
MASSEY, James 40, M. M. 36 (f), Jas. L. 14, T. R. 11 (m), Wm. L. 7, Ider M. 5, Hugh E. 4, unnamed 4/12 (f) (181)
MASSEY, Jinney 32 (B), Jack 12, Matt 9, Cooper 6, Parthena 3, Johnnie 1 (104)
MASSEY, Moses 50 (B), Rose 50, Henry 20, Mary 18, Judith 3/12 (213)
MASSEY, Sarah 30* (152)
MASSEY, Wm. 6* (B) (135)
MASSY, Rachal 40 (B), Rufus 12, Henry 10, John 7 (184)
MATHEWS, Jack 63 (B), George 18, Duke 17, Jack 11, Abb 8, Winford 25 (f), Morgan 14, William 12, Greely 1 (28)
MATHIS, Thomas 22* (B) (140)
MATTHEWS, Eliza E. 40*, William K. 19, John P. 16? (1)
MAULDIN, D. 20 (m)* (188)
MAULDIN, Galin 15* (192)
MAULDIN, J. H. 15 (m)* (188)
MAYBERRY, Jacob 50* (B), Lizzie 25, Cullen 8, James 6 (156)
MAYHEW, Buck 105* (B) (16)
MAYNARD, Joseph 28* (109)
MAYS, S. J. 40 (f)* (255)
MCADAMS, Harvey 41 (B), Eunlew 25 (f), Mary F. 10, Wm. S. 10, Walter 4, Sissie 5/12, Ruthy 56, Saml. W. 23 (139)

1880 Census, Lincoln Co. TN

MCADAMS, John I. 50*, Margaret M. 48, Docia M. 20, Mary Jane 29, John Walter 15 (154)
MCAFEE, A. A. 39 (m), Elizabeth 42, W. P. 14 (m), Joe L. 7 (18)
MCAFEE, George 35, Elizabeth? 44, Wm. Danl. 13, Travis W. 11, Mary E. 7, John F. 6 (89)
MCAFEE, Jas. M. 42, Eliza A. 37, S. Leona 12, Fannie D. 10, Ada O. 8, Stephen J. 6, Mary E. 3, Lula L. 1 (186)
MCAFEE, L. E. 63 (f)* (182)
MCAFEE, Lawson 26*, Martha 27, Mary E. 5, Sarah D. 4, William S. 1 (6)
MCAFEE, R. C. 24 (m)*, Sarah A. 23, L. A. 4 (f), E. D. 2 (m), H. J. 5/12 (m), Eliza 64, Wm. 69, George M. 32 (184)
MCAFEE, T. F. 28 (m), M. C. 26 (f), Luella 5, John T. 2 (189)
MCALISTER, Robert D. 22, Sarah A. 17 (226)
MCALISTER, Verlina D. 49, Sarena F. 20, John P. 17, Samuel H. 15, Silas G. 12, Riley D. 8 (225)
MCALLISTER, William 26, Tabitha M. 23, William 5, Vollie R. 4 (225)
MCBAY, Samuel 35, Ileavin? 28 (f), John 8, Fannie 7, George 3, Minnie 3/12 (34)
MCBRIDE, Will 26 (B), Sarah 22, Mary J. 3, Allice 1 (248)
MCCALLIE, Jhon 27, Addie 27, Glenn 4, Ellen E. 7/12 (266)
MCCALLUM, A. J. 51, Mary Ann 45, Emma 17, Lula 14, Samuel 12, Maggie 11, John 9, Annie 6 (130)
MCCAN, Daniel 46, Mary A. 44, Elizabeth 19 (237)
MCCANLESS, James 33* (110)
MCCANN, Elizabeth 76* (233)
MCCANN, Thos. 30, Eliza 28, Mary J. 10, Wm. T. 6, Arthur 3, Ferdinand 1, Isabel 1, Wm. 52, Sarah J. 44 (231)
MCCARVER, Elizabeth 35* (230)
MCCAULEY, Brown M. 32, Mary L. 29, Walter C. 8, Sarah A. 6, Eulah S. 4, Ella M. 2 (222)
MCCAULEY, J. T. 52 (m), Mary L. 43, C. V. 11 (m), T. H. 9 (m), B. C. 7 (f), M. A. 5 (f), W. S. 2 (m) (91)
MCCAULEY, Martha J. 40*, William H. 15, Alfred K. 13, ARchie S. 11, Elizabeth F. 9, Mary L. 7 (222)
MCCAULY, Silas 28, Margaret A. 23, Ira G. 3 (237)
MCCELLAND, W. N. 36 (m), Margarett E. 30, Lilla 8 (253)
MCCHRISTA, Andrew 50* (239)
MCCLAIN, A. C. 63 (m)*, Hannah M. 63, Lizzie 22, Lucy 21, Charlie 19 (122)
MCCLAIN, Andrew 73*, Ophelia 36, Maldo W. 20 (f) (274)
MCCLAIN, Darthula 58 (48)
MCCLAIN, James 22* (52)
MCCLAIN, Susan 45, John 14, Robert 10, Maud 8 (210)
MCCLELLAN, Ann 26 (B), Jimmy 3, Lizzie 4/12 (108)
MCCLELLAN, James 19* (56)
MCCLELLAN, Joseph D. 52, Mary A. 49, George S. 18, May 14, Dean 9, Caroline E. 53, Jhon J. 24 (272)
MCCLELLAND, Albert 14* (B) (10)
MCCLELLEN, J. C. 30 (m), Mary E. 23, John 6, N. F. 4 (m), Rose 32, George B. 15, Wm. 12, Edward 9, Elizabeth 7, Thomas 5 (259)
MCCLERKIN, Rachael 59, Alex 31, Margarett 25, Sarah 23, Catherine 22, Rachael 21, Emma 18 (159)
MCCLURE, Buck 26, Julia 20, Ella 4 (277)
MCCLURE, E. M. 40 (m)*, Susan 43 (59)
MCCLURE, James 19*, Nane B. 21 (f), Martha L. 1/12 (274)
MCCLURE, Jane 60 (42)
MCCLURE, Nathan 52, FRancis M. 21, Martha J. 19, Jhon W. 14, Nancy C. 14, Delilia 10, Andrew J. 9 (276)

1880 Census, Lincoln Co. TN

MCCLURE, Susan 44, James 14, Robert 4 (40)
MCCLURE, W. M. 30 (m), Rebecca E. 26, Virgie 6 (f), Wintie L. 4 (m), Thomas M. 1 (65)
MCCLURE, William 76* (276)
MCCLUSKY, Benjamin 28, Hallina W. 26, William R. 5, Ada 4, Madison 2, Braden 3/12 (220)
MCCLUSKY, Isom N. 26, Lettie 27, William T. 7, Louis O. 5, Emma C. 3, John E. 1, Nancy A. 50 (220)
MCCLUSKY, Newton 50, Joseph 66, Elizabeth M. 58 (226)
MCCOLLOM, S. C. 48 (m), Elizabeth 48, Nannie 22, M. L. 20 (f), Thos. M. 19, Josie J. 18, America 15, Oscar A. 14, Sallie 12, Jas. D. 8, Charlie 6 (129)
MCCOLLUM, Henry 15* (B) (73)
MCCOLLUM, Lewis 23* (B), Lou 22 (f), Lannie 1 (f) (67)
MCCOLLUM, Wm. 30*, Sallie 35 (130)
MCCONAL, Pink 15 (m)* (B) (177)
MCCONNELL, Frank 21* (142)
MCCORD, F. O. 40 (m), Ellen 36 (103)
MCCORD, S. H. 72 (m), Joan C. 39, Emily J. 37, M. Willa 20 (90)
MCCOUNT, Eliza 37*, Callie 5, Octave 3 (f), Susan 11/12 (256)
MCCOWAN, J. C. 23 (m), Marth C. 23, O. L. 2 (m), E. C. 6/12 (f) (248)
MCCOWAN, J. I. 69 (m), L. E. 51 (f), Ivy H. 19 (f) (247)
MCCOWAN, J. P. 49 (m), J. A. 30 (f), T. J. 19 (m), J. C. 18 (m), J. H. 14 (m), L. A. 12 (f), M. E. 9 (f), S. H. 7 (m), J. H. 9/12 (m) (246)
MCCOWAN, S. A. 28 (f)* (B), Russell 10, Isham 3 (248)
MCCOWAN, S. S. 43 (m), M. J. 35 (f), T. V. 17 (m), M. A. 15 (f), W. F. 13 (m), L. A. 10 (f), R. 8 (m), E. C. 5 (m), R. S. 1/12 (m) (175)
MCCOWEN, H. C. 46 (m)*, F. J. 39 (f), W. H. 18 (m), Ivy W. 13 (f), Rosa T.? 10, Archer C. 8, Osker 6, Minnie 4, Sallie E. 3 (247)
MCCOWN, Amanda 60, Augustus 22, Arminda 13 (13)
MCCOWN, Cassina 56*, William M. 37, James F. 35, Lewis 30 (10)
MCCOWN, Elifus 26, Bellville 22 (f), Leonidas 5, Delia A. 3, Joseph P. 10/12 (13)
MCCOWN, Harper 64*, Sophia 49, Wesley 18, Alice 16, Joseph 14, Mattie 12 (238)
MCCOWN, Henry 54 (B), Lucy A. 40, Johanna 25, William 8, Augustus 6, Delia 4 (14)
MCCOWN, James C. 36, Elizabeth J. 39, William M. 12, John L. 9, Sarah J. 8, Washington E. 6, James W. 3 (13)
MCCOWN, Jim 53* (B), Adeline 28, Eddy 7, Johny 5, Lizzie 4 (110)
MCCOWN, John R. 44, Thezia 44, Anna 20, Ella 19, Hunter 14, Walter 10, Catherine 6 (240)
MCCOWN, Josiah H. 30, Sarah C. 29, Lily Y. 8, Valena P. 2 (218)
MCCOWN, Nancy 30, Malinda 11, Margaret 7, Wiley 4, Luella 2 (13)
MCCOWN, T. W. 32 (m), M. L. 31 (f), M. E. 13 (f), J. E. 11 (m), S. C. 9 (m), Josephine 7, M. J. 4 (f), T. H. 1 (f) (162)
MCCOWN, Thomas 30?* (1)
MCCOWN, Tobitha 63*, Yateman G. 28, Elizabeth Y. 22, William M. 18 (13)
MCCOY, Geo. 26* (B), Eliza 27, Dora 6, Gussie 4, Blanch 2, unnamed 2/12 (f) (178)
MCCOY, Joseph 20* (233)
MCCRACKEN, A. M. 66 (f)*, T. O. D. 15 (m), John L. 13 (189)
MCCRACKEN, A. O. 30 (f)*, Sammie? M. 12, Nancy A. 8, Thos. N. 6, Josep W. 3 (186)
MCCRACKEN, Isaac 42, Ellen W. 43, Morta C. 17, Charles S. 14, Lee S. 11, Gilbert C. 9, Josiah C. 6, Daisey 1 (240)
MCCRACKEN, J. W. 38 (m) (209)
MCCRACKEN, Julia A. 54 (209)
MCCRADY, S. E. 25 (m)* (143)
MCCRAREY, Luke P. 21* (278)
MCCRAY, Henry 25* (B) (244)

1880 Census, Lincoln Co. TN

MCCREE, Bird 26 (f)*, Mattie 4 (133)
MCCRORY, Robt. 22* (142)
MCCULLOCK, David 26* (263)
MCCULLOCK, Samuel 59, Fannie 21, Thomas J. 19, Ramey Lee 16 (267)
MCCULLOCK, Sarah 36*, Horace 1 (270)
MCCULLOUGH, Jas. W. 53*, Mary L. 36 (10)
MCCULLOUGH, Samuel P. 56, Eliza 57 (222)
MCCULLUM, J. 71 (f) (36)
MCCULLUM, James 32 (B), Orwilda 34, Henry 13, Joseph? 9, Albert 1, Mary 1 (57)
MCCULLUM, Mary 25*, James 23, Nathan 5, Mary Jr. 3 (37)
MCCURREY, W. H. 33 (m), Mary A. 34, John W. 7, Texanna 5, J. Oska 4 (m), Eula M. 2, Ida C. 2/12 (23)
MCCURRY, R. M. 37 (m), Sarah 30, Della 8, Mollie 6, Susan 5 (253)
MCCURRY, S. J. 26 (m), Sopha 16 (254)
MCDANIEL, A. M. 35 (m)*, C. 41 (f), E. J. 19 (f), F. A. 14 (f), M. 9 (f) (174)
MCDANIEL, C. 30 (m), Sarah 34, Geo. 1 (57)
MCDANIEL, C. 56 (m), Margaret 49, Andrew 18, Felix 14, Fielding 14, Nancy 50 (53)
MCDANIEL, Chs. B. 61*, Martha 25, Margarett 22, James 18 (157)
MCDANIEL, Dan 55 (B), Amy 52, Sam 12, Icy 7 (f), Robt. 3 (244)
MCDANIEL, G. W. J. 27 (m)* (B), Mihala 22, Sarah 40 (244)
MCDANIEL, H. 31 (m), Nancy M. 26, William A. 10, Elisabeth 8, George B.? 6, Mary C. 3, Ida M. 2 (207)
MCDANIEL, Harriet 19* (B) (269)
MCDANIEL, Henry 28 (B), Mariah L. 28, Robert 13, Samuel 5, James B. 3, Josephine 1/12 (250)
MCDANIEL, Henry 47, Angeline 45 (220)
MCDANIEL, J. S. 19 (m)* (26)
MCDANIEL, John 67 (219)
MCDANIEL, John Y. 40*, Nary? 37, Andrew 15, Alice 13, Mary E. 10, John W. 4 (234)
MCDANIEL, Louisa 45, Sarah 24, Cresa 19, Henrietta 16 (219)
MCDANIEL, Mary 65 (207)
MCDANIEL, Mary 91* (B) (190)
MCDANIEL, Minerva J. 45, George W. 25 (227)
MCDANIEL, Narcis 9 (f)* (B) (244)
MCDANIEL, W. F. 46 (m)*, John W. 21, Sarah E. 18, Fannie J. 12, Mary H. 70 (178)
MCDANIEL, W. T. 35 (m)*, Fannie 36, Coleman 11, Mary L. 8, Ellis 7, John C. 8/12 (156)
MCDANIEL, Wm. W. 48, Susan 42, Warren 20, Sarah E. 18, Silas W. 16, Margaret 14, William 12, Levi V. 10, Walter B. 8, Franklin 5, Mary S. 3 (234)
MCDILL, El 56 (f), M. T. 16 (f) (246)
MCDILL, S. H. 25 (m), E. C. 22 (f), E. A. 4 (f), T. H. 1 (m) (246)
MCDONAL, Ann 60* (B), Eliza 22, Nelson 19 (250)
MCDONALD, Allen 40* (B), Ann 38, Willie 12, Emma 10, Carrie 8, Mary 6, Mattie 4, Julia Anna 2, George Annie 1/12, Frank 38 (106)
MCDONALD, Augustus 51*, Frances 50 (1)
MCDONALD, Ben 51 (B), Sarah J. 35, Lizzie 11, Mary 9, Eliza 7, Patsy 5, Hannah 1 (103)
MCDONALD, Bob 53 (B), Emily 47, Sherman 14, Washington 7, Robert 4, Emma 11, Victoria 1 (122)
MCDONALD, Charlie 39* (B), Edna 38, Frank 15, Lewis 13, Elizabeth 11, Violette 5, Cora 2 (123)
MCDONALD, Corda 70* (B) (159)
MCDONALD, Fletcher 19* (B), Joe 15, Tom 7, Lee 4, Counsel 1 (116)
MCDONALD, Frances 25* (B), L. 3? (f), Savanna 1 (159)
MCDONALD, Harriet 27* (B) (116)
MCDONALD, Henry 53 (B), Elvira 45, John 10, Frank W. 8, Benjamin 20, Julia 16 (8)

1880 Census, Lincoln Co. TN

MCDONALD, Jack 19* (B) (159)
MCDONALD, John 58, Eliza 45, Kate 12, Florence 10 (238)
MCDONALD, M. C. 39 (f)*, Reubin A. 13 (93)
MCDONALD, Mary L. 20* (229)
MCDONALD, V. 40 (f)* (B), W. 12 (m), E. 10 (f), T. 8 (m), C. 4 (f) (176)
MCDONALD, Violet 75* (B) (157)
MCDONNEL, Cass 44* (B), Mary 38, Kate 18, Charles 9, Amons 8, Watt 15 (f), John 3, M. A. 5 (f), Alx. 7/12, Agness 26, Octava 5 (244)
MCDONNEL, Robert C. 26 (B), Charity 24, Martha J. 7, Robert R. 5, Lula B. 1 (14)
MCDOUGAL, Dave 30, Virena E. 29, Wm. J. 6, Rufus M. 4, A. J. 3 (f) (256)
MCDOUGLE, James 32, Mary Ann 28, Eliza 7, Robt. J. 5, Alley B. 3, Mary A. 2/12 (258)
MCDOWELL, Franc P. 29*, Fanny B. 19, Minnie P. 2 (142)
MCDOWELL, H. C. 32 (m), Susan F. 19, Hattie 3, Olley 1 (m) (150)
MCDOWELL, Jas. 58*, Harriett 57 (142)
MCELROY, A. J. 42 (m)* (116)
MCELROY, Alfred 40 (B), S. 36 (f), Lizzie 17, Andrew 15, Shepherd 14, Jane 8, Alfred 7, S. 4 (f), Cora 1 (156)
MCELROY, C. J. 6 (f)* (B), M. L. 3 (f), M. K. 3 (f) (162)
MCELROY, Dice 33 (f,B), Emm. 14, Edd 10, Fanny 4 (109)
MCELROY, Fanny 30* (B), Ella 1 (115)
MCELROY, Hiney 16 (f)* (B) (110)
MCELROY, Isaac 55 (B), Ann 35, Ella 14, Manda 13, Henry 11, Julia 8, Minda 6, Lizzie 4, N. N. 2/12 (f) (134)
MCELROY, Jhon W. 45* (B), Ann 36 (265)
MCELROY, John S. 36, Roda J. 28, James M. 13, William 10, John S. 8, Jessee E. 1 (f) (237)
MCELROY, Linda 50* (B) (100)
MCELROY, Lou 56 (f)*, D. S. 31 (m), Alford 24, Lucy 20, Yerby 9 (m), Laura 8, Sanford 3, Erwin 1 (92)
MCELROY, M. L. 52 (m)*, Mattie V. 36, Edgar 17, Thomas 14, Susan B. 12, Fannie F. 10, James 4, Arthur 1 (116)
MCELROY, Patt 28 (m,B), Ellen 25, Edwd. 8, Delia 6, Pink 3 (f), Babe 1 day (f) (114)
MCELROY, R. C. 50 (m)*, Amanda M. 44, Constant 22 (m), Thomas 20, Clyde 18, James 14 (114)
MCELROY, S. G. 54 (m)*, Lucy Ann 49, Wm. R. 24, S. J. 21 (m), R. D. 15 (m), Sinai L. 12 (106)
MCELROY, Thos. B. 46*, Frances E. 38 (15)
MCELROY, Wallace 16* (B) (181)
MCEWEN, A. Alec 35*, Margaret E. 33, Mary A. 9, Herbert A. 6, Thos. G. 9/12 (145)
MCEWEN, Jo 21 (B), Mary 21, Alvin 6/12 (103)
MCEWEN, Mary A. E. 15*, William J. 24, Campbell 22 (145)
MCEWEN, Wallace W. 18*, Maggie B. 15 (101)
MCEWIN, Martha 45* (B), Willie 12, George 9, Sam 20, Joe 18 (106)
MCEWIN, Mary 20* (B), Alva 7/12 (96)
MCFERREN, J. B. 24 (m), Levie 17 (f), William 2/12, Walter 2/12 (246)
MCFERRIN, Hubbard 6* (224)
MCFERRIN, James P. 32, Nancy J. 29, Rassie L. 7 (f), Henrietta 5, Calpernia 1 (224)
MCFERRIN, James W. 45?, Minnerva 33, Emma 14, James H. 11, Nannie E. 9, William O. 7, Mary 4, Susan R. 1 (221)
MCFERRIN, John M. 66, Mary A. G. 54, Robert A. 24, Henry C. 20, Thompson 18, Martin L. 16, Elizabeth M. 14, Samuel 11, Nancy F. 9 (222)
MCFERRIN, Thomas 37, Helen F. 38, Beulah E. 6, Edwin V. 3 (222)
MCFERRIN, William F. 25, Sena 23, Tighlman 6/12 (224)
MCGAMBLE, C. 13 (f)* (59)
MCGAR, Steve 48 (B), Mary J. 12, Geo. W. G. 9 (125)

1880 Census, Lincoln Co. TN

MCGARVEY, T. J. 49 (m), C. A. 34 (f), Chas. S. 10, R. L. 7 (m), Elma 3, Homer 1 (97)
MCGATHEY, Robt. 45*, Sarah J. 39, Carrie 2 (97)
MCGAUGH, Abe 53* (B), Jinney 22 (99)
MCGAUGH, Charlie 28* (B) (106)
MCGEE, Abner 49, Mary A. 49, Martha 23, Elizabeth 16, Louisa 3 (66)
MCGEE, Al 27* (B), Mary 24, Katie 8, Virgie 1, Lyda 66 (70)
MCGEE, Bob 23*, Martha E. 21, Ada 3 (63)
MCGEE, Elihu 24, Elizabeth 21, Rabecca 3/12 (87)
MCGEE, George 50? (B), Susan 48 (62)
MCGEE, George W. 26, Amanda A. 26, Oscar 5, Louela 4, William 2 (229)
MCGEE, J. P. 35 (m)*, S. E. 20 (f), W. R. 12 (m) (252)
MCGEE, James 18* (252)
MCGEE, Jessee 60*, Susan 56, Daniel 22, Henry 20, Jacob 34, Melia 19 (63)
MCGEE, John 62, Mary 57, Wilson 14 (62)
MCGEE, Peter 11* (B) (70)
MCGEE, T. L. 55 (m), Sarah H. 44, John 20, Ann 17, Tilman 15, Wesley 13, Lucy F. 9, Martha 7, Clark 4, Mary W. 2, Stacy A. 19, Estellanie 1 (66)
MCGEE, Thomas 33* (B), Mattie 28, Harry 11, Henry 10, Tommy 8, Alice 6, Robert 4, Jennie? 2 (67)
MCGEE, William 17, Sarah J. 21, William 1/12 (62)
MCGEE, Willis 26, Cordelia 30, Mary E. 5, Hugh 3, Willie C. 1 (87)
MCGEHEE, Geo. 43, Manervia 35, Sarah 13, Ella 10, Jane 7, James 4, John 9/12 (39)
MCGEHEE, Mary 44, Rachel 15, Alexander 22, Henrietta 13 (38)
MCGEHEE, Sanders 34, Hannah 36, Jesse 13, William 12, Virginie 9, Mary 7, John 5 (32)
MCGHEE, Anna 38* (104)
MCGILL, Henry 26* (B) (156)
MCGUIRE, Betsey 80* (B) (16)
MCGUIRE, C. B. 49 (m)*, Lizzie P. 36, Jimmie 14 (f), Frank 9 (93)
MCGUIRE, G. W. 36 (m), Obedience 28, James 5, Colonel 3 (212)
MCGUIRE, Mary 15* (B) (142)
MCKEE, Ethiel 79 (f), Archibald 59 (227)
MCKEE, Musuvia? 21* (228)
MCKEE, William B. 50, Margaret 39, Willie 18, John 19, James 13, Thompson 7, Roscoe 3 (223)
MCKEHAM, Ellin 22*, Earnest 6 (188)
MCKENZIE, G. B. 67 (m), James B. 39, M. M. 29 (f), Anna B. 13 (102)
MCKENZIE, John 41*, Delia 41, Willie 11, Duncan 9, Duncan 9, James 5, Susan 2 (77)
MCKENZIE, W. B. 46 (m), A. E. 38 (f), Edwin D. 20?, Susan 17, Irene 12, Fannie 10, May 6, Hugh 75 (81)
MCKEON, Jno. 47* (111)
MCKIMEY, H. A. 21 (m)* (181)
MCKINEY, Jno. 18* (B), James? 17 (135)
MCKINEY, S. F. 17 (f)*, Lettie G. 9/12 (181)
MCKINNEY, Abram 33* (B), Caroline 24, Wm. F. 8, Ula 5, Jeff 2, Romon 9/12 (77)
MCKINNEY, C. C. 52 (m)*, Ellen 42, James B. 18, Chas. F. 14 (104)
MCKINNEY, Ethelvin 69 (m), Mary 58 (199)
MCKINNEY, Hannah 65* (B) (16)
MCKINNEY, J. M. 29 (m), Mary J. 24, Lula 1 (214)
MCKINNEY, J. M. 36 (m), Mary J. 36, Lee 14 (m), D. L. 10 (f), R. N. 2 (m), N. E. 30 (f) (245)
MCKINNEY, J. V. 38 (m)*, Danah 35, Robt. Jeffie 10, Reubie Mc. 7, Henry T. 3, James K. 1 (116)
MCKINNEY, Jas. A. 38, Martha J. 35, Ella D. 11, Idella M. 7, Jas. A. 4, Maud L. 2, Mary M. 36 (24)
MCKINNEY, M. 38 (f), Vardie 21 (m), Horace 16 (57)
MCKINNEY, Phebe 60* (B) (99)
MCKINNEY, Silvester 68, Margarett 51 (257)

1880 Census, Lincoln Co. TN

MCKINNEY, Vera 32*, M. K. 25 (f) (93)
MCKINNY, John 64, E. 52 (f), W. H. 17 (m), N. 14 (m) (164)
MCKNIGHT, Mely 21 (f,B), Thos. 7, Lula 1 (189)
MCLAUGHLIN, Lou 68 (f), Wm. H. 45, Samuel J. 27 (255)
MCLAUGHLIN, M. B. 36 (m), Leona I. 35, Robt. L. 9, Emma 8, Ada 5 (112)
MCLAUGHLIN, Margret 58*, Andrew M. 25, James B. 23, Margret E. 17 (277)
MCLAUGHLIN, S. 44 (f)* (94)
MCLAUREN, Martin 36 (B), Fready 23 (f), Byrd 8, James 7, Ella 6, Early 4 (m), Emma 2, George 3/12 (216)
MCLAURIN, George 60, Charity 50 (208)
MCLEMORE, James W. 24, Sarah B. 22, Mattie B. 5, Fannie 3, Hattie L. 3/12, Brice B. 14 (14)
MCLEMORE, John 20*, Richard 45 (3)
MCLEMORE, M. B. 50 (m)*, Iris B. 51, Richd. 29, Mary S. 17, Brice 14 (232)
MCLEMORE, _____ 33 (m), Anjeline 26, Douglus 11, Zulee 3, Elroy 2, Oty 6/12 (231)
MCMILLAN, R. D. 57 (m)*, Effie 19, Joseph 17, Thomas 13, Sarah 11, Minnie 9, Lou 6 (130)
MCMILLEN, D. M. C. 24 (m), G. A. 22 (f), A. E. 3 (m), L. C. 10/12 (f) (244)
MCMILLEN, J. A. 32 (m), Emma S. 24 (248)
MCMILLEN, Mollie 16* (B), Mattie 1/12 (116)
MCMILLEN, Rebecca 41, Margaret 59, Susan 41 (221)
MCMILLEN, William 48, Nancy 48, Frances O. 19, Mary S. 16, Emma J. 14, John C. 9, Walter L. 2/12 (224)
MCMILLIN, Bettie 15* (B) (130)
MCMILLIN, Bob 12* (B) (125)
MCMILLIN, Nath 45* (B), Jennie 44, Lizzie 23, Meletta 2 (129)
MCMILLON, Robt. M. 71, Matilda C. 53, Sarah E. 20, Robt. W. 22 (240)
MCMULLEN, Belle 14* (B) (115)
MCMULLEN, Dave 8* (B) (116)
MCMULLEN, Emeline 36* (B), Mary 12, Babe 2/12 (f) (100)
MCMULLEN, Fanny 14* (B) (70)
MCMULLEN, James 23, Lizzie 25, Matilda 6, Thomas 4, William 2 (32)
MCMULLEN, Marcus L. 25, Mary L. 22, Lizzie V. 5/12 (224)
MCMULLEN, Victoria 23* (B) (97)
MCMULLEN, William W. 52*, Emma C. 25, Hallie M. 3, Willa A. 1 (1)
MCMULLIN, B. A. P. 38 (f)* (163)
MCMULLIN, J. M. 26 (m), L. 20 (f), W. F. 9/12 (m) (169)
MCMULLIN, Sallie 9* (B) (135)
MCMURY, Mary 25* (B), Will 40 (120)
MCNEACE, Tennessee 19* (192)
MCNEAL, W. A. 21 (m)* (152)
MCNEELD, Sallie 44, Allice 25, A. U. 24 (f), Willie 23 (f), Arthur 21, Leiland 18 (f), Ida 16, James 14, Reubie 11, John 9, Anna 8, Mackey 5 (f), Robinson 4 (127)
MCNEICE, H. M. 45 (m)*, Emily 47, Bowlen 15, Lois 13, Lula 11 (70)
MCNEIL, Jane 56*, Ellen 24, Anna 19, Jas. G. 16, Wm. B. 15 (22)
MCPHAIL, S. D. 27 (m)*, M. L. 18 (f) (92)
MCTIER, Julia A. 62*, Mary C. 26, Adam C. 24, James R. 21 (143)
MCWHERTER, T. B. 20 (m)* (174)
MCWHIRTER, Saml. 45, M. E. 32 (f), E. C. 12 (f), W. R. H. 8 (m), G. F. 5 (m), J. A. 3 (m) (244)
MCWHIRTER, W. M. 20 (m)* (174)
MCWHORTER, J. L. 34 (m), Lizzie 29, Courtney 6, Ozelle 4 (f), Willie 1 (96)
MCWHORTER, Marg.? 81, Margaret Jr. 33 (36)
MCWHORTER, Sarah A. E. 43* (225)
MCWHORTER, W. 39 (m), Jane 34, Lavonia 12, Olie Bell 10, Izora 6, William Jr. 3, Annie 7 (36)

1880 Census, Lincoln Co. TN

MCWILLIAMS, App 30 (m,B), Sally 25, James 8, Harry 6, Reuben 4, Toney 1 (198)
MCWILLIAMS, Henry 35 (B), Fanny 32, George 6 (198)
MCWILLIAMS, W. S. 26 (m), A. E. 24 (f), Danah 6 (m), Asberry 4, Jacob M. 2, Babe 6/12 (f) (116)
MEAD, Dennis 55* (B) (95)
MEAD, Lafayette 55*, Mary 59 (52)
MEAD, Lemuel 63, Mattie 26, Margaret 22, Lavonia 16, Edwin 10 (50)
MEADOWS, Larmor 22 (m)* (157)
MEDARIS, Stephen 76* (B), Catharine 66, Rapheal 20, Skidmore 18 (154)
MEDEARIS, Anna B. 17* (92)
MEDEARIS, J. T. 52 (m)*, Harriet J. 40, Harvey D. 26, W. D. 24 (m), W. A. 15 (f), Robert 12, Sally L. 10, Ethel M. 7, Lilly M. 4, Emma 1 (102)
MEEKS, J. I. 40 (m), M. E. 38 (f), S. H. 21 (m), J. L. M. 17 (m), F. B. 13 (m), M. J. 11 (f), P. M. 9 (f), W. H. 3 (m) (125)
MELSON, Frank 21 (148)
MELSON, Mary A. 62*, Henry R. 23 (149)
MELSON, Peter 47*, Rachael E. 29, Mary E. 4 (150)
MELTON, G. W. 23 (m), V. E. 22 (f), W. O. 1 (m) (193)
MELTON, James 44, M. S. 39 (f), W. H. 9 (m), W. T. 6 (m), J. O. 1 (m) (193)
MELTON, John 38, M. M. 27 (f), W. F. 11 (m), Z. A. 7 (f) (193)
MELTON, Sallie 68, Salina 59 (193)
MENAFEE, J. W. 36 (m)*, Mary C. 30 (132)
MENEFEE, C. R. 23 (m)* (191)
MENEFEE, T. G. 31 (m), Mary F. 24, Idella 1 (127)
MENEFEE, W. T. 32 (m)*, S. M. 36 (f) (191)
MENIFEE, Fannie 17* (162)
MERDOCK, Millie 45* (B), Lizzie 20, John 12, Victoria 11, Vanderford 11 (53)
MERRELL, Jas. S. 41, Louisa J. 35, Cinthia J. 14, Susan C. 12, Carra G. 10, Hu F. 8, Mary D. 5, James E. 2 (204)
MERRELL, Samuel L. 74, Marina G. 68, Ebenezer F. 22, Fanney E. 19, Charly H.? 3, Louella 8/12 (242)
MERRILL, John 19 (199)
MERRILL, R. D. 33 (m) (216)
MERRILL, William 67*, Charlotte 68, Susan 30, George W. 12, William P. 10 (209)
MERRITT, B. B. 71 (m), Martha 49, Lee Ann 16, Thomas L. 20, John 18 (139)
MERRITT, N. E. 45 (f)*, A. J. 3 (m) (180)
METCALF, Ida V. 19* (113)
METCALF, Nancy 42, Thomas M. 23 (208)
METCALF, W. L. 41 (m), Harriet 38, W. B. 10 (m), W. L. 3 (m) (29)
METCALF, Wm. C. 53*, Nancy E. 22 (139)
MICHAEL, Amy 81, Ann 48, Jemima 46, Catharine 34, Susan 18 (277)
MICHAEL, Benjamin 38, Mary E. 37, James A. 14, Avous E. 12 (f), Josie A. 9, Jhon F. 6, William H. 4 (276)
MICHAEL, Hannah 40*, William C. 4 (275)
MICKELL, D. L. 49? (m), Martha 37 (144)
MIDDLETON, Jas. A. D. 37*, Cordelia J. 51, Jennie 11, _____ 9 (m) (70)
MILAM, Knight 40 (B), Ann E. 30, Mary J. 15, Burke 9, Frank 7, Ada 4, Lethe 3 (f), John B. 1 (13)
MILAM, Peggy 55 (B) (14)
MILAM, Wiley A. 21, Mary A. 20, Mary L. 1 (14)
MILAM, Wiley G. 55, Martha E. 49, William J. 20, James W. 17 (14)
MILBANKS, S. F. 37 (m), Mary 36, Safrona M. 15, A. M. 12 (m), A. M. 12 (m), Salina A. 10, Ferrell 7, Nancy J. 4, Edward 1 (253)
MILES, Benj. P. 25, Anna E. 30 (242)

1880 Census, Lincoln Co. TN

MILES, C. A. 28 (m)*, Rebecca L. 26, Altha A. 6, Thos. J. 5, Louiza J. 2, Wm. B. 10 (29)
MILES, Gabriel 35, Ottie 34 (f), William 9, Alice 7, Etta 4, Steven 2 (38)
MILES, Martha 55, Beatrice 38, Mattie Jr. 36, Sallie 34, Albert 11 (36)
MILES, Samuel R. 43* (267)
MILES, W. A. 42 (m), Martha A. 35 (93)
MILES, William 40, Jane S. 40, L. M. E. 8 (f), M. A. R. 6 (f), Newton 3 (21)
MILLARD, J. G. 42 (m), Tennessee 41, S. C. 14 (m), Delia 12, Jinnie 8, Morde? 5 (f), John 3 (126)
MILLARD, N. 58 (m)*, Manerva 61 (135)
MILLARD, Thos. 53* (59)
MILLARD, W. A. 44 (m)*, Mary A. 34, Gracie 8/12 (93)
MILLER, Adaline 30* (B), Mollie 10, William 6 (153)
MILLER, Albert 24* (B), Polly 22, Vinnettie 5, R. 2 (m) (254)
MILLER, C. L. 29 (m), Lucy 26, Lea M. 7 (m), George 3, David 4/12 (198)
MILLER, Ephraim 18* (151)
MILLER, J. H. 49 (m), Elizabeth 38, Barto 19, Fannie 16, Willie 14, Fletcher 13, Jack 11, Comodore 10, Maggie 8, Rader B. 2 (190)
MILLER, Jhon 52, Margret J. 40, Sarah A. 14, Obadiah 12, Jhon 10, Anderson 8, Mary J. 6, Senie M. 5 (f) (270)
MILLER, M. M. 35 (m), Martha 30, James 1 (207)
MILLER, Martha J. 24* (4)
MILLER, Nellie 28 (B), Rebecca 1 (259)
MILLER, Robbert 66, Nancy 55, Polly 24 (191)
MILLER, Serena 28 (B), Jerrelean 18, Fannie 13, Henry 12, John 5, Mary 1 (260)
MILLER, Sidney 48, Moses 18, Sarah 42, Mary E. 16, William M. 12, Brice 6 (270)
MILLER, W. J. 25 (m)*, Sallie S. 22 (106)
MILLHOUSE, James 17* (B) (44)
MILLHOUSE, Ritha 60* (B), Isaac 19, James 12 (67)
MILLHOUSE, Robt. 23* (B), Vice 25 (f) (60)
MILLHOUSE, Spencer 22* (B) (67)
MILLIKEN, Mary 50, M. J. 46 (f), Nancy 40 (160)
MILLIKIN, A. 20 (f)*, John H. 16, Clementine 14 (161)
MILLIKIN, Abe 45, C. A. 32 (f), S. A. 13 (f), M. A. 11 (f), R. F. 9 (m), C. S. 7 (m), S. J. 4 (f), J. A. 1 (m) (164)
MILLIKIN, Jas. A. 42, M. C. 38 (f), Jas. L. 20, Mattie 14, Samuel 11, Wm. H. 8, Tom J. 6, Mary E. 30 (161)
MILLS, A. J. 36 (f), N. C. 12 (f), Frederic 10, E. 7 (f), E. 5 (m), M. 3 (f) (163)
MILLS, George 31, Julia 30, Ada 7, Sallie 5 (55)
MILLS, Isaah 8*, Caroline 6, Fanny E. 4, John Jr. 2 (88)
MILLS, J. 17 (m)* (165)
MILLS, J. H. 63 (m), Tempy 41, Joseph 19, Granville 15, Benjamin 9, Mary 6 (61)
MILLS, James 35, Elizabeth 45, Isaac 23, Rufus 18, Fannie 13, Sallie 11, Mollie 9, William 5 (54)
MILLS, Jas. 55, Mary 25, W. I. 4 (m) (162)
MILLS, Joe 10* (167)
MILLS, John 30, Linnie? 28, Newman 8, Thomas 7, Authur 5, Ada 3, John 5/12 (33)
MILLS, John 40 (B), Harriett 37, Sighe 21 (m), Lutitia 12, Luther 8, Jimmy 5, Sallie 2, Tommy 10/12 (113)
MILLS, John 45, Margaret J. 35, Josephine C. 12, Theodosia H. 12 (2)
MILLS, M. 56 (f)* (21)
MILLS, Martha 29* (117)
MILLS, Robt. 18, Martha 21 (161)
MILLS, Thos. B. 28, Elizabeth 28, John T. 4, Andrew 2, Henry C. 1 (60)
MILLS, V. R. 27 (m), V. A. 29 (f), N. H. 2/12 (m) (158)

1880 Census, Lincoln Co. TN

MILLS, W. 20 (m)* (166)
MILLS, Walter 26, Susan 26, Etta 10 (123)
MILLSTEAD, Geo. M. 30, Lavina J. 32, John 5, Willie 3, Jimmie 1 (74)
MILLSTEAD, Sarah 35* (74)
MILLWOOD, N. J. 37 (f)*, Geo. M. 11, Sarah E. 8 (186)
MILSTEAD, George 62*, Sallie 56, Mary L. 24, Margaret 19 (75)
MIMS, D. M. 45 (m), Martha M. 43, W. G. 19 (m), Lettitia 15, Mary J. 13, Jas. L. 10, Edward W. 4, Chas. J. 2 (18)
MINOR, James R. 56, Mary A. 57, Ida C. 19, John E. 17, Caledonia 15, Mary A. 13, Thomas W. 7, Joseph R. 22, Sarah 20 (205)
MIRES, Bryant 51, Susan 36, Margaret 23, Bryant Jr. 17, James 13, George 11, Theophilus 5, Oscar 3 (56)
MIRRETT?, Mattie 18* (B) (147)
MITCHAEL, M. E. 33 (f)*, E. M. 5 (m) (164)
MITCHEL, Belle 29* (B), Rufus 36, John 10, Mary 8, Willie 6, Rufus Jr. 4, Martha J. 3 (70)
MITCHEL, Frank 28 (B), Easter 24, Virginia 6, Harriett 2 (70)
MITCHEL, James 24, Delia 25, Norman 3, Festus 1 (39)
MITCHEL, James 48, Susan 42, Laura 22, James 14, Alice 11, Thomas 8, Josie 6, Ida 2 (44)
MITCHELL, F. R. 27 (m), Sally O. 18, Coy 1, C. B. 28 (m) (205)
MITCHELL, George 21* (B) (70)
MITCHELL, Harriet 52* (B), Davis 20, Ellen 18 (70)
MITCHELL, J. D. 39 (m), Mary 30, Mary 10, Calvin 8, Emma 5, William O. 1 (211)
MITCHELL, J. F. 56 (m), Margaret E. 48, Mary F. 21, Charlotte 15, John R. 13, Pleasant C. 11, Martha A. 10 (215)
MITCHELL, Lewis 35, Sarah J. 37, Thomas 12, Riley F. 10, Violet A. 9, Joseph E. 7, Mary F. 5, James L. 4, Sarah L. 2, John B. 7/12 (235)
MITCHELL, Melley 35 (m,B), Malinda 32, Major 17, Willie 3 (97)
MITCHELL, Patrick 23, Martha A. 22 (209)
MITCHELL, Ricd. H. 15* (231)
MITCHELL, Ruth B. 54 (211)
MITCHELL, Thomas 23, Julia 20, John W. 1, William 19 (214)
MITCHELL, Thomas 31, Martha 27, George 9 (212)
MITCHELL, Thomas E. 39, Vashte 32, William T. 11, Sarah E. 13, Susan F. 9, James M. 5, John B. 3, Mary W. 8/12 (207)
MITTEN, James H. 14* (15)
MOFFETT, Wm. 60*, Susan E. 55 (126)
MOFFITT, James 31* (63)
MONDAY, Sarah K. 66*, Andrew J. 25, John S. 22, Narcissa 42, Jennie 39, Lamenda 34 (122)
MONDY, J. T. 28 (m)* (135)
MONKS, Thomas 61, Elizabeth C. 57, Scyntha A. 30, Margaret 27, David 21, Thomas W. 20, Alfred 17, Eli 16, Louisa 13, Jackson 10 (223)
MONTGOMERY, A. 14 (m)* (B) (136)
MONTGOMERY, J. F. 42 (m)*, Susan H. 35, Wm. L. 19, May E. 16, Mary S. A. 14, Thomas J. 11, Olla A. 9, Robt. W. 5, Alla P. 3, Sarah A. 4/12 (239)
MOODY, Lawrence 26* (B) (233)
MOODY?, Isaiah 26* (B), Cornelia 25, Thomas E. 4, Letitia J. 2, Robert J. 8/12 (6)
MOON, C. W. 44 (m), Nancy 36, Nettie 12, Chas. S. 16, Grace 1 (25)
MOON, Frank L. 24, Drucilla 20, Charles 11 (145)
MOONEY, L. 57 (f)*, J. W. 30 (m), S. 25 (f), E. M. 3 (f), I. Y. 2 (f) (174)
MOORE, A. N. 32 (m), S. I. 25 (f), E. Cecil 4, Mary E. 2, Baby 2/12 (m) (80)
MOORE, Abner N. 42, Elizabeth A. 25, Mary E. 10, Sarah M. 7, Margaret A. 1 (80)
MOORE, Adam 70* (159)

1880 Census, Lincoln Co. TN

MOORE, Alexander S. 68, Mary J. 44, Jefferson D. 19, Frorinda E. 15, Thomas A. 11, Alexander S. 8, Rebeca E. 4, Julia 55 (B) (241)
MOORE, Andrew 24, Margaret E. 19, Mary L. 1, Nancy 40, Rachel 64 (79)
MOORE, Betty 45* (B) (161)
MOORE, C. W. 21 (m)* (B) (118)
MOORE, Caldonia 21 (B), Ben 1 (177)
MOORE, Charles 48 (B), Hagar 54 (f), Wiley 22, Hannah 33, George 17, Susan 8 (64)
MOORE, Clarence 4/12* (B) (107)
MOORE, D. F. 34 (m), Fannie 33, Jas. L. 7, L. E. 5 (f) (138)
MOORE, David 34, Caroline 33, Martha L. 10, Andy 9, John W. 6, George 4, Maggie M. 2 (87)
MOORE, F. 24 (m,B), L. 20 (f), H. 4/12 (m) (176)
MOORE, Geo. W. 23* (144)
MOORE, Granville 16* (B) (27)
MOORE, Green 53 (B), Sarah 45, Alfred 17, John 13, Eddie 9, Mary 4, Mary 36, Laura 12 (73)
MOORE, H. L. 29 (m)*, Sue E. 19, Willie J. 9/12 (84)
MOORE, Harriet 20* (B), Lawson 2 (93)
MOORE, Harris 28, Sarah M. 25, Martha F. 5, Kate 3 (207)
MOORE, Harrison (B), Sela? 30, Eliza 15, Henry 13, James A. 11, Eddie 9, Jefferson 7, Sallie 3 (4)
MOORE, Henderson 48 (B), Hannah 22, Fanny 6, Willie 1 (97)
MOORE, Henry 15* (B), James 8, Willie 6 (67)
MOORE, J. A. 33 (m), E. 27 (f) (130)
MOORE, J. H. 30 (m)*, Nancy 27, Ida M. 4 (138)
MOORE, J. T. 58 (m), Nancy A. 44, Arona 24, Lefery 16 (m), Lufoner 13 (f), Leona 10, Nannie 9, Ezella 7, Mancra 5 (m), Varota 3, Viola 10/12 (257)
MOORE, James 19, Rachel 25 (225)
MOORE, James Henry 52, Frances 45, William H. 20, Geo. W. 17, John 16, Martha 14, Elizabeth 8, Thomas 10 (153)
MOORE, Jeff 18* (60)
MOORE, Jenny 63* (B) (153)
MOORE, Jno. E. 4*, Doke 2 (137)
MOORE, John 52* (B), Hannah 52 (70)
MOORE, John C. 19*, Nannie L. 14 (19)
MOORE, John H. 65, Margaret 67, Mary F. 26 (81)
MOORE, John M. 21, Laura M. 19, Walter L. 2/12 (9)
MOORE, John M. 34*, Mollie 24 (82)
MOORE, Jos. 38, A. 29 (f), C. 6 (f), I. C. 3 (m), P. I. 1 (f) (172)
MOORE, Lizzie 56*, William F. 37 (70)
MOORE, Lucy 11* (B), Sammy 9 (105)
MOORE, Lucy F. 24*, Eulelah 22, Jas. L. M. 17 (71)
MOORE, Luther 21* (199)
MOORE, M. L. 22 (m)*, G. E. 22 (f) (136)
MOORE, Mag 23* (B) (107)
MOORE, Margaret J. 58*, Mary A. 59, Lewis H. 70 (145)
MOORE, Marth 50*, William 15, Elizabeth 32 (246)
MOORE, Martha 20* (75)
MOORE, Martha 57, Rufus T. 27, Walter T. 21, Wm. N. 17 (80)
MOORE, Martha G. 54, John H. 28, Susan E. 21 (147)
MOORE, Mary A. 55, Cyrus 29, Wilis A. 27, M. Fanny 25, Jno. H. 23, James 21, Robert A. 18, Charlie B. 15 (80)
MOORE, Michael 91*, Mary 89 (148)
MOORE, Minerva 38* (3)
MOORE, Nancy 41, Wiley 21, Sarah E. 22, Jeff D. 18, Mary E. 18, Willie D. 1 (62)

1880 Census, Lincoln Co. TN

MOORE, Robert 25* (B), Manda 22, Boby 4, Julia 1 (117)
MOORE, Robert 27, Lucy 24, Harvey 4, Charles 2 (58)
MOORE, Robert 54*, Margaret J. 54, Sarah 30, William G. 26, Thomas G. 23, Hugh P. 18, Robert H. 14 (9)
MOORE, S. 59 (f)* (B), V. 13 (f) (175)
MOORE, T. 38 (m,B), E. 35 (f), A. 16 (m) (175)
MOORE, T. M. 27 (m), Virginia 28, Willie 4, Ewen 3, Elma 1 (m) (137)
MOORE, Tempy 79* (136)
MOORE, Thomas 23 (B), Emma 22, McLellan 1 (70)
MOORE, Thomas 23* (B) (142)
MOORE, Thomas F. 46, Arminda E. 41, Thomas A. 17, Nettie V. 14, James R. 12, Hugh G. 4 (14)
MOORE, Thos. B. 33, Mary M. 30, Jas. F. 10, Thos. B. 7, Rosa May 5 (138)
MOORE, W. P. 58 (m)*, Margret 50, Wm. S. 29, Mary E. 18 (136)
MOORE, William 22 (B), Emma 21, Mary M. 2 (5)
MOORE, William A. 26, Minerva H. 21, Minnie L. 3/12 (9)
MOORE, William G. 50, Mary R. 31, Martha A. 18, John F. 16, Mary A. 14, Margaret C. 12, William D. 10, Sarah E. 8, James S. 6, Nancy E. 8, Alfred G. 2/12 (218)
MOORE, William H. H. 39, Cassina 38, Louanna 17, Elphus M. 10, John W. 9, James G. 7, Henry T. 5, Collins B. 1 (17)
MOORE, Wm. 21*, Elizabeth 18 (146)
MOORE, Wm. B. 40*, E. J. 25 (f) (137)
MOORE, Wm. E. 44*, Eliza 54, Andy 22 (B) (80)
MOORE, Wm. J. 25*, Areva 26, Joseph 5, Jessee E. 3 (88)
MOORE?, Sally 50* (B) (66)
MOOREHEAD, Jim 13* (B) (69)
MOOREHEAD, Saml. 70* (B) (63)
MOORES, Dick 36 (B), Puss 26, Elenora 12, Jinney 1 (100)
MOORES, J. K. 47 (m)*, D. I. 42 (f), J. M. 21 (m), E. K. 20 (m), W. C. 15 (m), C. R. 13 (m), J. A. 5 (m), B. 4 (f) (167)
MOORES, Mary 34 (B), Ebb 15 (m), Charlie 8, Jones 6, Mary Lou 1, Willie 4/12 (106)
MOORES, W. L. 37 (m), S. J. 36 (f), P.? S. 10 (m), J. A. 8 (m), I. 6 (f), E. 1 (f) (167)
MOORES, William H. 61* (227)
MOORHEAD, F. R. 36 (m)*, Delia 32 (91)
MOORHEAD, James 11 (B) (37)
MOORHEAD, M. 33 (m,B), Amos 24 (f), Emma 12, Josie 10, James 6, Rufus 1 (34)
MOORHEAD, Reuben 40 (B), Hester 38, Delia 11, John 8, Rufus 6, Geo. 1 (40)
MOORHEAD, W. M. 63 (m), Maria 60, Griffith 24, David 21, Rufus 19 (34)
MOORS, A. 30 (m)* (B), S. 37 (f), M. 13 (m), R. 10 (m), W. 8 (m), E. 6 (m), F. 4 (f), B. 6/12 (m) (175)
MOPPIN, John 3* (B) (282)
MOPPINS, Catharine 25 (B) (267)
MORE, Ed 51*, Martha J. 45, John 27, Pharaoh 10 (73)
MORE, Isaac B. 41, Lettia C. C. 45, Emma J. 10, David C. 9, Minnie M. 5, Mand 3 (224)
MORE, James A. 52, Sarah L. 44, Mary J. 23, William B. 21, Betty 18, Martha 15, Margaret 9, Silas 6 (218)
MORE, John 77* (224)
MORE, John R. 4* (B) (155)
MORE, Tom 47 (B), Easter 30, Albert 20 (161)
MORGAN, Ellen P. 71*, E. R. 30 (m) (91)
MORGAN, Geo. W. 33*, L. B. 29 (f) (108)
MORGAN, Geo. W. 65, L. Jane 52, A. W. 23 (m), Johnsie 18 (f), Jas. M. 21, Martha J. 19, Robt. H. 1 (29)

1880 Census, Lincoln Co. TN

MORGAN, J. M. 30 (m), Nancy A. 33, Nancy L. 6, Geo. W. 4, Jas. M. 1 (29)
MORGAN, John J. 42, Sarah L. 40, Suella 10, John S. 8, Mary E. 7, Allie 5, Kate 3 (91)
MORGAN, Lewis 65*, Samantha B. 55, M. C. 23 (f), Lula 14 (19)
MORGAN, Robert 19* (B) (265)
MORGAN, Smith 73*, Abigail 60, Mary 44, Martha 44 (113)
MORGAN, W. C. 47 (m)*, Nancy T. 44, W. S. 21 (m), A. S. 19 (m), Susan 13, Alexander 10, Elizabeth 8, Thomas 5 (93)
MORGAN, W. H. 32 (m), Sarah L. 31, Ida 8, Geo. W. 6, Tera 3 (29)
MORGAN, W. L. 26 (m), Susan E. 25, Geo. W. 4, Magnolia 2, Albert R. 3/12 (29)
MORRIS, Ann 20* (B) (142)
MORRIS, James 14* (18)
MORRIS, Lewis 49 (B), Phillis 40, Will 14, Cinda 17, Matt 12, Major 10, Addie 8, Gath 6 (f), Sam 4, George 2, James 1/12 (130)
MORRIS, Martha 24, James 4 (40)
MORRIS, Milly 53* (B), Lu 14 (m), John H. 10 (155)
MORRIS, Robt. 19* (113)
MORRIS, Saml. 26, Caladonia 22, Alice 6, Catharine 3 (154)
MORRIS, Samuel 22, Nancy 21, Anna 1, Elmore 6/12 (274)
MORRIS, Willie 16* (274)
MORRIS, Wm. 13* (B) (132)
MORRISON, Elizabeth 24, Betty F. 3 (151)
MORRISON, Geo. C. 30, Eliza J. 26, Maggie E. 7 (144)
MORRISON, J. 22 (m)* (171)
MORRISON, Jane 21*, Margarett 4/12 (257)
MORRISON, Joseph 7?* (1)
MORRISON, Robt. A. 50*, Emily J. 26, Susan C. 15, Thomas J. 15, Marion W. 7 (m) (148)
MORRISON, William A. 26, Elizabeth C. 26, Levi 1 (146)
MORRISON, William A. 26, Mary E. 23 (151)
MORRISON, William M. 65, Jane D. 61, Joseph P. 34, Benjamin W. 11, Katharine C. 9 (8)
MORRISSON, John H. 52, Mary 53, Mary J. 22, Margaret E. 20, John S. 16, Emma L. 14 (155)
MORROW, Jane 45* (B), Mary 12 (156)
MORTON, Amanda 20* (B), Emma F. 2/12 (144)
MORTON, Isaac 37, Nancy 38, Lavonia 14, Charles H. 11, Julia A. 6 (77)
MORTON, Joe S. 5* (B), John J. 2 (214)
MORTON, William 51*, Sarah M. 46, Buni Vista 25, Barachias 21, Zacharias 19, Thomas 14, Mary 11 (147)
MOSELEY, Anica 45* (B) (98)
MOSELEY, Lucy 8* (B) (56)
MOSELY, Gilbert 26, Margaret 21, James W. 1 (215)
MOSELY, J. B. 35 (m)*, F. E. 19 (f), R. M. 25 (m) (191)
MOSELY, John B. 17* (B), Robert 15 (17)
MOSELY, Logan 34, Mary J. 33, George G.? 4, Mary M. 3 (215)
MOSELY, Mary 50, Robert 27, Louisa 13 (213)
MOSLEY, Harrison 41, Sarah C. 36, Thomas L. 12 (220)
MOUNTCASTLE, W. E. 14 (m)* (157)
MOYERS, Francis M. 50, America 43, William S. 21, Britton W. 18, Luvernia 17, Susan E. 15, Jhon A. 13, Lucy A. 10, Henry A. 8, Cora C. 7, America M. 5, Francis M. 3 (269)
MOYERS, G. W. 56 (m), Selathey 58, Mary F. 26, James 22, G. J. 18 (m) (259)
MOYERS, Henry S. 41, Irena 33, Alonzo T. 2/12 (226)
MOYERS, J. M. 23 (m), Martha 21 (215)
MOYERS, J. V. 58 (m), G. A. 42 (f), F. W. 21 (m), Allis 16, S. H. 19 (m), D. H. 17 (m), S. A. 15 (f), J. T. 14 (m), G. W. 12 (m), J. E. 9 (m), L. V. 3 (f), F. E. 2 (f) (245)

1880 Census, Lincoln Co. TN

MOYERS, Peter 58, Mary 58, John 35, Mary 17 (215)

MOYERS, Solomon G. 51, Mary J. 41, Nancy J. 16, Sarah M. 11, James W. 9, William H. 3 (223)

MOYERS, T. 41 (f), K. 9 (f), A. 8 (f), R. 6 (m), B. 5 (m), E. 2 (f) (174)

MOYERS, Wm. T. 52, Martha J. 42, Thomas G. 17, Sarah Edna 22, Robert E. 12, Hardy W. 10, Fannie V. __, Curtis B. __, Jesse F. __, Mattie N. __ (99)

MULLEN, Jacob 40, Mary 40, William 16, Mary 14, Ella 8 (54)

MULLINS, Andrew J. 45*, Louisa 39, Elijah 20, Nix 15, Martin 10, Ella 8 (234)

MULLINS, Cal. 44* (197)

MULLINS, Columbus 23, Assena 21, Patrick B. 1, Virginia M. 11/12 (230)

MULLINS, G. C. 24 (m), N. L. 20 (f) (20)

MULLINS, George W. 30, Mary J. 38, William T. 1 (230)

MULLINS, J. C. 24 (m), S. C. 17 (f), Henry 8/12 (244)

MULLINS, J. K. 58 (m), Araminta 33, George 15, Fanny 12, Arabella 9 (196)

MULLINS, J. R. 37 (m)*, S. E. 46 (f), J. R. 18 (f), J. S. 16 (m), N. E. 12 (f), J. T. 8 (m), W. W. 6 (m) (244)

MULLINS, James 25, Sarah 21, Walton 3, May 11/12, Nancy 12 (237)

MULLINS, James M. 30*, Sarah 29, Fanny 12, Mary E. 5, Ella 1, William 18 (196)

MULLINS, Jno. M. 35, Alba 1 (f) (196)

MULLINS, Joel 45, M. C. 40 (f), J. M. 19 (m), S. E. 14 (f), M. J. 11 (f), Richardson 75 (244)

MULLINS, Joseph W. 36, Eliza 29, Mary E. 9, Ella S. 8, Vallie M. 3 (f) (222)

MULLINS, Lewis 27 (B), Hannah 60? (229)

MULLINS, Lewis 28, Susan 24, Jane 1 (214)

MULLINS, Lorena 28*, Melissa C. 9, James M. 8, Joseph G. 6, Fenton T. T. 2 (10)

MULLINS, Martha J. 33* (224)

MULLINS, Samuel 21* (B), Jane 25, Lucinda 2, infant 11/12 (m) (234)

MULLINS, Thomas 60, Martha J. 51, Sophia 17, Thomas 15, Jessie 14 (f), Joseph L. 9, Charly 4 (230)

MULLINS, Vince 37, Jane 44, William 13, Sarah F. 12, John 10, Mary J. 8, James P. 6, George 4, Albert 9/12 (231)

MULLINS, Vince 60*, Mary 64, Lee 16 (B) (234)

MULLINS, William C. 21, Mary V. 21, James C. 7/12, Martha A. 50 (12)

MULLINS?, William 42, Margarett 41, Mannon 21, James M. 19, William 16, Isaac 14, Martha E. 12, Fainer L. 10, Senar 6, Sarah 4, Harvey W. 1 (61)

MURDOCK, J. A. 29 (m)*, M. D. 29 (f), A. M. 9 (f), F. M. 8 (f), H. C. 4? (f), T. A. __ (m), S. B. __ (f) (187)

MURDOCK, Nancy 64* (181)

MURPHY, James R. 3* (B), Albert B. 3, Betha 48 (108)

MURPHY, Jno. L. 31, Mary B. 36, Minnie V. 3 (27)

MURPHY, Lewis 35* (B), Margret 24, Bettie 15, Eliza 11, Henry 5, Porter 3 (180)

MURPHY, M. S. 31 (m), L. C. 31 (f), J. M. 6 (m) (26)

MURPHY, Y. A. 29 (m)* (107)

MURRAH, Charles 59*, Rebecca 53, Moses R. 21, Milton M. 10 (4)

MURRAH, John H. 28, Martha A. 25, Ada 6, Irena 2, Ella S. 2/12 (4)

MURRAH?, Charles A. 25, Susan B. 21 (4)

MURRAY, A. H. 50 (m), Susan J. 37, M. B. 10 (f), John D. 7, Wm. T. 5 (186)

MURRAY, Geo. W. A. 56, Charity 50, Mary 22, Matilda 20, Geo. W. 18, Miles J. 16, Peter 11 (150)

MURRAY, Lincoln 26, Manda 22, George M. 1 (150)

MURRAY, P. T. 54 (m), Mary Ann 45, James A. 20, Donna E. 18, Beulah B. 14, Annie C. 9 (94)

MURRAY, R. F. 27 (m), E. L. 26 (f), John 2, Sammmie 4/12 (194)

MURRY, William 38* (B) (271)

MUSE, Jessee E. 33*, Sarah E. 33, Thomas O. 11, Jessa J. 8, Mary B. 6, Felix W. 4 (153)

MUSE, John R. 27, Mary F. 27, Mary Ida 7, Nancy E. 5, Minnie C. 1 (153)

MUSE, Joseph B. 29, Nina E. 24, Lois A. 6, Corah A. 4 (f), Janie 2, Minnie M. 1 (9)

1880 Census, Lincoln Co. TN

MUSE, Kendrick H. 59, S. A. 41 (f) (25)
MUSE, Thomas B. 23*, Sarah E. 23, Sarah A. 4, Marion E. 9/30 (153)
MUSGRAVES, M. E. 51 (f)* (59)
MYAR, James 21, Adelia 16 (213)
MYARS, James H. 28, Susan J. 29 (210)
MYARS, Riley 35, Josephine 39, Dotia 19, Beda 3 (210)
MYARS, Sandy 38? (m)* (B), Lydia 58, Robert 16, Alexander 10, Lela 3 (210)
MYRES, L. A. 6 (f)* (B), Josephine 3 (253)
MYRICK, L. P. 70 (m), Elizabeth 28, Jas. A. 22, Tribble L. M. 8, A. T. 4 (m) (18)
NAIL, Jeff 28 (B), Mary V. 26 (152)
NALLY, Jane 63, Elizabeth P. 35, W. H. J. 25 (m), Sarah 27, Amos 4 (24)
NASSEAUR, H. 47 (m)*, A. 42 (f), Bettie 16, Isaac 12, Hannah 9, Marcus S. 5/12 (92)
NEAL, Blanch 9* (B) (116)
NEAL, Cupe 25 (m,B), Elizabeth 23, Cupe 7, Lula 1, Lucy 14 (140)
NEAL, F. M. 20 (m)* (256)
NEAL, George 25, Amanda 21, Claude A. 4, James W. 2 (211)
NEAL, Lewis 47* (B), Elizabeth 39, William 11 (100)
NEAL, R. R. 38 (m) (208)
NEAL, Sarah 40, William 20, Thomas 14 (197)
NEAREN, D. L. 27 (m), Mary R. 29, Wm. B. 4, John T. 2, Maggie Lee 1/12 (183)
NEARIN, Francis 27* (B), Henry 12, Willie 10, Tom 6, Teppie 5 (f), Lillie 3, Enreth? 1 (m) (179)
NEARIN, Lee 26 (m)* (B) (182)
NEAVES, J. J. 31 (m), W. T. 29 (m) (244)
NEECE, Ida 4* (60)
NEECE, Littleberry L. 39, Frances A. 33, Emma S. 13, Martha F. 8, Edward F. 7, Maggie C. 2, Joel R. 17 (8)
NEECE, William 21* (B) (8)
NEECE, William 40, Mattie 41, Mary 19, Joel 17, William 11, Sallie 9, Bell 7, Berry 5 (50)
NEEL, Isaac 25, Adaline 30, Anna 4 (36)
NEEL, Marcus 51 (B), Margaret 38, Wiley 17, William 15, Lewis 13, George 10, Budd 6, Mary 2 (51)
NEELD, Green 29 (B), Charlotte 26, Jennie 7, Clarence 4, Alice 36 (108)
NEELD, John D. 34, Lucy C. 28, Jessie I. 9, Emma E. 7, Bertha 5, James H. 1 (91)
NEELD, Josephus 50 (B), Jane 46 (225)
NEELD, Nancy 82*, Rebecca 57 (104)
NEELD, Thos. J. 36, Sarah E. 35, Zula E. 12, Kalista A. 10, Charles T. 2 (73)
NEELD, W. P. 61 (m), M. M. 59 (f), J. N. 23 (m), M. M. 18 (f), Chas. F. 15 (20)
NEELY, Eli A. 25, Sarah J. L. 25 (11)
NEELY, Elias H. 68, Nancy E. 54 (11)
NEELY, Joseph N. 35, Sarah P. 32, Elias D. 11, John A. 9, SAmuel N. 7, Rufus 5, Eddie 3, Maggie V. 11/12 (11)
NEELY, Mary 26* (84)
NEEVES, John 65, Nancy 53, Mahala 31, John 28, Willis 26 (221)
NEIL, Charlie A. 16 (f)* (30)
NELSON, Aaron 17* (B) (188)
NELSON, Mary 30 (B), Rufus 17, Montgomery 10, Monroe 10, Grace 4 (213)
NELSON, Sallie 40* (B), John 14, Perry 7, Ida Jenny 7, Jefferson 19, Susanah 16, Ula 10/12 (78)
NELSON, T. J 56 (f)* (185)
NEUMAN?, J. W. 48 (m)*, Sarah M. 44, T. W. 23 (m), Allen? H. 21, Jacob? 19, William 13, Martha A. 11, Caroline A. 9 (93)
NEVILL, H. 36 (m)*, Madora P. 34, Emma A. 12, Ora P. 8, Pleasant 6, John O. 4 (103)
NEVILLS, Bill 36 (B), Julia 40, Frances 17, Tillman 13 (101)
NEWBY, Benjn. B. 40, Narcissa 40, Charley 11, George 9, Henrietta 5, Thomas 3 (205)

- 95 -

1880 Census, Lincoln Co. TN

NEWMAN, B. C. 38 (m), Lillie M. 30 (92)
NEWMAN, C. E. 32 (f)*, Alice 8, Newal 6 (f), John Henry 2 (69)
NEWMAN, James 30, Semirah 27, Lizzie 8, Axie 6 (f), John 4, Thomas 2 (54)
NEWMAN, James 44*, Mary 36, Bettie? 10, Nancy 8, William 3, Felix 4/12 (44)
NEWMAN, Martha 25* (108)
NEWMAN, Thomas E. 27, Alice 22, James A. 4, Raymond E. 2, Charles 6/12 (199)
NEWMAN, W. A. 24 (m), Easter 24, DAvid 4, Edward 2 (199)
NEWSOM, George 36, Eliza 30, Mary 5, Willie 2 (75)
NEWSOM, J. W. 44 (m), Sally C. 40, James L. 18, Eugene H. 14, Henderson O. 12, Robert L. 8, William E. 6 (120)
NEWSOM, Mariah 60* (B) (61)
NEWSON, Calvin 30 (B), Martha 21, Ben Wilson 4, William 2, Fannie 3/12 (66)
NEWTON, Brazier 15* (63)
NEWTON, G. W. 40 (m)*, Sarah 52 (164)
NEWTON, Pink Y. 29 (m)*, O. 22 (f), E. H. 2 (m) (164)
NEWTON, T. 66 (m)*, C. T. 75 (f) (164)
NEWTON, W. G. 33 (m), Louisa A. 39, Hanah C. 12, John W. 11, Clarissa 8, George C. 5, Thos. F. 2 (230)
NICHOLS, Briggs 46, Alcy 41, James M. 21, Wm. Henry 18, John R. 14, Mary M. 12, Littleton 10, Calvin L. 7, Benjamin F. 4 (151)
NICHOLS, C. A. 38 (f), Martha P. 21, Andrew J. 19 (154)
NICHOLS, J. S. 22 (m), Luther L. 3, Martha F. 54 (185)
NICHOLS, Tom 35* (150)
NICHOLS, William 40, Mary S. 40, John P. 15, Peter Gunn? 13, George W. 10, Charles M. 3, Beccy E. 7 (155)
NICHOLS, William H. 51, Nancy J. 37, Elizah 8, Moses 6, Theodocia 3, Mary C. 1, Frances 30 (153)
NICKOLSON, Arther 69 (B), Sharlotte 50 (181)
NICKS, Lizzie J. 21*, Emma 3, William B. 2, Jordan 10 (B) (223)
NICKS, Louisa A. 27* (265)
NIPPERS, Frank 28, Rosa 28, Thomas 1 (131)
NIRREN?, B. F. 56 (m), Elizabeth 52, Margaret 21 (160)
NIX, Asa 31, Louisa 30, Lillie 8, Mollie Jr. 7, Sallie 5, Lula 2, Hora 4/12 (m) (33)
NIX, Nancy J. 45*, Lucinda 18 (264)
NIX, Sanders 33, Martha 39, William 14, James 11, Emma 9, Maggie 6, Bettie 10/12 (34)
NIXON, Martha 30 (B), Henry W. 14, Rufus 10, Bettie 7, Nancy J. 5, Jackson 2 (76)
NIXON, William 42, Mary 44, Nancy 36, Dovie 34 (269)
NOAH, Joe 29* (117)
NOAH, Tom 38, A. 34 (f), J. W. 13 (m), M. O. 10 (f), T. 7 (m), M. 5 (f), S. 3 (f), W. 1 (m) (166)
NOAH, W. B. 35 (m)*, S. E. 33 (f), F. A. 11 (m), M. C. 9 (f), S. O. 7 (f), E. L. 4 (m), N. J. 1 (f) (174)
NOBLES, Alf 34* (B), Ann 41 (179)
NOBLES, James 27* (B), Margret 34, John 8, Ada 6, Mary 4, Other 2? (m), unnamed 1/12 (f) (178)
NOBLETT, Abram 21, Josie 25, Annie E. 1 (62)
NOBLETT, Dudley 25 (B), Ann L. 27, Henry 14 (204)
NOBLITT, J. M. 42 (m)*, E. F. 39 (f), W. T. 16 (m), Mary J. 11, Elijah 9, Louella 6, Robert 4 (60)
NOBLITT, Jasper 44*, Kate 47, Sarah 65, Leona 18, Boon 12 (59)
NOLES, Julia 23*, Bettie 80 (37)
NOLES, Laura 16*, Authur 1 (41)
NOLES, Robert 22 (B), Julia 26, Henry 8, Margret A. 4, Bell 2, Mary 1 (267)
NOLES, Sabray 30 (f) (37)
NOLES, William 50, Elizabeth 26, Mathew 16, Benj. Jr. 6 (37)
NORMAN, Daniel 27* (273)
NORMAN, Felix 14* (268)

1880 Census, Lincoln Co. TN

NORMAN, James 34?, Nancy 21, William 2, Kelly 69 (281)
NORMAN, Jhon J. 33, Julia A. 24, Martha A. 6, James V. 1 (280)
NORMAN, Jhon W. 17* (273)
NORMAN, John 25, S. E. 24 (f), T. B. 3 (m), T. S. 8/12 (f) (169)
NORMAN, Margret L. 2* (272)
NORMAN, Mary E. 28, Robert F. 7/12 (268)
NORMAN, Robert K. 18* (268)
NORMAN, W. 19 (m)* (169)
NORMAN, William 63, Sarah 59, Newton 21, Fannie 21, Jane 18, Dora 12 (280)
NORMAN, William C. 32, Lucinda 36, Elizabeth 12, Jhon 10, Palice 8 (m), Martha 6, Alice 4, Mary F. 3 (280)
NORMAN, Wm. 36, Jane 16, Sallie 9, Joseph 13, George 9 (51)
NORRIS, Allen 32 (B), Mary 30, Mollie 11, Isome 8 (f), Rufus 5, Daniel 2, Harres 9 (m) (48)
NORRIS, Mary Ann 72* (B), Rufus 23, Pink 21 (f) (98)
NORRIS, Willie 4* (B) (98)
NORTHCUT, Isaac 50, Fily Ann 47, Bell Z. 18, Maggie 15, CAroline 12, Mary 10, Adrian 5 (f), Samuel 4 (254)
NORVELL, Elijah A. 35*, Elizabeth 34, Bell 11, Ernest C. 9, Georgia F. 7, Eddie 5 (146)
NORVILL, Sallie 6* (59)
NOVEL, William 34, Martha 34, Jennie 9, Thomas 8, Nathan 4, Mary Susie 1 (61)
NUNLEY, J. P. 21 (m), Lou 20 (f), Elihue 11/12 (256)
NUNLEY, John 55, Elvira 51, Mary 8, Adam W. 6 (256)
OAR, Vena 16* (B) (180)
OARKS, John 12* (263)
OBRYAN, John 26, Esther 21, William 20, John Jr. 17, Thomas 13 (49)
ODAHAM, Sam? 72, Elizabeth 63, James 19, Adline 18 (258)
ODHAM, S. S. 35 (m), M. E. 36 (f), Adolphus 9, Sarah E. 7, James 6 (253)
OGILVIE, R. H. 40 (m)* (106)
OGLETON, W. H. 38 (m,B), Bedy Ann 22, James 11, Maggie 10 (100)
OKES, Mack 17 (50)
OLD, Milly 75* (B) (143)
OLDFIELD, J. 50 (m), A. 53 (f), S. A. 22 (f), W. G. 20 (m), J. M. 19 (m), L. C. 16 (f), A. 14 (m), A. 14 (m) (21)
OLDHAM, W. R. 39 (m)*, S. J. 39 (f) (115)
OLDS, Andy 22* (B) (115)
OLDS, John C. 35*, Isabella 25, Eliza A. 68 (153)
OLES, Benjamin 24 (B), Harriett 23, Emma 6, Charley 3, Martha 2, Hannah 45 (49)
OLIVER, Jefferson 30 (B), Rebecca 30, Birdie 1 (m), Camina 50, Daniel 20, Bickey 11 (m) (208)
OLIVER, Mary 22* (B), William 4 (4)
OLIVER, Sarah 64, Nancy A. 21 (210)
OLSEN, Thomas 45*, Margaret 30 (82)
ORICK, J. W. 28 (m)*, M. J. 25 (f), Mattie L. 1, S. C. 31 (f) (129)
ORR, John S. 40, Mary C. 38 (77)
ORR, Shelburn? 28, Sarah 27, Newton 10/12, William S. 31 (273)
ORRICK, Thomas 29, Fannie J. 28, Wm. Frank 8, John M. 6, Charles 3, Fannie 25 (83)
ORRICK, William 57*, Amanda 44, Tennessee 24, Rabecca B. 18, Ellen 16, Billie Etta 14, Mollie 12, Ida 10, Louisa 7, Willie 5 (f) (81)
ORRINGTON, Jas. H. 18* (77)
OUSLEY, Elijah 46, Bettie 38, Robert 14, Flora A. 8, Jas. Walter 7 (64)
OUSLEY, Jas. P. 40, Mary 39, Maggie 20, Emmet 19, Mary B. 14, Samuel 12, Rebecca 8, Lou Ida 6, Minnie 5, Ellis 2 (61)
OWEN, Cansada 57, John W. 21, Robert H. 19 (206)

1880 Census, Lincoln Co. TN

OWEN, J. A. 57 (f), Margret B. 55, M. E. 54 (f) (180)
OWEN, L. 30 (f)* (B), S. 3 (f), A. 8/12 (m) (167)
OWEN, M. L. 66 (m), Susan A. 64, Thos. 8, Wm. 11 (177)
OWEN, Oliver P. 50, Mary A. E. 49, James W. 20, Addie A. 15, William B. 14, John T. 8 (13)
OWEN, R. J. D. 27, Sarah A. 26, Mary E. 4, Martha 2 (207)
OWEN, W. C. 35 (m), S. E. 30 (f), W. P. 11 (m), S. A. 9 (f), J. M. 1 (m) (193)
OWENS, A. 16 (m)* (B) (167)
OWENS, H. 30 (m,B), L. 65 (f) (168)
OWENS, John 52, Rachel 40, Willa 14, Walter 11 (200)
PACK, Francis M. 35, Mary M. 31, James M. 14, Mattie B. 12, John F. 10, Mary E. 8, Julia Montine 5, Jenny E. 3, Georgeanna 1 (148)
PACK, James 31, Nettie 28, Oscar 7, Ula 6, Dora 5, Tilden 3, Fletcher 1 (76)
PACK, Mary 56* (77)
PAGE, George W. 37, Elizabeth M. 29, Rozetta 10, Millie A. 7, William W. 4, John R. 1/12 (14)
PAGE, Morris 18* (B) (132)
PAIN, John F. 37, Mary A. 38, Zebediah H. 15, Joel H. 12, Nancy J. 3 (236)
PAINTER, James 48, Ormicinda 43, George 11, Thomas 7, Queen? 4 (41)
PAMPLET, J. 29 (m,B), N. 65 (f), L. 20 (f), F. 8/12 (f) (172)
PAMPLET, Joe 30 (B), Mary 27, Tom 8, George 6, Andrew 4, Henry 2, N. A. 1/12 (f) (162)
PAMPLIN, Aleck 20* (B), Sally 19, Charlie 1 (102)
PAMPLIN, Andrew 42, Victoria 24, Ella 4, Etta 3, Octavia 2 (m), Leoda 2/12, James 26 (46)
PAMPLIN, Cynthia 61* (86)
PAMPLIN, E. M. 20 (m)*, S. 18 (f), L. 5/12 (f) (166)
PAMPLIN, Elizabeth 45*, Idella 18, Beulah 16, Walter 14, Oscar 12 (158)
PAMPLIN, Ella 13* (47)
PAMPLIN, Francis 37, Cynthia 37, Milton 15, Rebecca 13, Rufus 11, Mary 8 (48)
PAMPLIN, Henry 48, Mary 41, William 15, Veturie 11 (f), Ida 7 (54)
PAMPLIN, Ike 35* (B) (116)
PAMPLIN, Isaac 74 (B), Sophia 56, Isaac 23, Joseph 21, Caroline 18, Sarah 16 (267)
PAMPLIN, Jas. H. 55* (158)
PAMPLIN, John 38, Caroline 30, Elijah M. 12, Sarah 9, Margaret 25 (83)
PAMPLIN, John 40, Lucy E. 36, Wm. Alex 16, Della E. 14, Cynthie A. 12, Fantie H. 8 (m), Walter G. 2 (88)
PAMPLIN, Joseph 41, Mattie 37, Elizabeth 16, William A. 12, Wesley A. 11, Jo Diemer 6, Alonzo 3 (83)
PAMPLIN, Lucinda 60* (83)
PAMPLIN, M. 15 (M)* (B) (156)
PAMPLIN, M. A. 36 (m)*, Mary Ann 21, Madery 1 (f), Lavina 74 (83)
PAMPLIN, Mary? 65 (208)
PAMPLIN, Wiley 19* (59)
PAPALANUS, B. S. 24 (m)* (143)
PARDEN, Angelina 32 (41)
PARISH, Allen A. 30, Sarah R. 28, Peachia E. 12, James M. 6, Solamon A. 3, Charles 6/12 (269)
PARKER, Alfred 25, Martha 21, John 4/12 (47)
PARKER, William 58, Martha 56, Jesse 22, William Jr. 19 (47)
PARKER, William W. 51, Nancy E. 50, Jhon W. 18, James I. 14, Elizabeth B. 11, Joseph P. 8 (273)
PARKINSON, Alfred B. 22* (117)
PARKINSON, Griselda 55*, Lewis W. 31, Hettie A. 23 (9)
PARKINSON, Hugh 61, Esther L. 59, Martha B. 30, Samuel M. 27, Elizabeth C. 18 (16)
PARKINSON, James 46, Mary 42, Delia 15, Martha A. 13, Gilbert G. 11 (222)
PARKINSON, Milton B. 29, Cora E. 28, Hugh H. 1 (229)
PARKISSON, Rufus C. 24, Dora M. 19, Olive G. 1, Alfred B. 20, Eliphas M. 19 (224)

1880 Census, Lincoln Co. TN

PARKS, Andrew 51* (B), Celia A. 40, Zachariah 21, Shed 19 (m), Mary A. 7, Susan 6, Napoleon 10/12 (219)
PARKS, C. 19 (m)* (B) (165)
PARKS, Cesar 16* (B) (3)
PARKS, Edmun 65* (B), Lizzie 65, Edward 15 (52)
PARKS, Elisha 40*, Mary A. 35, Newton 13, Ottmah 10 (m), Earnest 8 (64)
PARKS, Green 23 (B), Mary 20 (52)
PARKS, H. B. 33 (m), Bettie 24, Ben E. 10/12, M____ 63 (f) (64)
PARKS, Henry 35 (B), Martha 30, Nancy A. 51, William 13, John L. D. 10, Harmon 7, Vandie 3 (m), Ed Brit 1 (67)
PARKS, J. V.? 50 (m), M. C. 44 (f), J. H. 21 (m), E. W. 18 (f), W. M. 14 (m), M. F. 4 (f), L. M. 8/12 (f) (190)
PARKS, James P. 19 (B), Amanda 17 (3)
PARKS, Jesse 52, Mary 30, Thomas 23, Alice 20, William 18, Matthew 17, Lizzie 13, Chas. 8 (53)
PARKS, Joel 30*, William 28, Aaron 26, Josie 20 (m) (50) .
PARKS, Joel 42, Mary 28 (51)
PARKS, John M. 68, Margret 50, Thos. 18, James 14, William 12, B. F. 9 (m) (188)
PARKS, Junas 32 (m,B), Tempy 50 (65)
PARKS, Lewis 30 (B), Rosa 28, William 13, Bettie 10, Mary A. 7, Harvey 5, Jackson 3 (65)
PARKS, Thomas 28 (B), Eliza 30, James 7, Any 4 (f), Jonas? 2, Bob 4/12 (65)
PARKS, Wesley 18* (B) (124)
PARKS, Wm. 35, Sallie F. 26, B. Oscar 5, Horace 3, Wm. R. 1 (64)
PARR, F. P. F. 49 (m), Emma 30, Zebulon 14, Martha 7, William F. 4 (217)
PARR, Isaac C. 44, Jane 40, William 13, John 11, Zebulon 8 (217)
PARRILL, E. B. 62 (m), Hannah 59 (95)
PARRISH, Nancy 23, Eliga 4, E. M. 2 (m) (245)
PARSONS, John C. 29*, Nancy C. 33, James M. 12, Martha E. 9, Rhoda C. 7 (4)
PARTAIN, Hiram 88*, Evaline 56, Hiram Jr. 28, Robert W. 24, Maggie 22, Alice 20 (75)
PATE, Lucy A. 27*, Susan 19, Jhon? D. 17 (274)
PATRICK, John 71, Mary 67, Mary J. 46 (255)
PATRICK, W. E. 47 (m), Margarett A. 47, James B. 20, A. J. 18 (m), General Forest 17, Thos. L. 15, Pleasant F. 12, Henry C. 10, Anna B. 6 (255)
PATTEN, A. F. 51 (m)*, May 33 (128)
PATTEN, W. A. 54 (m)* (128)
PATTERSON, Albert 17* (B), J. 15 (m), W. 13 (m) (168)
PATTERSON, Andrew J. 35, Anny E. 33, Mary M. 12, Ida M. 10, Malissa T. 8, Andrew T. L. 5, Anna M. 3, Archibald 8/12 (241)
PATTERSON, Della 18* (B), James 28, Mary 1 (100)
PATTERSON, E. R. 57 (f)*, Belle V. 21, David H. 27 (195)
PATTERSON, Elizabeth 42*, Wyat 21 (84)
PATTERSON, Frank 19* (B) (169)
PATTERSON, James F. 30, Sally 26, Logan 2, Walter C. 4/12 (195)
PATTERSON, James H. 48* (235)
PATTERSON, Jno. C. 27, S. N. M. 25 (f) (25)
PATTERSON, John 25, Mary J. 32, Wm. A. 8, James M. 3, John T. 6/12 (241)
PATTERSON, Lucy A. 43*, James F. 23, Wm. S. 20, M. A. 17 (m) (195)
PATTERSON, Nelson 28 (B), Martha A. 23, Caroline V. 8, Lulitha 7, George M. C. 6, Elijah 3, Dallas 1 (228)
PATTERSON, Patsey 60* (B) (196)
PATTERSON, R. T. 28 (m), Martha J. 23, D. M. E. 7 (f) (29)
PATTERSON, Robert 35 (B), Catherine 22, William 11, Elisabeth 9, Dell 6 (f), Dee 4 (f), Jenney 8/12, Adda 5 (196)

1880 Census, Lincoln Co. TN

PATTERSON, Robt. 68, S. A. 59 (f), J. H. 21 (m) (21)
PATTERSON, S. E. 35 (f), J. J. A. 11 (m), M. E. J. 9 (f), Susan O. 6, Jennie C. 5, Biddie T. 3, Debby C. 2, Thos. W. D. 10/12 (178)
PATTON, James C. 44, Sarah E. 24, William I. 5, Walter E. 3, Martha J. 2, Mary V. 6/12 (153)
PATTON, Mary A. 51*, Nancy 21, Alexander 11 (6)
PAULIS, William 22, Almedia 30, Alice 4, Minnie 2 (50)
PAYN, William 24, Jennie 16 (36)
PAYNE, George 33, Nancy 30, Lou 10 (f), Thomas 8, Lorney 6 (m), Curticer 1 (f) (36)
PAYSINGER, F. P. 35 (m), Frances B. 31, Hugh M. 13?, Charles 3, Pearl 2 (206)
PAYSINGER, M. A. 55 (f), George 22, Allen F. 21, Felix G. 19, Martha H. 17 (197)
PAYSINGER, Orlena 38*, Elizabeth 12 (200)
PAYSINGER, W. B.? 32 (m), Eliza 38, Cora F.? 3 (198)
PEACH, Lewis 44*, Susan 32, William 71 (98)
PEAL, Joseph 53, Mary Ann 47 (72)
PEARCE, James 25, Mary Jr. 22 (51)
PEARCE, M. J. 21 (m), M. A. 24 (f), D. A. 1 (f) (169)
PEARCE, Mary 21* (60)
PEARSON, C. M. 34 (m), Fannie 34, James 12, Lizzie 10, Lou 8 (f), Fannie 5, Ollie 3 (f), Tommie 4/12 (f) (156)
PEARSON, Lutitia 28* (196)
PEARSON, Margt.? S. 35 (101)
PEARSON, N. A. 28 (m)* (110)
PEARSON, N. J. 52 (m), S. E. 33 (f), Betty J. 7, Mary N. 4, James H. 23 (141)
PENDERGRASS, Cordelia 18* (112)
PENDERGRASS, W. G. 23 (m), Mary V. 21, George W. 1 (98)
PENICK, Loucinda 66* (B) (188)
PENTICOST, H. W. 64 (m), Permelia 56, Mary A. 34, Wiley H. 25, Violet 21, Ida 18, Della 16 (210)
PEOPLES, Sarah 444448, Bettie? 22, Margaretta 16, William 13 (197)
PEOPLES, Thos. B. 21, Susan A. 28, Caroline 1 (214)
PEPPER, Theophilis 42, Jane 37, Sallie E. 17, John C. 15, Levi L. 14, James S. 12, Nancy A. 11, Willis E. 9, Oscar N. 5, Frances A. 3, Julia P. 9/12 (236)
PERCEY, Joseph W. 36*, Vadora A. 27, Clara E. 7, Charles B. 4, unnamed 4/12 (m) (145)
PERCY, Calvin 53 (B), Nancy 27, George 6 (251)
PERKIN, William 73* (151)
PERKINS, D. M. 74 (m)*, C. I. 29 (f), F. E. 23 (f), D. V. 21 (m) (169)
PERKINS, Fannie? 24* (121)
PERKINS, G. 16 (m,B) (169)
PERKINS, J. W. 34 (m)*, S. H. 26 (f), I. O. 3 (f), C. N. 2/12 (f) (168)
PERKINS, L. 10 (m,B) (174)
PERKINS, Ron 28 (B), Lucindy 25, U. I. 3 (f), Mat 1 (m) (194)
PERKINS, S. 50 (f)* (B), M. 13 (f), T. 9 (m) (170)
PERKINS, Sol 28 (B), Anna 21, Lawson 15, Jacob 6 (100)
PERKINS, Wm. 10* (B) (118)
PERRELL, William 25, Mollie 21, Edda W. 1 (m) (234)
PERRY, James W. 54*, Nancy E. 49, William M. 19, Woodruff 22, James M. 15, Leone 13 (f), Robert S. 11, Edward 8, Walter 7, Erskine 2 (208)
PERRY, Mary 88, Sallie 53, Newton 21, George 19, Caroline 15, Sopha 13 (36)
PERRY, Philander 25, Mary 20 (40)
PETTES, H. N. 27 (m), T. V. 22 (f), Eliza C. 3, Wm. H. 1/12 (186)
PETTEY, Richd. 51*, Margt. C. 38, Gertrude 9, Annie C. 7, Burton 1, W. W. 60 (m), Cornelia 40, Newton E. 33 (95)
PETTIS, Mary E. 42*, Harmon 4/12 (227)

1880 Census, Lincoln Co. TN

PETTY, Clinton R. 62, Eliza 49, Martha A. 28, Cornelia B. 20, Clinty 18 (f), George 16, Johnnie 14, Fannie T. 11, Maggie B. 8, Dewitt H. 5 (232)
PETTY, Ralph 59, Minerva 58, John 32, Lucy J. 25, Martha 23, Catherine 18, Morgan 15, Bryant L. 13 (241)
PEYTON, Elizabeth 52*, Cornelius S. 12 (274)
PEYTON, James M. 22, Martha 20, Tine Ida 2/12 (274)
PEYTON, W. H. M. 48 (m), N. R. 22 (f), J. M. 14 (f), W.H.M.J.T. 9 (m), J. W. D. 3 (f) (180)
PHAGAN, John 22*, James P. 15 (247)
PHAGAN, William A. 21*, James T. 20 (9)
PHELPS, Adam 52?* (B), Harriett 48, Britton 22, Ceiley 18, Bella 16, Hardy 16, Fanny 12, Harriet 9, Walton 6, Willie 2 (66)
PHELPS, Riley 26* (B), Fanny 24, Huldy 45 (70)
PHELPS, Tom 20* (B) (145)
PHILIPS, John 21* (B) (184)
PHILIPS, Mary 48, Wesley 21 (220)
PHILIPS, Peter 35, Eglentine 30 (f), John T. 12, Frances J. 11, Charles 5, Linnie? 3, Polly 2 (149)
PHILIPS, Thomas 32, Louisa 22, Emily R. 4, Agustus M. 1 (199)
PHILIPS, William T. 25*, Victoria 21, Henry A. 11/12 (220)
PHILLIPS, Eliza 55, Edward 18, Frank 17, Louisa 16 (53)
PHILLIPS, James M. 24*, Eliza 27, Lilly E. 1 (235)
PHILLIPS, R. J. 51 (f), J. W. 26 (m), A. H. C. 16 (f), E. R. 14 (f) (25)
PHILLIPS, Wm. H. 38, Nancy A. 29, Abbey 12, Leroy 10, Viney J. 6, George 5, Elsey 4 (m), Alma 1 (237)
PHILPOT, Barbary 67* (229)
PHILPOT, Franklin 50, Drusilla J. 56, Mary 18, Isabella 14, William F. 11 (204)
PHILPOT, Isaac 17 (B) (205)
PHILPOT, Joseph 49*, Nancy J. 44, Nora 14, Joseph C. 12, Emma 8 (233)
PHILPOT, Proffet 10 (B) (207)
PHILPOT, Wm. 34*, Frances 29, Luther 1 (71)
PICKET, E. 75 (m)* (20)
PICKET, Thos. R. 33, M. E. 32 (f), C.R.M.M. 10 (m), I.L.E.M. 8 (m), J. D. 6 (f), J. W. F. 5 (m), J. E. 1 (m) (20)
PICKITT, George W. 37*, Jane 31, Henry B. 9, Lorena B. 7, Jhon T. 3 (275)
PICKITT, Mark H. 66, Mary J. 35 (275)
PICKLE, Squire 65*, Harriet 55 (132)
PICKLE?, James 34, Josaphine 21, Minnie 4, Ira 1 (275)
PIERCE, C. C. 50 (m)*, Mary A. 39, J. W. 21 (m), L. L. 15 (f), Sam T. 10 (18)
PIGG, Beverly 64* (B), Sharlott 49, Mary E. 9 (179)
PIGG, Cebron 65 (m)*, Martha 65, Sis 40, Fannie 24 (133)
PIGG, Edmond 75, Clabron 48 (184)
PIGG, J. H. 39 (m)*, D. L. 37 (f), W. F. 16 (m), J. T. 15 (m), E. L. 13 (m), R. C. 11 (m), J. B. 9 (m), P. 7 (f), O. S. 4 (m), M. E. 1 (f) (157)
PIGG, Joel T. 46*, Martha 39, S. B. 14 (m), A. L. 12 (f), Jas. C. 8, J. T. 6 (m), Joel M. 3 (135)
PIGG, John 32*, Ida B. 22, James E. 3, Rebecca 2 (182)
PIGG, John Sr. 70, Sarah D. 66, D. A. 43 (f), Sarah E. 39, Mary C. 36, F. E. 25 (f), V. E. 23 (f) (138)
PIGG, Mary 55 (135)
PIGG, Sallie 14* (B) (136)
PIGG, T. J. 33 (m), M. D. 32 (f), Wm. M. 15, Willis S. 13, M. L. 11 (f), John R. 7, S. A. F. 6 (m), R. W. 3 (m) (185)
PIGG, Tom 38 (B), Jane 35, Lou 22 (f), Charley Mat 12, John S. 11, Docia E. 7, Mary I. 6, Ella N. 5, Thos. M. 1 (182)
PIGG, W. 15 (m)* (B) (175)

1880 Census, Lincoln Co. TN

PIGG, W. S. 41 (m), S. M. 39 (f), W. T. 19 (m), C. O. 14 (f), Jas. H. 11, D. F. 8 (m), John C. 6 (182)
PIGG, William F. 30*, Victoria J. 30, Ida H. 8, Maggie G. 1 (153)
PIGGG, Jno. N. 62*, Mary 58, Thos. D. 23 (137)
PILANT, Gabriel M. 29*, Sallie J. 26, Eddie 8, Ethel 6, John 5, Maretta 3, Archibald 1, Archibald 20 (147)
PILLOW, Abbert 21* (B) (143)
PILOT, J. G. 36 (m), G. 33 (f), S. A. 14 (f), M. 13 (f), L. 7 (f), S. E. 4 (f), G. 2 (m) (170)
PINCKNEY, Sam 23* (B) (112)
PINKERTON, Brown 41*, Sarah J. 40, Henrietta 11, David S. 4, Maggie E. 3, Addie M. 1 (1)
PINKERTON, J. P. 42 (m), Margaret R. 40, Jas. Robt. 17, Bettie 14, Geo. B. 12, Mattie L. 10, Thos. F. 7, Henry C. 5, Lela May 2 (19)
PINKERTON, James 15* (10)
PINKERTON, James 16* (266)
PINKERTON, Jas. 75*, Elizabeth A. 70 (229)
PIPUS?, Zora 23* (B), Elizabeth 2 (142)
PITCHFORD, J. A. 24 (m), Susan M. 28, John T. 4, Carrie E. 3, Sallie 8/12 (177)
PITCOCK, J. 32 (m)*, Ellen 25 (20)
PITCOCK, Jhon 37, Elizabeth 38, Mary 16 (268)
PITCOCK, Morgan 30, Tallitha 35, Mandana 12, Author M. 7 (273)
PITCOCK, Stephen 50, Euphemia 50, Stephen 10 (220)
PITMAN, David H. 35, Sarah 36?, William W. 10, John 8, Elisabeth 11, James 5 (206)
PITTMAN, Elizabeth 60* (223)
PITTS, Alice 28* (B), Andy 14, John 7 (82)
PITTS, Alice M. 18* (3)
PITTS, Allen 38 (B), C. 33 (f), C. 19 (m), G. 9 (m), C. 7 (m), L. 7/12 (m), M. 60 (f) (166)
PITTS, Andrew 35 (B), S. Jane 35, Peter E. 18, John S. 17, Mattie M. 13, Louisa 12, Eliza J. 11, Andrew J. 9, James P. 4, Carrie B. 2, Geo. T. W. 11/12 (141)
PITTS, Augustus D. 17*, Amanda E. 14, Eva G. 13 (10)
PITTS, Caroline V. 53*, Morgan J. 17, Josephus 15 ()
PITTS, Clark 32 (B) (249)
PITTS, Eliza J. 10* (B) (144)
PITTS, Elizabeth A. 52*, Theophilus J. 20, Piney C. 17 (9)
PITTS, Elvira 51*, James H. 25, Minerva 16, J. R. 15 (m), R. F. 13 (m) (246)
PITTS, Enos W. 27*, Emily G. 26, Nannie 8, Rees 5, John 3 (73)
PITTS, Ex 14 (f)* (B) (120)
PITTS, F. 27 (f)* (B), L. 17 (m) (170)
PITTS, Felix 30 (B), O. 25 (f), J. 6 (m), Ann 4, D. 2 (f), infant b. Jun (m), L. 6 (f), A. 2 (f) (169)
PITTS, Fenton A. 26, Mary F. 21, Katie A. 7/12 (9)
PITTS, G. 28 (m)* (B), S. 25 (f), G. 18 (f), W. 7 (m), H. 3 (m) (169)
PITTS, Granfield 27*, Mattie P. 24 (3)
PITTS, Harriett 53*, Wiley 17 (50)
PITTS, Hiram 24* (B), Lucinda 30 (233)
PITTS, J. B. 31 (m)*, Caladonia 28, Robt. 3 (249)
PITTS, Jackson 23 (B) (52)
PITTS, James 19* (B) (137)
PITTS, James 42, Martha 35, James Jr. 19, Eliza 12, Mary 10, Cynthia 6, Washington 2 (51)
PITTS, James 45, Mattie 33, Lee 13 (m), Della 11, Mattie 9, Clide 7, Lula 6, Wilson 4, Laura 2 (50)
PITTS, James H. 25, Fannie E. 20, Lula L. 3, Nannie B. 1 (2)
PITTS, Jas. C. 30, Mary F. 29, Wm. Hodges 8, John B. 7, James L. 3 (83)
PITTS, Jennie 26* (B) (136)
PITTS, Joel 38*, Mattie 32, Tennessee 13, Sallie 11, Lou Ella 7, Benj. Jr. 5, Rufus 3 (52)
PITTS, Joel A. 42, Lavonia O. 33, Willie C. 12, Mary F. 7, Horace Y. 5, Joel A. Jr. 2 (83)

1880 Census, Lincoln Co. TN

PITTS, John 68, Rebecca 70 (49)
PITTS, John B. 9* (3)
PITTS, Julia 45 (B), Laura 16, John H. 12 (247)
PITTS, Manie 9* (73)
PITTS, Martha J. 21* (B), Florence 6 (223)
PITTS, Reva 19* (B) (110)
PITTS, Riley W. 49*, Susan F. 50, Ella E. 18, Russell A. 16, Fountain E. 14, Emma 11 (3)
PITTS, Robert 37 (50)
PITTS, Saml. 60* (B), Harriet 47, David 7, William 3 (78)
PITTS, Sarah 23* (B), William 2 (266)
PITTS, Sarah A. 56*, Jeremiah 24, Henry H. 21?, Mary E. 19, William L. 13 (82)
PITTS, Thomas 33, Annie 25 (134)
PITTS, Thomas 35, Mattie 27, Cordelia 10, Jennie 7, John 5, Clayton 1, Ann 20/30 (51)
PITTS, Thomas B. 32, Mary M. 30, Eli B. 12, Ella P. 10, Cordelia E. 8, Joseph N. 4/12 (10)
PITTS, William 23, Susan 24, Louella 3 (76)
PITTS, William 33, Parthenia 21, Woodrough 3 (50)
PITTS, William 67, Mary 73, Elvira 24 (50)
PITTS, Wilson 35* (B) (249)
PLEMONS, Jhon L. 42, Emily 40 (265)
PLEMONS, Levi C. 49, Naomi 44, Samuel 22, Horace 21, Price 17, Addie 16, Joseph 14, Minnie 12, Anna 10, Lizzie 9, May 6, Maggie 4, Sue Ella 2 (84)
PLEMONS, Solamon 53, Matilda 48, Robert L. 11, Peter L. 9, Authar 7, Mary E. 4 (269)
PLESS, Jacob 52, Jane 34, Salena 24, Lilla 2 (211)
POINDEXTER, H. 25 (m)* (131)
POINDEXTER, W. H. 70 (m)*, Sallie W. 65, Geo. W. 37, Jas. E. 29 (138)
POLLARD, T. J. 48 (m)*, M. L. 42 (25)
POLLOCK, J. 60 (m)*, M. 38 (f), M. 10 (m), W. 5 (m), Emma 2 (167)
POOL, Fannie 15* (235)
POOL, James M. 26, Mahala A. 26, John W. 1 (9)
POOL, John W. Sr. 55*, Mary B. 45, Permelia A. D. 16, Robert K. 14 (9)
POOL, Pierce 28, Emma 26, Jane 4, Joseph 2 (232)
POOL, William 28, Jamima 24, Nancy A. 6, Eliza J. 4, Mary A. 1 (235)
POOLE, William W. 29*, Mary P.? 18 (222)
POPE, M. W. 46 (m), Hester A. 42, Martha A. 23, Mary 10, William 10 (243)
PORTER, D. S. 35 (m), Udora 20, James A. 6, W. F. 5 (m), Robt. M. 2 (256)
PORTER, Elizabeth R. 29* (240)
PORTER, G. W. 39 (m), Eliza A. 33, Wm. M. 11, O. L. 8 (m), Mary E. 7, E. C. 4 (f), John F. 1 (255)
PORTER, Geo. W. D. 40*, Matt R. 32, M. Z. B. 9 (f), W. E. F. 8 (m), W. W. 2 (m) (118)
PORTER, Isaac 62*, Emeline 63, Hellen 30, Jane 28, R. A. 22 (m), L. L. 20 (m), Mariah 33 (B) (256)
PORTER, Isaac Jr. 26, Martha 18 (256)
PORTER, Jack 23* (B) (56)
PORTER, Jane 37 (B), Hannah 13, Joseph 14, Harry 20, Nellie 33 (257)
PORTER, Joseph 14* (B) (6)
PORTER, Milly 55* (B), Fanny 15, Willie King 10 (107)
PORTER, Thos. 80* (189)
POSEY, George 26*, Polly Jane 56, Elizabeth 15 (115)
POSEY, J. E. 21 (m), Lizzie 16 (135)
POSEY, R. E. 25 (m), Mattie A. 20, Walter 4, Lona W. 2, Maggie M. 3/12, Malinda 47 (132)
POSEY, Sarah 49, Wm. 22, Rufus 17 (138)
POSEY, W. R. 23 (m), Susie 22, Martha 49 (135)
POSEY, Wm. 50*, Martha 50, Fannie 19, Thomas 14, Sarah 12, Dave 6 (138)
POWELL, C. C. 23 (m)*, Catherine 26, Mattie Lou 9/12 (125)

1880 Census, Lincoln Co. TN

POWELL, Peter R. 39*, Margret J. 35 (272)
POWELL, Saml. M. 62, Matilda W. 61, Robert M. 19 (16)
POWELL, Thomas 26, Mary 20, John I. 1 (205)
POWELLS, Elizagbeth 67, John T. 38, Martha C. 32 (12)
POWER, John N. 43, Sarah J. 36 (2)
POWERS, J. B. 25 (m), Priscilla 20 (112)
POWERS, Marcus 50, Winney 46, George 18, ___na__ (f), Mack 7 (253)
POWERS, Mary 60* (183)
PRESTON, Frank 23, Mary 19 (277)
PRESTON, Isaac N. 40, Mary L.? 35, William 15, Alexander 13, Joseph 11, Robert 8, Marion 6 (m), James 3, John P. 3/12, Priscilla 65 (263)
PRESTON, William 51, Milly 30, Thomas 15, Ann 13, William 10, Mary A. 7, James 5, Marion 3 (m), Martha 2 (263)
PRESTON, William 67, Susan 21, Evaline 14 (274)
PRICE, Andrew 22, M. A. 21 (f), Mary Laura 11/12 (28)
PRICE, I. 28 (m)*, E. 29 (f), J. 13 (m), W. 11 (m), Henry 8, M. L. 4 (f), K. 2 (f) (167)
PRICE, J. 22 (m), D. 16 (f) (170)
PRICE, J.? M. 56, Lacuda 51, William S. 24, John F. 19, Millard F. 18, Emerson E. 13, Frances M. 9 (212)
PRICE, Jas. G. 18* (69)
PRICE, Jno. F. 51, Mary 47, John 18, Monroe 16, Mary F. 8 (136)
PRICE, John 33, Mary 32, Missy 14, Cordelia 12, Wilburn 10, J. 8 (f) (157)
PRICE, Lorenzo B. 19?, Sarah F. 19 (155)
PRICE, M. J. 39 (m)*, E. J. 39 (f), O. D. 10 (f), E. L. 8 (f), O. E. 6/12 (f), Martha S. 19 (18)
PRICE, Susan 43, John W. 17, Lawson M. 15 (258)
PRICE, T. J. 39 (m), Sarah C. 39, Emma M. 11, Samuel D. 9, Willie W. 8, John R. 5, Maggie May 2, Mary 1 (98)
PRICE, W. O. 63 (m), Hulda E. 32, Willa Lee 14, Lizzy G. 12 (108)
PRINCE, Gideon 56, Mary Ann 56, Sallie J. 26, Henderson P. 24, Martha Ann 22, Rachel E. 16, Mary Ellen 13 (77)
PRINCE, John 31, Sarah E. 37, Martha J. 1 (82)
PRINTS, Susan P. 19* (153)
PRINTS?, Sarah 26* (147)
PRIOR, Thomas 20* (B) (84)
PROCTOR, George 19* (B) (117)
PROCTOR, James 15* (B) (2)
PROCTOR, Mary 31 (B), Martha 11, Ella 2 (98)
PROCTOR, Richard 43* (B), Hannah 43, George 16, Henry 12 (99)
PROCTOR, Will 10* (B) (135)
PROSSER, A. M. 54 (m)*, America 45, Lou J. 22 (f), Jabus? A. 17, Mary B. 15, Joe Lee 13, Sanford 11, Annie M. 9 (143)
PROSSER, Dan 26 (B), Candace 27, Mary 12, Luella 7, Wm. E. 5, Maggie 4, Henrietta 2, Dan Jr. 19 days (107)
PROSSER, Frances 18* (B) (95)
PROSSER, George 52 (B), Eliza 50, Amanda 33, Laura 16, Ann 14, Mattie 10, Josephine 6 (75)
PROSSER, Grovey 35, Nancy 43 (149)
PROSSER, Lucinda 48* (B) (59)
PROSSER, Mark 42, Jane? 40, Wilson 20, Maetta? 17, Dock M. 15, Luther 13, Berry 11, Beattrice 5 (76)
PROSSER, Mary 14* (B) (93)
PROSSER, Peter 28* (B), Nannie 20 (96)
PROVENCE, Thos. 24*, Nancy 30, Rhoda T. 2, Alice 3/12 (199)

1880 Census, Lincoln Co. TN

PRUETT, Francis M. 44, Saphrona E. 41, Rheuben W. 17 (241)
PRUETT, James 12* (240)
PRUETT, Thomas A. 33, Elizabeth 32, Nancy E. 6, Fanietta 5, Arminda 3, Emma B. 11/12 (239)
PRUITS, Racheal 17* (152)
PRUITTE, Violet 79* (81)
PRYOR, Elizabeth E. 74, William A. 40, Anna 39, Amanda C. 11 (B) (271)
PRYOR, Flora 25 (B), Robert 10, Louisa 5, Henry 3, Thomas 2 (271)
PRYOR, Harvy 25 (B), Lou 26 (f), Katie 18, Caudia 2, Eli 1/12, Elvira 6 (271)
PRYOR, James 53 (B), Lucy 50, Dora 17, Susan 6, Minerva 13 (271)
PRYOR, Jane C. 67, Jane 38, Nannie 36, Mattie G. 33, Mildred 28 (241)
PRYOR, Orison 63* (B) (260)
PRYOR, Tobe 18 (B), Jane 20, Mary 3, Jhon 1 (271)
PUCKET, George W. 69, Bradley 22, Norris 20, Dosia 17, Fannie 15, Nathan 13, Ulysses 9, Narcisses 7 (234)
PUCKETT, Pressly 21* (164)
PULLIAM, William B. 50, Sarah E. 41, William J. 12, Nancy J. 10, Emily 8?, Fannie? 6, Margret 5?, Indianola 3/12 (276)
PURCILL, R. G. 36 (m), G. J. 26 (f), D. S. J. 10 (f), John G. 7, C. E. 5 (f), James B. 4 (257)
PURDY, E. 25 (f)*, Julia 4, J. S. 2 (m) (21)
PURTLE, W. C. 36 (m)*, Rebecca J. 34, W. A. 14 (m), Mary Jane 12, James W. 8, Minnie A. 6, Leila A. 11/12, W. G. 63 (m) (102)
PYLAND, James 17 (50)
PYLANT, J. C. 46 (m), E. C. 48 (f), M. F. T. 11 (m), G. C. 8 (m), Lona 7 (m), J. I. 18 (m) (128)
PYLANT, John L. 50, Elizabeth 47, Andrew 22, Jas. Henry 18, Pinkney 17, Maggie C. 13, John L. Jr. 9, Laura M. 6 (78)
PYLANT, T. G. G. 38 (m), C. V. 28 (f), M. A. 11 (f), Walter 8, Fanny G. 6, Louisa 4, Luticia A. 2 (77)
PYLANT, William 24, Dora 20, Hattie 2 (50)
PYLANT?, Peggy 79*, William 25 (77)
PYNYAR, Malinda 44* (29)
QUARLES, James K. 33, CAroline 26, Jeff D. 1 (239)
QUICK, George A. 44, Frances E. 38, Wm. L. 21, Tobe 14 (240)
QUICK, J. A. Q. 36 (m), Elizabeth 30, J. A. L. 12 (m), Susan C. 8, W. M. 3 (m) (24)
QUICK, John M. 18* (239)
QUICK, Stephen L. 33, Mary 20, Richard 9, Martha E. 4, Telitha 69 (240)
QUICK, Thomas M. 41, Mahala 35, Mary E. 11, James E. 9, Levi O. 7, Walter J. 5, Loferny T. 3 (m) (227)
QUIMBY, Bettie 45, Charles 23, Isaabell 27, William 19 (84)
RABY, P. A. 42 (m), Annie H. 42, Fred M. 12, Willie S. 11, Hattie H. 9, Joseph E. J. 6, Berry P. 4, Laura M. __ (81)
RABY, Thomas 28, Sulthana 28, Emiline 7, Fannie 6, Eppie 4 (m), Charlie 3 (61)
RADISON, Amanda 30, Davis 18 (32)
RAGAR, Henrietta C. 33* (277)
RAINEY, Henry 25*, Mary E. 21, Robt. L. 2, John A. 1 (154)
RAINS, Sallie 76 (72)
RALSTON, Wm. 55, Agnes 43, Wm. 18, J. Huss 17, S. F. 16 (m), Mary 14, James 12, Agnes 9, Oscar 4, McNeal 1 (158)
RAMBO, J. R. 33 (m)*, M. A. 14 (f), T. G. 7 (m) (181)
RAMESY, Jane 56* (137)
RAMSEY, A. N. 23 (m)*, L. 23 (f), A. 11/12 (f) (175)
RAMSEY, Boon 67, Newton 23, Eliza 21, George 16, Henry 12, Thomas 31 (37)
RAMSEY, Charles G. 23, Rosaline 21, Herbert 5, James 2 (240)
RAMSEY, J. M. 24 (m), C. E. 18 (f), M. K. 2/12 (m) (191)

1880 Census, Lincoln Co. TN

RAMSEY, James 26*, Catharine 24, Mollie 2 (37)
RAMSEY, James M. 48, Martha L. 44, Edwin J. 21, Joseph W. 14, Homer O. 11, Mary A. 8 (240)
RAMSEY, John 37*, Caroline 40, Mary Ann 2, Wm. Thomas 5/12 (113)
RAMSEY, L. E. 25 (m), M. A. 19 (f), Mary U. 4/12 (184)
RAMSEY, M. A. 43 (f), C. G. 16 (m), Mary E. 12, Mattie F. 8 (97)
RAMSEY, McDonald 31, Sarah A. 33 (111)
RAMSEY, S. B. 31 (m), Sally Bell 26, Thomas C. 7, Mable F. 2 (97)
RAMSEY, T. R. 55 (m), R. Jane 52, Fanny M. 25, Thos. A. 23, Mary Goldson 18, Cephas Alonzo 14 (97)
RANAGER, George 28 (B), Frances 24 (258)
RANDOLPH, ARthur S. 72, Hannah 60? (B), Mattie 14 (B) (222)
RANDOLPH, Hugh 65, Elizabeth 36, Wiley 19, Idis 14 (m), Emma 10, Eva 8, Olivia 3 (232)
RANDOLPH, James E. 48, Louisa 45, John L. 22, Columbus E. 14, Thomas L. 12, Emma E. 9 (221)
RANDOLPH, M. 28 (f,B), H. 12 (m), E. 11 (f), R. 4 (m) (169)
RANDOLPH, Martha 36*, Adaline 12 (225)
RANDOLPH, Mary 38*, C. U. 4 (m) (246)
RANDOLPH, Robt. F. 35*, Mary 22, Emma T. 3, Ulaline? 5/12 (1)
RANDOLPH, Tilda 65* (B) (102)
RANES?, James 56 (B), Sallie 35, Mary 12, Roxana 10, James Jr. 8, George 6 (48)
RANEY, Joel B. 46, Huldah 37, Parmelia 20, Kate M. 17, Lizzie E. 15, Bonner 13, Mollie 11, Josie M. 9, Bulah 7, James T. 4, Fanny 2 (78)
RANSOM, Cal 53* (B), Jane 35, Margarett 15, Robt. 12, Kate 11, Dollery 6 (m), Ebley 4 (261)
RANY, Benj. F. 39, Amanda 37, Julia 6, William 4 (231)
RATLEY, James R. 29, Mary M. 25, Luella 6, John H. 4, Dora M. 2, Nora R. 11/12 (221)
RATLEY, William 57*, Mary 57, John M. 24, Sarah 11 (221)
RATLIFF, John 46*, Sarah __, Nancy 11, Hudson? 9, Talton 5, Turley 2 (34)
RATLIFF, Nancy 54?, Frances? 19, Mary 1? (34)
RAWLS, Artemas 30, Anna 24 (237)
RAWLS, Decalb? 37, Martha A. 33, Sarah E. 13, John W. 10 (237)
RAWLS, Frank R. 24, Jessee 21 (f) (237)
RAWLS, J. J. 45 (m)*, Joan M. 37, Sally B. 10, Lizzie 9, Maggie A. 8, Thomas A. 6 (229)
RAWLS, James H. 39*, Elizabeth J. 13, William L. 11, Robert M. 4, Thomas J. 2, Sallie 65, Hardin B. 21 (1)
RAWLS, R. M. 20 (m)* (94)
RAY, Frances 46, Jacob 20?, Julia M. 17, Elizabeth 13, Lucy H. 10 (264)
RAY, H. R. 29 (m), E. C. 29 (f), Jas. H. 4, Ginnie E. 2, Mary A. 45, S. C. B. 19 (f) (182)
RAY, Irwin L. 38, Sararah E. 36, William J. 10, Elizabeth F. 8, Mary C. 7, John L. 6, Eugenia B. 3, Anna W. 1 (139)
RAY, Mary A. 24* (269)
RAY, Ned 70 (B), Julia 63, Mary 8, Lizzie 5 (112)
RAY, Permelia 61, Victora 29, William M. 16, Jhon R. 12, Alicey 6 (272)
RAY, Smith 28, Mary J. 25, Fannie B. 9, Joseph D. 6, Bertha M. 8/12, Mahala 27 (272)
RAY, W. B. 44 (m), Susie 42, Silus 19, Robert 14, Jeffie 12, Cornelius 11, Beatrace 7 (135)
RAY, Wm. M. 35*, Mary S. 26, Blanch 3, Clarra E. 1 (185)
READ, Boats 19 (B), Amanda 19, Betty 3, James 1 (205)
READY, Charles 35, Arpha 24, James 7, Mary C. 6, Daniel 3, Fannie 7/12 (87)
REAVES, John 32*, Ruthia 32, Charlie 5, Josephine 4, George 2 (75)
REAVIS, George 24, Lucy 29, Newton 4, Marion 2 (m) (46)
REAVIS, Jno. W. 22*, Virginia 22, Finetta 2, David J. 3/12 (65)
RED, James B. 26, Sarah G. 23, Myrtle 3, Robert C. 1 (87)
REDD, J. F. 50 (m)*, E. A. 43 (f), W. W. 20 (m), Z. A. 15 (f), J. H. 12 (m), D. A. 10 (f), Luester 8, E. V. 6 (f), B. E. 4 (f), A. J. 2 (m), O. L. 1 (m) (193)

1880 Census, Lincoln Co. TN

REDD, James H. 57*, Mary A. E. 55, Michiel C. 22, Algenon E. 19 (152)
REDMON, Margaret 40*, Mary B. 9, Robt. M. 5, Louisa M. 2 (145)
REECE, Allen 65 (B), Mariah 40, Allen 18 (146)
REECE, Fannie 20* (192)
REECE, Fanny 21* (140)
REECE, Prince? 18* (B) (142)
REECE, Town 23* (B), Mary 18, Julia 3, James 8/12 (142)
REECE, William W. 73* (153)
REED, George 70, Cynthia 59 (205)
REED, J. T. 29 (m), M. T. 25 (f) (127)
REED, James 24, Lizzie 41, Eliza 17, Dicy 14, Fannie 9 (197)
REED, Jas. C. 59, Louisa C. 46, Sallie 21, James L. 19, Wm. C. 16, M. A. 13 (m), Mattie S. 12, Hattie C. 7 (184)
REED, Jno. H. 28, Bettie 29, Harry Clay 5, Ernest 4, Kelly 2, Jordan G. 18 (69)
REED, John M. 28, E. J. 27 (f), C. E. 7 (m), M. L. 5 (m), Otis E. 3, John C. 1 (185)
REED, M. W. 48 (m)*, Frances 37, James 18, Berry 14, Rufus 4, Josie E. 5/12 (86)
REED, Nathaniel 24, Letitia 36, Daniel 11, Margaret 8, Martha 5, Ellen 3 (41)
REED, Perry 23 (B), Dona 21, Caleb 4, Jackson 3, Jessee 2, Hardy 4/12 (62)
REED?, James 25 (B), Fanny 21, Susan 4, Horace 2 (199)
REER, Joseph H. 69*, J. Marion 21 (m) (145)
REES, Ann G. 37* (73)
REES, C. A. 48 (m), S. 50 (f), I. S. 21 (f) (163)
REES, Ellen 60 (B), Hannibal 22 (62)
REES, G. W. 55 (m), Ann 48, John 16, M. E. 14 (f), Wm. B. 13, M. D. 10 (m), R. M. 3 (f) (163)
REES, Jacob 23 (B), Emily 22, Lee 5, Henderson 3, Hugh 2, Jacob Jr. 3/12 (58)
REES, Jas. 30*, Fanny 31, Patience 63 (60)
REES, Jordan 74, Martha D. 72 (75)
REES, Mollie 14* (164)
REES, Nannie (Mrs) 41, N. A. 18 (m), Joel 14 (58)
REES, Rufus A. 29*, Ella W. 23, Clifford 5, Wm. Hickman 2 (72)
REES, Sanfor 18* (161)
REESE, A. J. 28 (m), M. A. 24 (f), O. M. 5 (f) (193)
REESE, Hiram S. 36*, Luella 4 (3)
REESE, John 17* (193)
REEVES, C. W. J. 42 (m), Catherine 25 (203)
REEVES, J. H. 21 (m)* (27)
REEVES, W. A. 42 (m), J. 44 (f), T. M. 19 (m), S. W. 16 (f), S. I. 13 (f) (171)
REEVES, Wm. L. 22*, R. E. 18 (f) (181)
REID, Elijah 50, Victora 22, Robert E. Lee 15 (133)
RENAGER, Ciller 50 (f)* (B), Julia 15, John 6 (261)
RENAGER, J. W. 49 (m), Mary J. 44?, D. H. 21 (m), Callie 16, Augustus 22, Lizzie 19 (254)
RENEGAR, C. G. 8 (m)*, John S. 6 (108)
RENEGAR, Davidson 53, Sarah A. 47, Sarah J. 21, Jas. D. 18, Jasper N. 16, Joseph E. 13, Ella E. 11, John Barbee 7 (23)
RENEGAR, E. 51 (f)*, Thomas 21, Steven 18, Geo. 17, Nancy 15 (38)
RENEGAR, Frank 18* (B) (260)
RENEGAR, Frank 60, Sallie 62, Laura 21 (52)
RENEGAR, George 24*, Henrietta 16 (72)
RENEGAR, Jack 31* (110)
RENEGAR, Jackson 31, Mattie 25, Clara 3, Frank 1 (52)
RENEGAR, Joseph 32, Mattie 25, Ida 6, Sanford 3 (38)
RENEGAR, Julia 30, Della 10, Charlie 9, Lillie 7 (109)

1880 Census, Lincoln Co. TN

RENEGAR, Mary 60* (54)
RENEGAR, Milton 22, Nancy 33, Hattie 11/12 (264)
RENEGAR, Pleas 50* (B) (72)
RENEGAR, Rebecca 16* (B) (259)
RENEGAR, Rose 80* (B) (39)
RENEGAR, Rufus 21, Willie A. 22 (f) (71)
RENEGAR, Sanford 52, Thirza 30, Nickey 14, Saphonia 12, Clara 11, Rewhaney 7, Charley 4, Minnie 2 (36)
RENEGAR, Wilbun 55, Margaret 57, Mary L. 22, P. C. 20 (f), Malinda L. 18, Jas. M. 15 (24)
RENEGAR, Wilburn 21* (265)
RENFRO, Lawson 28, Mary 30, Maggie 3 (79)
RENFROW, James 65, Easter 60, Jas. M. 14 (79)
REVIS, Hardy 58, Elizabeth 56, Rebecca F. 16 (71)
REYNOLDS, Charles M. 37, Mary A. 27, Charles D. 14, Panthe I. 9 (f), Adelia E. 5, Emma J. 9/12 (14)
REYNOLDS, James Y. 32, Margaret J. 28, Irena 5, Eddie F. 3, Essie E. 1 (7)
REYNOLDS, John H. 38, Parthenia E. 35, Ida M. 13, Lula 11, Willie M. 10, Fannie C. 5, Matthew B. 3, Robert L. 8/12 (11)
REYNOLDS, Julia 47*, Buckner 16 (57)
RHEA, A. B. 41 (m)* (166)
RHEA, Benjamin 35 (B), Mattie 25, Eliza 10, Abner 7, Martha 4, Baby 2 (f) (54)
RHEA, Eligah W. 50*, Nancy J. 51 (152)
RHEA, H. C. 35 (m), Mary A. 28, Sarah B. 10, Mary E. 8, John E. 6, Ada P. 4, Elisabeth 1 (201)
RHEA, Jenne L. 4* (243)
RHEA, M. S. 10 (f)* (246)
RHEA, Mary A. 58, Christian 21, Newton 19, Hugh 18, Henry 16 (201)
RHEA, Pink 25 (f)* (138)
RHEA, Sallie 19?*, Mollie 22? (71)
RHEA, W. M. 19 (38)
RHEAGOR, Ann 39* (58)
RHEAGOR, Lula 10* (58)
RHODES, C. Y. 19 (m)* (92)
RHODES, Robt. G. 30* (229)
RHODES, Williams 26, Nancy R. 25, Lilly G. 5, Robt. J. 10/12 (237)
RHODES, Wm. A. 50*, Margaret E. 29, James S. 23, Amelin? T. 72 (f), Sarah A. 20 (235)
RHOTON, B. W. 47 (m)*, Sarah J. 49, B. W. 10 (m), Junius T. 8 (71)
RICE, George 38* (B), Mary 4 (100)
RICE, W. G. 22 (m)*, Mollie 22, Daisie 2 (131)
RICH, Robert 49, Violet 47, Alice 17?, Nathan R. 16, William G. 15, James C. 11, Ann E. 9, Lucy J. 7 (265)
RICH, Thos. J. 53, Clarissa 41, Geo. W. 19, Jno. T. 18, Nancy J. 14, Robt. C. 12, David S. 10, Joseph F. 8, Charles S. 5, Jas. A. 3, Elva L. 8/12 (28)
RICHARDSON, A. J. 41 (m), Susan 40, Sallie 9, Annie 6, A. Mildred 4 (75)
RICHARDSON, Ben F. 19* (75)
RICHARDSON, J. 17 (m)* (153)
RICHARDSON, Priscilla 76* (75)
RICHARDSON, Sarah 5* (86)
RICHARDSON, Susan 12* (81)
RICHARDSON, W. B. 15 (m)* (127)
RICKETS, Mary 49, William 18, Milly 16, John 14, Martha 11, James 8 (264)
RIDDLE, Adeline V. 40* (3)
RIDDLE, Carolin 55* (44)

1880 Census, Lincoln Co. TN

RIDDLE, John 24, Mary 24, Walter 2, Vivin 6/12 (m) (44)
RIGGIN, Malinda 50 (B), Fannie 21, Ernest 4, Mollie M. 2 (101)
RIGGINS, Phillip 22* (B), Catharine 21, Lula 6, Baby 3/12 (f) (53)
RIGGINS, Willis 20 (B), Mollie 19, Fannie V. 1 (98)
RIGGS, James 67, M. E. 46 (f) (101)
RIGGS, Press 51 (B), Hetty 33, Mary 4, Mattie 2, Dick 2/12 (134)
RIGGS, Robert 80 (B), Moses 26 (48)
RIGNEY, Albert 19* (B) (113)
RIGNEY, Anna 16* (B), Cordie 6/12 (102)
RIGNEY, Louisa 28* (B), Jacob 9, Maggie 6, Rebecca 3 (141)
RILEY, A. H. 24 (m), Martha 31, Nancy 11, Mary 9, Ida 7, Cora 4, Mator? 1 (m) (202)
RILEY, George M. 30*, Margaret R. 29, Mary O. 8, Martha L. 3, Lily M. 1 (224)
RILEY, James B. 60, Elizabeth 58, Charlotte 45 (281)
RILEY, James G. 66, Elisabeth 64 (202)
RILEY, John 38* (109)
RILEY, Thomas P. 49, Mary A. 36, Thomas J. 16, Martha A. 12, Nancy C. 10, Luther T. 7, Luretta 6, James M. 2 (275)
RINGO, Ira 40 (B), Sarah Agnes 45, Nancy Jane 13, Oliver 15 (97)
RINGO, Mattie E. 40* (141)
RINGO, Thomas 27* (B), Lucy 25, Alfred Jones 7, Sarah 4, Bettie 4/12 (104)
RIPPLE, E. 30 (f)*, Wm. 57 (169)
RIVES, Cephon 35 (B), Jane 33, Julia B. 12, George 7, Hattie 5 (143)
RIVES, Jas. D. 36, Mary F. 32, S. Elma 11, Henry D. 10, Jas. D. 8, Robt. A. 6, M. Stone 4, Clay W. 2, Nanna P. 11/12 (230)
RIVES, Joel T. 29, Parmelia 29, Mattie 7, Ben J. H. 3, Jas. Andrew 7/12 (75)
RIVES, Niel S. B. 31*, Eliza J. 30, Virgie D. 6, Jackson 5, Mellie E. 3, Willie N. 6/12 (80)
RIVES, Robt. C. 42, Rebecca J. 41, Harriet E. 14, Lilla M. 13, Anna A. 12, Mary K. 10, Sally W. 8, Luther G. 6, Mable B. 4, Wellin B. 2 (m) (142)
RIVES, Thos. J. 42, Alice A. 35, Guy 10, Knox 9, Jessie 5, Fay 2, Dolly 2/12 (148)
ROACH, Benj. 37, Nancy 31, Jackson 10, Rufus 8, Ella 5 (51)
ROACH, John 57, Martha 55, Clayborn 31, Mattie W. 18 (51)
ROACH, Mahalia 48, Sarah 44 (60)
ROACH, W. C. 47 (m)*, James 17, Larkin 14, George 12, Alice 11, Dora 7, Joseph 7 (58)
ROAN, Hugh C. 18* (222)
ROAN, J. C. 23 (m)* (251)
ROAN, Saml. H. 57, Lorena 49, Soloman A. 19, Thos. H. 17, Mary E. 14, Margt. L. 12, Gabriella 10 (118)
ROAN, Wm. H. 27, Josephine 25, Mary Ida 8, Jesse M. 5 (f), Horace 1 (118)
ROBERSON, Charles 28* (271)
ROBERSON, Willis 98 (B), Susan 78 (84)
ROBERT, Arkamsie 66 (f)* (147)
ROBERTS, Jas. R. 12* (150)
ROBERTS?, Mary 69* (94)
ROBERTSON, A. B. 13 (f)* (96)
ROBERTSON, ARthur 32 (B), Elizabeth 24, Spencer 6, Charlie B. 1 (100)
ROBERTSON, Agnus 31*, Jennie 9, Garner M. 7 (90)
ROBERTSON, Alfred 41* (B), Laura 35, Lizzie 7 (120)
ROBERTSON, Dan 47* (B), Mary 38, Will 15, Major 13, Jonah 9, Tillman 4 (120)
ROBERTSON, David 33* (B) (9)
ROBERTSON, Henry 50* (B), Nancy 40, Belle R. 21, Mary E. 13, Luvenia 6, Robert M. 4 (267)
ROBERTSON, James 35* (B), Martha 34, Frankie 15 (f), Phronia 10, Catherine 7, Lula 5, James 4, Sam 2, Boy 2/12 (63)

1880 Census, Lincoln Co. TN

ROBERTSON, Jno. S. 22, Catharine 19, Maggie F. 10/12 (28)
ROBERTSON, N. 41 (f,B), Fannie 17, Willie 10 (55)
ROBERTSON, Nancy 50 (B), Fannie 15, William 10, George 7 (54)
ROBERTSON, Robert 35 (B), Jinney 28, Sally 3, Matt 46, Matt Jr. 18 (101)
ROBERTSON, Sarah 12* (B) (97)
ROBERTSON, Silas M. 46, Ann P. 42, Vincent F. 13, Avery 10, Thos. W. 6, E. W. 2 (m), Gilbert R. 4/12, Winnie A. T. 44 (28)
ROBERTSON, Solomon 64 (B), Rosanna 40 (28)
ROBERTSON, W. H. 40 (m), Mollie H. 36, Lucy C. 11, Tilman 8, Guy 6, Clark 1 (72)
ROBERTSON, William 19* (B) (267)
ROBERTSON, William 35*, Sallie 34, Nannie 10, John 9, America 7, Lod 5, Susan 3 (61)
ROBERTSON, William A. 30, Delitha A. 31, Pleasant A. 13, Mary E. 9, Katharine E. 6, Ada L. 3, William M. 6/12, James L. 23, Joseph B. 18, Theresa A. 18 (8)
ROBESON, Benjamin 16*, Ann E. 10 (141)
ROBINSON, Andrew 65* (B), Hannah 66 (14)
ROBINSON, Ann 22* (B), Maggie 6, Benny 3, Lizzie 1 (110)
ROBINSON, Anna 18* (B), Edward 25?, Hatty E. __ (101)
ROBINSON, Augustus W. 6* (B) (6)
ROBINSON, Daniel 29 (B), Jane 23, Ephraim 5, Martha 3, Margaret 1, De Edward 5/12 (15)
ROBINSON, David 61 (B), Mahala 48, Samuel 25, Mollie 19, Fannie 17, Permelia 18, Minerva 12 (14)
ROBINSON, Ella 25* (B), Mary 5, Amelia 8/12 (230)
ROBINSON, F. F. 25 (m), Eliza F. 18, William T. 1 (211)
ROBINSON, George 23* (B) (119)
ROBINSON, H. S. 33 (m)* (105)
ROBINSON, Lotty 18* (B) (95)
ROBINSON, Margt. 31* (B), Charity Ann 8, Roseboro 6, Robt. D. 4, Matthew 2 (99)
ROBINSON, Martha 50* (B) (6)
ROBINSON, Mary 26*, Rufus 32 (90)
ROBINSON, Mary 8* (B) (234)
ROBINSON, Sallie 18* (84)
ROBINSON, Tillman 25* (B), America 19, Mary A. 3, Samuel I. 1 (236)
ROBINSON, W. S. 30 (m), Margaretta 27, William H. 6, James B. 3, Ola D. 1 (215)
ROBINSON, Wm. B. 73*, Hellen 68, Melissa E. 64, Cassena 55, Ann V. 38 (111)
ROBISON, Henry 71*, Mildred 58, J. D. 18 (m), R. F. 22 (m), M. C. 15 (f) (187)
ROBISON, John L. 13* (152)
ROBISON, Lucinda 53* (270)
ROBISON, O. L. 5*, Ella 3 (194)
ROCHELLE, Jesse B. 42, Margaret 55, James B. 19, Lizzie B. 16 (15)
ROCHELLE, S. P. 52 (f)*, E. T. 27 (f) (58)
RODEN, W. M. 40 (m), J. F. 20 (f), Kerny 2 (m) (191)
RODEN, William 81, Mary M. 52 (191)
RODES, Christiana 19* (B), David 23, Mary 1, Sarah 2/12 (98)
RODES, J. T. 42 (m)*, Thos. M. 18, Jas. E. 16, Mary M.? 13, Wm. G. 10, Arthur 8, J. T. Jr. 6, Henry? E. 4 (93)
RODES, Sarah 14* (B) (93)
ROGERS, Absalom 83, Margaret 57, Winnie 55, Catharine 53, Martha 51 (227)
ROGERS, Amanda 16 (209)
ROGERS, E. J. 50 (f)* (97)
ROGERS, Jim 13* (B) (121)
ROGERS, John 61, Julia A. 59, Sarah 20 (218)
ROGERS, Nancy 51, Pinkey 14 (f), Piney 14 (f), Geo. J. 12, Niel S. 9 (106)

1880 Census, Lincoln Co. TN

ROGERS, Obediah 22* (4)
ROGERS, Wiley 25, Eliza 23, Richard 5, Isabella 3, Margaretta 1 (204)
ROGERS, William J. 44, Laura A. 40, Buckner 18, Mary E. 14, Martha C. 13, James E. 13, John I. 12, William D. 10, Laura A. 5, Cyntha J. 2 (206)
ROGERS, William W. 50*, Martha J. 44, Jessie A. 23, John A. 19, William R. 15, Sarah E. 19, General L. 11, Garrison A. 7, Mildred A. 5 (227)
ROLIN, Wm. 42, Elizabeth 34, Saphrona E. 15, Mary A. 12, Evelena 10, George W. 8, Charley R. 6, Sarah E. 4, Emma E. 1 (256)
ROLLAN, Thos. J. 26, Matt Ann 22, Mack 3, Danl. J. 1 (124)
ROLLEN, Robert 28, Lucinda 23, Charley S. 4, John E. 1 (100)
ROLLING, W. R. 28 (m)*, S. L. 27 (f), E. O. 3 (m), O. E. 1 (m) (116)
ROPER, George T. 39, Elizabeth 37, Melissa F. 14, Mary G. 6 (203)
ROPER, James B. 32, Sarah 28, Louisa 10, Melissa 8, Ada M. 1 (204)
ROPER, James B. 33, Sarah 30, Levica 10, Melissa 4, Ida M. 2 (203)
ROPER, James F. 35, Margaret 33, Thomas H. 15, Louisana 13, Joseph 10, William 8, Harman 6, Azar 2 (m), Kate 1 (200)
ROPER, John H. 24 (203)
ROPER, Nancy 28*, Joseph 32 (203)
ROPER, Talitha 49 (199)
ROPER, Theressa E. 53, Margaret 18, Alicie 16, John 14, Willia C. 8 (203)
ROPER, William 23, Alice F. 20 (203)
ROPER, William T. 20?, Tennessee 18, unnamed 1/12 (m) (203)
RORAX, David 38, Lucy 38, Angus 11, Mary 9, John 7, Agnes 3, Rosber Ison 1 (50)
ROSBOROUGH, J. W. 24 (m), Frances 19 (130)
ROSBOROUGH, W. M. 52 (m)*, H. 49 (f) (130)
ROSEBOROUGH, John 33* (B) (140)
ROSEBOROUGH, Julia 24* (B), Wm. S. 4, John B. 2 (141)
ROSEBOROUGH, Liddy 23* (B), Sally 5 (140)
ROSEBOROUGH, Saml. 35* (B), Frances 18 (142)
ROSEBROUGH, Henry 25 (B), Elvira 28?, Belle 11, Robert 4, Mary 2, William 6/12 (276)
ROSEBROUGH, James P. 67, Mary 74, Alpha 13 (274)
ROSS, Benjn. F. 33?, Sanquella 24, John A. 3, Presley A. 2 (206)
ROSS, Ebenezer M. 42, Mary Ann 32, Robt. Mc. 7, Margaret E. 2, Fannie S. 1/12 (145)
ROSS, Martin 54, John F. 20, Ida S. 18, Lititia C. 13 (211)
ROSS, W. T. 39 (m)*, Anna W. 28, Robt. C. 7, Garland M. 4, Mary A. 2, Sarah J. 2 days (97)
ROSS, Zachariah 45* (B) (223)
ROUGHTON, Flora 25* (B), Charlotte 6, Wanslow 2 (102)
ROUSE, Norman 62*, Duvey 54 (f) (29)
ROUT, J. M. 49 (m), Lou J. 46 (f), W. K. 22 (m), John E. 18, Richard 15, Louella 12, Eliza M. 10, Maggie L. 7 (259)
ROUTT, Jas. R. 47*, Mary J. 46, Jas. R. Jr. 18 (118)
ROUTT, Richard 42*, Kate 30, Kate G. 6, Claud W. 4 (18)
ROW, Joseph 62* (73)
ROW, Samuel 34, Mary 28, Lawson 12, Volentine 9, Lucy 6 (86)
ROWE, A. J. 25? (m), Fanny 18 (211)
ROWE, Alfred 29, Elisabeth 22, Clyde 7, Mitchell 5?, Marietta 2, Earl 4/12 (212)
ROWE, Henry T. 66, Elisabeth 67 (211)
ROWE, James 22* (273)
ROWE, Wm. 73, Salley Ann 55, Susan M. 18, Benjamin H. 12 (258)
ROWEL, Blanton 5* (B) (53)
ROWELL, Cynthia C. 18 (206)
ROWELL, David T. 17, Emily V. 19, Lillie J. 9/12 (12)

- 111 -

1880 Census, Lincoln Co. TN

ROWELL, Hugh P.? 36, Mary C. 28, Muntie I. A. 6 (221)
ROWELL, James F. 37*, Mattie H. 25, Lilly G. 7, Ray H. 3 (233)
ROWELL, Lucinda 38* (10)
ROWELL, Milton 38, Nancy A. 35, Joseph A. 11, Mary A. 9, James R. 6, Martha A. 3, Cyntha C. 1, Mariah A. 32, Monroe 9 (236)
ROWELL, Pleasant A. 38, Sarah L. 34, Ulah 3 (f), Pearl A. 2, William J. 6/12 (8)
ROWELL?, I. 35 (m,B), V. 30 (f), J. 13 (m), R. 12 (m), D.? 6 (m), I. 2 (m) (168)
ROWZEE, Jane 52*, George A. 26 (105)
ROZELL, Ashly B. 54*, Eliza 52 (239)
ROZELL, Dawson D. B. 21, Emily 20 (239)
ROZELL, John W. 27, Mary S. 32, M. Henrietta E. 4, Mary E. J. 2, Theodosia S. R. 1 (239)
RUCKER, E. S. 32 (f)*, Susan 2, Alexander 5/12 (156)
RUDD, David 30, Sallie 22 (136)
RUDD, Polly 48* (69)
RUNNEBOR?, Amsiah 27 (m), Clarisa 26, Estelle 3, Alonzo 2 (63)
RUNNELS, Green 37*, Thom 18, David 14, Louella 13, Rufus 11 (89)
RUNNELS, J. E. 45 (m)*, Mary F. 55, Ann Eliza 19, Mary E. 18, Virginia E. 15, Robt. H. Lee 13 (123)
RUNNELS, James 35*, Louisa 33, Mattie 11, John 10, James 8, Sarah 6, Mary 3, Thomas 6/12 (51)
RUNNELS, Jas. 34, Elizabeth 34, John R. 12, Wm. P. 10, Malissa C. 6, Leander 4, Luther 3, Mary E. 11/12 (86)
RUSS, Jackson 17* (163)
RUSSEL, David 59, Rebecca S. 56, Virginia F. 17, Charles W. 14 (210)
RUSSEL, Perry 25, Georgia A. 30, Fannie 4, Thomas J. 2, Otey E. 5/12 (m) (209)
RUSSEL, W. C. 24 (m), Margaret O. 23, Matty M. 2 (210)
RUSSELL, Andrew 45, Mary E. 56 (80)
RUSSELL, Ann 30* (B) (48)
RUSSELL, H. R. 20 (m), Sarah A. 18 (186)
RUSSELL, J. P. 33 (m), Jane 30, James 6 (211)
RUSSELL, John H. 37*, Mary J. 33, Geo. H. 15, Fanny E. 12, Willie T. 10, Susan B. 8, Mary M. 7 (142)
RUSSELL, Lucy 23* (B), Mabry 3, Minnie 10/12 (109)
RUSSELL, M. 25 (m,B), L. 21 (f), C. 2 (f), M. 1 (f) (170)
RUSSELL, Peyton 30, Jane 28, Jane 4 (217)
RUSSELL, Thornton 65 (B), Mary 18, Ailcy 16, Della 6, Levi 3 (47)
RUSSELL, Thos. J. 53, M. E. 44 (f), M. C. 20 (f), J. M. 18 (m), C. L. 14 (m), I. N. 11 (f) (187)
RUSSELL, William 54, Margaret 33, Jasper 19, Fi 16 (m), Joseph 13, Robert 10, Texa 13, Sister 8, Minnie 9/12 (238)
RUTH, J. D. 35 (m)*, Jennie 33, Geo. E. 11, Jas. N. 9, Charles B. 7, John M. 4, Ernest F. 1 (94)
RUTLEDGE, Henry 43, Wm. L. C. 18, Samuel O. 15, Orphia A. 13, Joseph 10, Sallie Ann 9, Jas. H. 7 (86)
RUTLEDGE, Isaac 60*, Rebecca A. 42, Nannie J. 22, Orville 17, Lola L. 15, Fannie L. 13, John L. 11, Rosa Lou 8, Garland M. 6 (65)
RUTLEDGE, J. C. 27 (m)*, Dona 21 (70)
RUTLEDGE, James 27, Frances 27, A. T. 25 (m), Sarah E. 10/12 (81)
RUTLEDGE, Jas. H.? 24*, Ida 22, Robert R. 2 (67)
RUTLEDGE, Saml. 57, Louisa 51, Travis? 21, John 7 (63)
RYALS, M. J. 52 (f)* (191)
RYLES, Mahala 60*, Eliza 50 (134)
RYLES, William 48, Sarah 42, Thos. C. 22 (134)
SAKS, Maggie 23* (128)
SANDERS, Alice* (34)

1880 Census, Lincoln Co. TN

SANDERS, Ann E. 18* (155)
SANDERS, Burrel 53* (B), Lucy 37 (100)
SANDERS, Daniel W. 31*, Sally Ann 27, Mary Eliza 10, George W. 7, Willie G. 3 (118)
SANDERS, David 16* (124)
SANDERS, David M. 33*, Martha J. 36, John B. 12, Irena 10 (9)
SANDERS, Ella 23* (96)
SANDERS, Ellen 18* (253)
SANDERS, G. W. 50 (m), Mary 46, Fanny 20, Geo. W. 18, Josie 16, William 14 (91)
SANDERS, Harry 38 (B), Catharine 26, Mary 12, Maria 5, Jimmy 3, Betty 4/12 (100)
SANDERS, J. M. 32 (m), Martha A. 25, E. A. 8 (f), Lorena M. 6, Mattie L. 5, John R. 3, Minnie M. 1 (180)
SANDERS, Jno. T. 38, Fannie L. 40, Earnest 13, Geo. M. 11, John F. Jr. 7, May B. 5, Pearl D. 2 (72)
SANDERS, John 24* (145)
SANDERS, John 5* (118)
SANDERS, John W. 35*, Susan F. 34 (9)
SANDERS, L. J. 48 (f), Virginia A. 21, Jas. T. 17, Sarah F. 13, Lydia E. 11, Victoria 6, Edmond 3 (186)
SANDERS, L. P. 51 (f)*, B. M. 11 (f), A. A. 7 (f), George 46 (187)
SANDERS, Mary 26*, Amanda M. 3 (228)
SANDERS, Mary 41 (39)
SANDERS, Mattie? 15* (251)
SANDERS, Sarah E. 57, Sarah W. 18, Alexander M. 14, Lillie M. 10/12 (10)
SANDERS, Thomas 30, Sarah E. 27, Elizabeth 10, Rhoda 8, Nancy J. 6, Henry F. 4, Thomas W. 2 (140)
SANDERS, Thos. 25* (B) (142)
SANDERS, Tom 54, Susan 40, John 15, Mattie 12, Rufus 8, Tom 6 (262)
SANDERS, W. 30 (m), D. S. 23 (f), L. 3 (f) (175)
SANDERS, William 21* (9)
SANDERSON, Buck 20, Margaret 19, Clarky 61 (f) (234)
SANDFORD, Wm. 21, John 18 (214)
SANDLIN, Jenney 76*, John L. 53 (243)
SANDLIN, Johnathan 48, E. M. 47 (f), J. B. 19 (m), L. J. 16 (m), J. H. 14 (m), O. G. 12 (m), L. W. 10 (m), T. M. L. 7 (m), Doctor 3 (246)
SANDLIN, W. L. 23 (m)*, M. A. 21 (f) (244)
SANDY, Hamilton 35* (B), Ann 25, James 11, William 9, Claud 7, Oscar 7, Rufus 6, Doc 4, Henry 1, Lula 1 (153)
SANSING, Lorenzo A. 28, Sarah Jane 27, William A. 6, Mary Ann 4, John H. 10/12 (117)
SATTERFIELD, Jas. C. 28, Orphelia J. 23, John E. 5, William P. 2, Rufus M. 8/12, Martha 69 (12)
SATTERFIELD, Lena? 13*, Lizzie 11, Ida 22 (125)
SATTERFIELD, Mary E. 31*, Nannie 13, John 11, Robt. L. 9 (119)
SAUNDERS, J. E. 26 (m) (211)
SAUNDERS, J. L. 35 (m), Margarett 35, Henry 12, Jennie 1 (159)
SAUNDERS, J. M. 30 (m), Susan J. 25, William R. 1 (215)
SAUNDERS, John L. 41, Dorcas A. 37, Lavina J. 16, Frances E. 11, John T. 7, Riley A. 4, James R. 1 (3)
SAUNDERS, Mary J. 20 (212)
SAUNDERS, Matilda 66, Nancy 40, Sophia 26 (211)
SAVAGE, Marshal 51, Sarah E. 38, Rebecca J. 20, Nancy A. 19, Marshal E. 17 (f), Louis L. 13, Ivazenia P. 9, James K. 7, Mary A. 7, Marshal Asberry 4, Anmdrew J. 12/30 (150)
SAWYER, Eli 28, Nancy 27, Winnie 9, George 7, Mary 4, Martha 1 (44)
SAWYER, Stephen 67, Sarah 50, Elizabeth 18, Stephen 16 (225)
SAWYER, Thomas 40, Mary 32, Bettie 11, Amanda 9, Theodosia 7, Franklin 3 (44)

1880 Census, Lincoln Co. TN

SAWYERS, Geo. W. 75* (115)
SAWYERS, W. 30 (m)*, Callie 23, Rossey 1/12 (186)
SAWYERS, W. P. 53 (m), E. L. 52 (f), R. E. 27 (m), S. B. 19 (f), T. C. 15 (m), H. S. 13 (m) (188)
SCALES, Aron M. 28* (B), Maggie 23, Irvin 2, Eliza Ann 8/12 (143)
SCALES, Pleasant 27 (B), Kate 22 (155)
SCALES, Robt. 55 (B), Sally 52, Penelope 34, Eliza 33, Bettie 17, Clem 15, Anna 13, Add 12, Edward 8, Robert H. 2/12 (97)
SCHELES, Jane 21* (B), Joseph 26 (98)
SCHNETZLER, George 40, Mary 35, John 11, Martha 8, Greenfield 3 (220)
SCHRAMECK, Lee 25*, Leah 21 (143)
SCIVALLEY, J. N. 49 (m), Nicy J. 43, Jno. A. 19, Rutha C. 16, George H. 14, J. Anna 12, Wm. J. 7 (26)
SCOOT, J. 24 (m,B), L. 24 (f), E. 2 (m) (176)
SCOOT, Sam 65* (B) (175)
SCOT, Sam 50 (B) (161)
SCOTT, A. B. 44 (m), M. A. 39 (f), Sarah L. 20, John 13, Sammie 8, F. 7 (f) (127)
SCOTT, Charlie 28* (B), Fannie 25, Porter 8, Maggie 3, Callie 1, Mary 7 (136)
SCOTT, E. M. 35 (m)*, Margret 30, Ophelia 12, Jno. L. 10, Clemmie 8, Willis 5, Thos. B.? 1 (137)
SCOTT, Fannie 27*, Lelan 1 (m) (124)
SCOTT, Geo. 18* (B) (35)
SCOTT, George 50 (B), Emmaline 40, Frank 20, Joseph 18, Jane 13, Demer 12 (m), Kanzada 7, Milton 3 (37)
SCOTT, George 50 (B), Nancy 30, Sarah 12, Wesley 9, George 4, Thuzy 2 (f) (50)
SCOTT, Henry 30 (B) (245)
SCOTT, J. K. 35 (m), Ruth A. 36, William S. 12, John W. 9, James R. 7, Thomas B. 4 (154)
SCOTT, J. M. 54 (m), Laura A. 50, Nannie G. 27, James L. 26, Robt. F. 23, John W. 22, E. F. 19 (m), Mary M. 13, Mary 10 (107)
SCOTT, James C. 26, Nancy A. 26, Mildred A. 7, James A. 4, Allen P. 1 (198)
SCOTT, John H. 50, Susan A. 37, John 17, Mary Jane 15, Thomas 13?, Annie 8, David 6, Boon 1 (82)
SCOTT, Mag 45* (B) (95)
SCOTT, Morgan 53 (B), Christianna 40, Mary Anne 13, Louella 9 (71)
SCOTT, Noah B. 40, Ritler? E. 35 (f), James A. 14, Saml. E. 12, William L. 9, Goldy I. 4 (m), Roscoe 8/12 (147)
SCOTT, R. 26 (m)* (B), F. 23 (f) (175)
SCOTT, T. T. 46 (m), Nancy C. 47, Mary J. 22, James A. 20, Martha A. 18, Thos. R. 16?, Nathan B. 14, Joseph C. 12, Charley 10, Margarett E. 8, David N. 6, Clementine 4 (261)
SCOTT, Thomas 31* (B), Eliza 34, Careline 18, L. J. 15 (f), W. H. 10 (m), Mary 8, Ivey 5 (f), John I. 2 (259)
SCOTT, Thomas 45* (B), Adaline 30 (50)
SCOTT, Wiley 42 (B), Ann 38, Bell 13, Thomas 11, Etherage 6, Henry 2 (50)
SCOTT, William 52 (B) (52)
SCOTT, Wm. 40, Charllotta 47, Sarah L. 17, Josephine 12, Jackson 8 (243)
SCROGGINS, Alexander 52, Caroline A. 27, Caroline D. 2 (8)
SCROGGINS, Elizabeth 66* (222)
SCROGGINS, Frank 23, M. A. 22 (f), Mary 2 (158)
SCROGGINS, Jessie 60, Lou 52 (f), Malinda 21, Calvin 16, Ben 12, John 10 (158)
SCRUGGS, Starling S. 41*, Mary E. 35, Nancy E. 12, Julia A. 10, William S. 6, Virginia A. 4, Mary D. 3, Eugene E. 2/12, Silas N. 21 (224)
SEATON, Andrew F. 37, Mary 28, James 8, Sarah E. 2, Lillie M. 3/12 (280)
SEATON, Benjamin 29, Rebecca G. 26, Charles 8, William F. 5, Hattie B. 4, Jhon G. 4/12 (278)
SEATON, John 70, Martha A. 51, H. H. 20 (m) (22)
SEATON, John D. 17* (157)

1880 Census, Lincoln Co. TN

SEATON, R. M. 26 (m), S. E. 25 (f), P. J. 3 (m), Decima E. 3/12 (22)
SEATON, William 38, Frances 28, William 4, Emma L. 1 (264)
SEBASTIAN, Ab 21* (B), Emiline 17, Thomas 6/12 (66)
SEBASTIAN, Abb 25 (m,B), Melissa 22, Charley 6, Mattie 4, John 6/12 (56)
SEBASTIAN, Belle 21?* (B), George 5, Hubert 2, Eva 6/12 (66)
SEBASTIAN, E. J. 60 (f)*, R. F. 37 (m), P. W. 33 (m), Jno. C. 31, Oliver 26, Ellen 19 (70)
SEBASTIAN, John 29 (B), _____ 23 (f), Matha 6, John 3, Jesse 2 (64)
SEBASTIAN, Rose 45 (B), Frances 20, _____ 20 (f), Freeman? 8, Jessee 23 (64)
SEBRING, Parthena 28*, Laura 9, Martha F. 8, Eliza R. 5 (235)
SETTLE, Rufus 25* (B) (131)
SEVANNER?, L. 20 (m)* (171)
SEWEL, John 41*, Georgia V. 35, Geo. R. 9, Jno. C. 8, Mary L. 2 (29)
SHACK, Lee 40* (16)
SHACKLEFORD, Emma 18* (108)
SHADDEN, A. R. 30 (m), Medora P. 23 (104)
SHADDY, S. A. 32 (f), Louella 11, Emma J. 10, Wm. L. 7, John T. 3 (183)
SHARP, Alfred 60 (B), Dorcas 40, Fletcher 15, Mattie 17 (48)
SHARP, James 23 (B) (213)
SHARP, Lizzie 25* (B) (93)
SHARP, Noah 40, DRusilla 37, Hetty A. 14, Amanda 12, Sidney 10, Henry S. 8, Cynthia S. 6, Lardicia 4 (200)
SHARP, Prior 21 (B) (48)
SHARP, R. 20 (m,B), S. 20 (f), Geo. 1, M. 1 (f) (174)
SHAW, Louisa 55, W. J. 16 (m), J. S. 21 (m), M. J. 19 (f) (181)
SHAW, Mary A. 38, Nancy 22, Sarah F. 18, John 17, Corda 11, Lula B. 7, Mattie 4, Willa 1 (7)
SHAW, W. S. 30 (m), N. H. 29 (f), M. E. 8 (f), L. J. 7 (f), M. J. 4 (f), B. A. 5/12 (f) (181)
SHEARFIELD, Mary 22* (B) (246)
SHEERWOOD, Walker 22, Martha C. 22, John M. 4, William F. 2 (147)
SHEFFIELD, Arthur B. 56, Nancy V. 42, Griselda J. 31, William A. 26, Lucretia E. 20, Rose Emma 12, Sarah J. 9, Margaret C. 8, Elizabeth V. 3, Fannie M. 1 (16)
SHEFFIELD, Hugh W. 54*, Elizabeth M. 53, Adelia Lee 17, Sarah D. 14, Hattie L. 10 (8)
SHEFFIELD, James 27?* (B) (244)
SHEFFIELD, John J. 51, Margaret 44, Amanda C. 22, William C. 17, Ida L. 14, John W. 12, James A. 11, Day 9 (f), Sarah 7, Samuel M. 4 (221)
SHEFFIELD, Lewis 19* (B) (221)
SHEFFIELD, Saml. C. 25, Ada S. 20 (16)
SHELBY, Nancy 59*, Rabecca 25, Sally 22, Nannie 18, Ida 3 (58)
SHELDON, Ira 29, Martha 24, Maud 3, George 1 (243)
SHELTON, Alexander 16* (275)
SHELTON, B. A. 40 (m), Mary 40, Julia 13, Jane 11, John 7, Mary Jr. 5 (36)
SHELTON, Cass 33* (B), Caldony 35, Griffith 9, Dock 8, Matthew 7, Alice 6, Allen 4, David 6/12 (51)
SHELTON, Charles 25? (B), Mary 27, Harvy 13 (267)
SHELTON, Elijah A. 48, Loue 54 (f), John 15 (243)
SHELTON, Elizabeth 44* (281)
SHELTON, Grifith 62 (B), Angeline 35, William 14, Clem 12 (f), Griffith 8, Franklin 6 (35)
SHELTON, J. M. 25 (m), Frances C. 26, P. J. 1 (m) (22)
SHELTON, James 17 (B) (51)
SHELTON, James M. 25, Pink 28 (f), Preston 1 (242)
SHELTON, Jane B. 29* (243)
SHELTON, Jef 28 (B), Caroline 25, Andrew 2, Wilson 2/12 (41)
SHELTON, Monroe 36, Vinie 35, Jessey 7, John 5, Samuel 1 (243)

1880 Census, Lincoln Co. TN

SHELTON, Temple 30, Martha 34, James 9, Mack 7, Joseph 5, Jane 47 (279)
SHELTON, W. E. 32 (m), Joala 33, Rosa L. 6, Madaline 3, W. P. 6/12 (m), Cleary 53 (f) (25)
SHELTON, Washington 50*, Sarah E. 52, Russell 23, Delia 20 (243)
SHEPARD, Ella 10*, Charly 8 (231)
SHEPARD, Robert L. 17* (278)
SHEPHERD, William 67, E. A. V. 48 (f), W. P. 24 (m), R. E. L. 17 (m), Martha E. 14, Jas. J. 12, Ellen E. 10, Walter J. 7, Sallie P. 4 (19)
SHEREN, Gilbert 33 (B), Harriett 31, Mary 10, Wm. 8, Mattie 6, Lizzie 5 (159)
SHERILL, C. 18 (m)* (B) (170)
SHERRELL, Henry 51 (B), Amanda 25, Pery 17, Johnine 9 (m), Katy A. 8, Walter 8, Jane 6, Lona 3/12 (230)
SHERRELL, J. L. 55 (m)*, Mary E. 47, Virginia A. 21, Romney A. 18 (214)
SHERRELL, Lee 23 (B), Bell 20, Hanah 6/12 (233)
SHERRELL, Pamellia 45, Lula 20, Joseph W. 16, Benjamin W. 13 (230)
SHERRELL, Sally 22* (B) (16)
SHERRELL, Thomas 30 (B), Minerva 26, Zina 8, Arthur 6, Ether 4 (f) (233)
SHERRIFF, Josephine 24*, Loue E. 6 (f) (243)
SHERRILL, Alfred 66 (B), Jennie 53, Joseph H. 32, Pink 22 (f), Martha 18, Lula D. 5/12 (16)
SHERRILL, D. C. 28 (m), Mary E. 18 (212)
SHERROD, Sopha 22* (B) (94)
SHERRON, Carolin 30* (B), Caladonia 12, Dock 1 (143)
SHERRON, Lettie 7* (B) (145)
SHERRON, Robt. 28* (B) (145)
SHERWOOD, Frank M. 24* (146)
SHERWOOD, Nancy 35* (79)
SHEURS?, John W. 25, Huldah 30, Marion 6 (m), Sarah I. 5, Ann 3, William N. 4/12 (236)
SHIELDS, Tobias 22* (74)
SHIPLEY, Willie 5* (78)
SHIPP, H. N. T. 43 (m)*, Mary P. 37, Willie 11, Mattie 8, Carrie 6, Jennie 4, Willis 1 (120)
SHOFNER, J. H. 68 (m)*, Nancy 64, Reuben 33 (58)
SHOFNER, Jas. C. 34*, Marie A. 33, Lena L. 13, Mattie J. 11, Walter 9, Pearl 7, Marie 8/12 (58)
SHOFNER, Jhon 85*, Mary A. 46 (280)
SHOFNER, L. M. 32 (m)*, G. E. 26 (f), N. C. 8 (f) (58)
SHOFNER, W. H. 54 (m), Ellen 44, Kelly 14, Ella 12, Claud 10, Ab Boon 6, Ed Chris 4 (58)
SHOFNER, Wm. 41*, Lillie 33, Ola 10, Norma 8, Earl 6, Eugene 2 (55)
SHOLER, Sarah 65* (14)
SHOLLAR, M. A. 21 (f)* (248)
SHORT, Bill 48 (B), Nancy 28, John 7, Pothena 6, Samuel 2, Squire 1 (132)
SHORT, C. M. 25 (m)*, Ella 22, Willie 1 (91)
SHORT, Jesse E. 63* (B) (16)
SHORT, Joseph 52 (B), Ruth 28, Mollie 8, Etta 3, Fona 90 (132)
SHORT, Parthena 60*, John 60? (138)
SHORT?, John J. 43, Mary 31, E. E. 11 (f) (130)
SHUFFIELD, Tom 17* (B) (161)
SHULL, Beechum 25 (B), Lou 21, L. V. 4/12 (f), Jane 68, Caroline 38, Josie 36, Boon 6 (127)
SHULL, Daniel B. 63, Sallie L. 53, George O. 26, Fannie 24, Mary B. 15, Rosa E. 12 (82)
SHULL, Wm. 29, Laura 22, Charlie 2, Mollie 4 (128)
SILVESTER, Mary 40, Joseph 13, Sarah 17, Dotia 13 (197)
SILVESTER, Narcissa 21, Ada 2 (208)
SIMMONS, Caroline 10* (B) (4)
SIMMONS, Eliza J. 33, Adolphus M. 10, William P. 7, James H. 5 (226)
SIMMONS, George 21, Ethiel 25 (f) (228)

1880 Census, Lincoln Co. TN

SIMMONS, J. H. 34 (m), Pernetta 33, James A. 15, John B. 13, Marion H. 11, George W. 7, Sinea M. 5, Josie N. 3, Ernest 1 (123)
SIMMONS, James 28* (148)
SIMMONS, Jarred 79*, Henrietter 30, Albert 1 (268)
SIMMONS, Jhon 40, Mary L. 31, Jarred M. 12, Laura M. 10, Mary A. 8, Fannie E. 5, William F. 3, Jhon F. 3/12 (267)
SIMMONS, John 25, Molly 22, Millen 1 (218)
SIMMONS, John 53 (I)* (B), Jane 38, Thomas 20, John Jr. 16, Lee Anna 11, James 7, Sally 5, Josie 3 (17)
SIMMONS, John 61*, Mary E. 31 (218)
SIMMONS, Joseph 65 (B), Amanda 50, Brice M. 12 (279)
SIMMONS, Lilian N. 19* (278)
SIMMONS, Milly 50 (B), Frank 20, Sallie 18, John 6 (262)
SIMMONS, Rebecca 40 (B), Lile 21 (f), Willis 18, Jhon 13, Mary 10, Cora 8 (268)
SIMMONS, Richd. 23, Marilda 22, Maggie 1, Margaret 57, Thomas 21, Saul 19 (102)
SIMMONS, Rufus 28?* (B) (102)
SIMMONS, Saml. 20* (203)
SIMMONS, Scipio 54* (B), Sallie 42, Annie 15 (223)
SIMMONS, W. M. 32 (m), Catharine 31, Sarah 12, Cassada 9, William Jr. 4, Lou Ella 3/12 (34)
SIMMS, James A. 35, Sarah C. 22, William M. 14, Mienrva A. 12, Mary E. 8, Joseph 7, Guffey 2 (221)
SIMMS, John 21* (6)
SIMMS, Wm. B. 22, Peggy J. 18, Anney P. 1 (241)
SIMMS, Wm. E. 68, Malinda 63, Christopher C. 34, John T. 3, Mary E. 11/12, Margaret J. 28, Amanda 23 (204)
SIMONS, Ambros 30, Sarah 28, Felix 11, Mattie 8, Monroe 6, Leona 4, John 2 (39)
SIMPSON, John 61, Agness 49, Lida 19 (239)
SIMPSON, Thos. I. 24, America A. 27 (240)
SIMS, G. W. 53 (m), Martha J. 30, Meridith J. 18, Sarah J. 16, George W. 14, John T. 11, Martha T. C. 5, David C. 2 (238)
SIMS, S. P. 53 (f)* (21)
SIMS, Thos. D. 30*, Ann E. 24 (86)
SIMS, Tom 12* (164)
SIMS, Wm. D. 38, C. E. 33 (f), L. Hester 12, Laura 10, Wm. 8, Francis 6, Lucy F. 2, Hampton 71 (158)
SINGLETON, Jerry 20* (B) (106)
SISCO, John 19*, Frances E. 17 (243)
SISK, Elizabeth 40*, Sallie 11, Billy 7 (123)
SISK, Lafayette 27, Elisabeth 24, Willis 4, Lula 3, Henry 1 (212)
SISK, Rufus 23 (B), Angeline 17, Robert 2 (277)
SISK, William 82*, Mary 67 (281)
SKINNER, Josephine 17* (25)
SKINNGER, G. A. 12 (f)* (257)
SLATON, R. 65 (f), J. 30 (f), D. 28 (f), S. 26 (f), M. 20 (f), M. 10 (f), E. 8 (m), E. 8 (f), W. 4 (m), H. 8 (m), D. 5 (m), R. 1 (m), M. 2 (f) (168)
SLATTER, W. S. 31 (m,B), Nannie 30, Lillie B. 9, Willie W. 8, Benjamin B. 7, Jennetta 5, Meny Tappy 3 (m), Lucy E. 2 (101)
SLEDGE, John 19* (B) (165)
SLOAN, A. S. 58 (m)*, E. J. 52 (f), J. T. 24 (m), O. C. 18 (f), J. T. W. 15 (m), E. P. 8 (m), James 81, Margery 83, M. L. 23 (f) (246)
SLOAN, John C. 66*, Elizabeth 59, Hugh T. 30, Nora J. 29, Albert L. 6 (9)
SLOAN, Mary E. 32*, Frances L. 10, Charles B. 9, Cora 5 (9)

1880 Census, Lincoln Co. TN

SLOAN, Richard 26 (B), M. Jane 20, Mary E. 6, Jas. Robt. 2 (27)
SMALL, Albert 24* (B) (127)
SMALL, Caesar 60 (B), Lucy 47, Cynthia 18, John 13, Maria 9 (56)
SMALL, George 36, Mattie 29, John S. 28, Hardy 26 (81)
SMALL, Henry 38 (B), Martha 30, Eliza 12, David 10, Julia 7, Susan 5, William 2, Edgar 5/12 (79)
SMALL, Joshua 70 (B) (80)
SMALL, Kittie 40 (B), Henry 12, Billie 11, David 6, Allen 3, Thos. F. 5/12 (80)
SMALL, Lizzie 15* (B) (84)
SMALL, Mollie 19* (104)
SMALL, Reuben 29, Ida 22 (46)
SMALL, Susan 42* (B), Elizabeth 16, John 11, Marion 7 (m) (80)
SMALL, T. F.? 32 (m), W. F. 33 (f), Allen 4, Clide 2 (126)
SMALL, Virginia 50* (80)
SMALL?, Robert J. 37, Alice? B. 27, Ozelle 7, Carry C. 5 (f), Wiley S. 2, William 26 (63)
SMART, A. 35 (m), P. 26 (f), B. 6 (m), R. 4 (m), R. 2 (m) (173)
SMILEY, Alfred 28 (B), Mary 22, John T. 2, Girdle 1 (m) (146)
SMITH, A. C. 40 (m), S. A. 32 (f), W. W. 10 (m), D. B. 9 (m), E. D. 7 (m), S. T. 4 (f), W. B. 2 (m) (127)
SMITH, A. D. 54 (m), M. M. 38 (f), A. A. 19 (f), E. K. 16 (m), A. M. 13 (f), M. D. 5 (f) (193)
SMITH, A. J. 25 (m)* (156)
SMITH, A. M. 66 (m), James 36, Mary 32, W. N. 30 (m) (101)
SMITH, A. W. 53 (m)*, Nancy A. 51, F. V. 24 (f), M. S. 22 (f), T. A. H. 18 (m), W. A. 11 (m) (184)
SMITH, Abel R. 52, Jennie 24, John H. 20, Mignet 18, Eugene 16, Laura 14, Abel Jr. 12, Charles 8, George 6, Dalby 2 (89)
SMITH, Alford 25* (B) (129)
SMITH, Alfred 14* (B) (269)
SMITH, Alice 12* (B) (179)
SMITH, Allen 67 (B), Amy 49 (191)
SMITH, Alx. 38, Emily 34, John H. 13, Mary L. 12, Judieth A. 9, Rosa B. 7, Wm. A. 4, Sarah M. 1, Casper 19 (177)
SMITH, Amanda 20* (B), Icey 2 (f), Ellen 16 (104)
SMITH, Anderson E. 29, Elizabeth 33, Renel W. 5, Remus W. 3, Laura 1, Lawrence 6/12 (265)
SMITH, Andrew C. 39, Susanah 36, John W. 10, Addie A. 6, Lyddia B. 4, Warren E. 1 (229)
SMITH, Ann 48* (B) (105)
SMITH, Armstead 80 (B), Maria 60, Frank 26 (48)
SMITH, Benn 35* (B), Adella 17 (99)
SMITH, Bettie 23* (B), Robert 6, Anvalee 4 (73)
SMITH, Bill 27 (B), Mattie 28, Mary 12, Mahalia 10, Dena 7, Billie 11/12 (67)
SMITH, Bob 22* (B) (124)
SMITH, Celia 45* (B), Belle 15, Mary 10 (96)
SMITH, Celia J. 45 (B), Joe 25, Babe 17 (f), Peter 17, Jane 11 (8)
SMITH, Charly 19* (B) (140)
SMITH, Cordy 18* (B) (125)
SMITH, Cynthia 40, Duck? 12 (f), Coon 8 (m), James 3 (43)
SMITH, D. F. 47 (m), Marilda 45, Gusie E. 18 (126)
SMITH, D. L. 49 (m), Emeline 47, James T. 14, John F. 12, Mary L. 10, Emma M. 8, Percy? M. 6, Wm. J. 4, David L. 2, Sarah 57 (253)
SMITH, D. M. 51 (m), M. J. 41 (f), Emma 18, W. P. 15 (m), E. M. 12 (f), John C. 8, D. A. 4 (m) (191)
SMITH, David 26, Catherine 23, James A. 1 (199)
SMITH, David B. 48, Ann R. 46, Annie C. 17, Susan M. 13, Milton B. 10, Hugh A. 6 (15)
SMITH, David M. 25, Mary Jane 24, William 2 (88)
SMITH, Dempsey 26, Fanny 25, John W. 7, Mary S. 4, Marcella 2 (196)

1880 Census, Lincoln Co. TN

SMITH, Dock 20* (B), Henry 18 (103)
SMITH, Dolly 19* (B) (100)
SMITH, Edmond 34 (B), Fanny 35, Cordy 7, Joseph 5, Martha 2, Cale 1/12 (f) (198)
SMITH, Elicia 54 (m)* (B), Louisa 43, Colman 15, Patty 11 (190)
SMITH, Eliza 105* (B), Eliza Jr. 50 (16)
SMITH, Emma 3* (B), Sallie 2 (261)
SMITH, Esau 38, Sarah 41, Alexander 11, Joseph W. 8, Cordelia 6, Madeline 4, Martin 4/12 (204)
SMITH, Euler B. 22*, Cecil H. 20, Alwyn M. 15 (278)
SMITH, Fulton 18* (B) (70)
SMITH, Geo. F. 54, Judith A. 51, Geo. F. Jr. 22, Kate L. 18, Maggie E. 15 (93)
SMITH, George 15 (207)
SMITH, George 22* (B) (73)
SMITH, George 57?* (B) (112)
SMITH, Girty 3* (B), Henry 2 (119)
SMITH, Green 23*, Catherine 21, Harvey 11/12 (77)
SMITH, H. 35 (f)* (B), Jack 16, Jane 12, Tom 8, Tenn 5 (f), Josee 6/12, R. 3 (m) (260)
SMITH, H. D. 28 (m), F. M. 21 (f), W. M. 1 (m) (92)
SMITH, H. D. 35 (m)*, Mary E. 29, John A. 9, Charlie M. 4, Docia A. 14 (177)
SMITH, H. L. 16 (m)*, H. H. 47 (m) (67)
SMITH, Hard 25 (B), Allice 20, C. 5 (f), Minnie 2, Rachael 4/12 (156)
SMITH, Helen L. 36*, Willie 6 (272)
SMITH, Henderson 27 (B), Tish 32, Harriet 13, Bell 12, Lucy 9, Green 9 (138)
SMITH, Henry 21* (229)
SMITH, Henry 30 (B), Eady 25 (f), James H. 5, Mary 4, Abby 3, Polly A. 5/12 (254)
SMITH, Henry 32 (B), Anna 30, Anderson 8, Jones 7, Eleck 6, Rinda 5, Louisa 3 (114)
SMITH, Henry C. 27, Hariett 25, William 3, Sally 1 (204)
SMITH, Horton 55* (B), Violett 27, Douglas 15, Nancy 14, Narcissa 12, Della 8, Henry 6, Amanda 4, Tillman 2, Washington 7/12 (112)
SMITH, I. A. 21 (f)* (156)
SMITH, Icy 34 (f)* (92)
SMITH, Ida C. 7, R. S. 2/12 (125)
SMITH, Irena 52, Rufus 18, Samuel E. 16, Nannie 28, Edward A. 9, Mary M. 7, Lou A. 4 (f) (236)
SMITH, Isaac 22, Sarah 21, Kate 4 (199)
SMITH, Isaac 22* (B), Mahalia 23, Louella 7, Dolla 8, Carrie 2/12 (67)
SMITH, Isaac 23* (B) (116)
SMITH, Isham 60, G. P. 57 (f), R. T. 20 (m), M. E. 15 (f) (245)
SMITH, J. C. 38 (m), Serena 37, L. S. 4 (f), Elizabeth 62 (253)
SMITH, J. H. 46 (m)*, A. O. 45 (f), J. F. 15 (m), A. E. B. 14 (f), E. R. 9 (m) (170)
SMITH, J. M. 28 (m)* (176)
SMITH, J. N. 44 (m), N. M. 48 (f), J. D. 25 (m), Pleasant 18, Annie 17, W. O. 15 (m), Anna? 12, Katy F. 10, Minnie B. 8 (189)
SMITH, J. R. 78 (f) (191)
SMITH, J. T. C. 29 (m), Sarah E. 36, Susan M. 9, W. M. H. 7 (m), David A. 5e, John J. 3 (112)
SMITH, J. W. 33 (m)* (93)
SMITH, Jack 52 (B), Maria 42 (101)
SMITH, Jackson 62, Malissa 41 (116)
SMITH, James 24 (213)
SMITH, James 78, Lena 63, Sarah A. 51 (8)
SMITH, James 8*, Robert 6 (273)
SMITH, James S. 44 (207)
SMITH, James W. 29*, Frances I. 26, Mary A. 1 (4)
SMITH, James? 45?, Mary 42?, John 10, Kindness 3 (f) (34)

1880 Census, Lincoln Co. TN

SMITH, Jane 28* (B) (153)
SMITH, Jane 38, Tippie 10 (f), Lizzie 8 (194)
SMITH, Jas. A. 31, Josephin 27, Ida E. 6, Mary F. 4, William W. 2 (148)
SMITH, Jas. A. 47, S. J. 44 (f), Wm. W. 23, Mary E. 21, Maggie A. 15, Nancy J. 13, Jas. A. 6, Charl 11/12 (m) (28)
SMITH, Jas. H. 26, Willie A. 23, Nannie 3, James R. 7/12 (97)
SMITH, Jas. J. 36, Mollie F. 26, Jo B. 4, Robert 2 (71)
SMITH, Jno. B. 46, Sarah E. 35, Jasper H. 17, Rufus K. 16, Harvey A. M. 14, Wilson H. 12, Mary W. 10, Miner 11/12 (30)
SMITH, Jno. R. 52, Margret E. 48, James A. 26, Harriet 24, Carroline 18, Robert 16, Virginia 14, Manerva 12, Margret 10, Sarah 8, Livia 6 (m) (136)
SMITH, John 20* (B) (63)
SMITH, John 28 (B) (48)
SMITH, John 29*, A. H. 27 (m) (156)
SMITH, John 32, Julia 27, Willie 9, Adelade 6, Eva 4, Ula 3, Panl. 4/12 (m) (72)
SMITH, John 33, Josephine 24, Elisabeth 5, Emet 3 (214)
SMITH, John 57* (B), Rose 50, Missie 6, George 5 (131)
SMITH, John 62, H. A. 59 (f), W. P. 15 (m), J. W. 19 (m), M. J. 17 (f) (21)
SMITH, John 76* (6)
SMITH, John R. 53, Martha 50, Isabel 16, Nora 13, Willie 10, Corra 6 (77)
SMITH, John W. 52, Corinda 60 (201)
SMITH, Johny 10* (B), Caroline 6, Elizabeth 3, William 1 (68)
SMITH, Jones 32 (B), Joseph 14, St. James 10, Nancy 7, Robert 4, Salley A. __, Milley __ (254)
SMITH, Joseph L. 30, Margt. P. 24, Wm. D. 2?, Edna S. 8/12 (106)
SMITH, Julia 18* (B) (71)
SMITH, Julia 26 (B), Laura 9, Georgana 7, Horace 3, Willa 1 (111)
SMITH, Julia 50* (91)
SMITH, L. A. 51 (m), Sarah J. 50 (27)
SMITH, L. H. 26 (m)*, Rebecca F. 30, Eliza D. 4, John 2, Laura W. 6/12 (204)
SMITH, L. H. 44 (m), Rebecca 46, Deborah 5, James 3, Jane 1 (207)
SMITH, Lila 70* (B) (91)
SMITH, Lissy 18* (B) (99)
SMITH, Lizzie 18* (B) (98)
SMITH, Lizzie 20* (B), Henry 3, Fanny 1 (70)
SMITH, Louis 18* (B) (67)
SMITH, Luther 24, T. J. 24 (f), Thos. C. 9/12 (137)
SMITH, Luticia 21 (B), Martha Janie 3, John Ed 8/12 (68)
SMITH, M. F. 45 (f), J. D. 22 (m) (193)
SMITH, Major 78 (B), Tiller 40 (f), Jerry 18 (112)
SMITH, Marcus 40*, Mary 31, Hugh 17, Willie 12 (f), Lucy 10, James 8, Lizzie 5, Cynthia 1 (55)
SMITH, Margaret 46, William A. 23 (198)
SMITH, Martha 56, John W. 20, Sarah F. 18, Tennessee 17, Edward 15, Ethelvin 13, James 11, Nathaniel 9, Martha 7 (203)
SMITH, Martha J. 52, James A. 26 (236)
SMITH, Mary 71*, Milton 47, Sarah 45, A. J. 22 (f) (206)
SMITH, Mary 8* (B) (112)
SMITH, Mary A. 38, Theodore 17, Mary J. 15, Matilda 13 (199)
SMITH, Mary C. 17* (7)
SMITH, Mary C. 39*, Sarah A. 19, Nancy E. 8, Malinda A. 13 (246)
SMITH, Mary E. 37*, Lenard T. 19 (238)
SMITH, Mijamon 80 (m)*, Betsey 78 (15)
SMITH, Mollie 20* (88)

1880 Census, Lincoln Co. TN

SMITH, N. 41 (m)*, S. S. F. 45 (f), N. J. 17 (m), Allen? W. 9, A. L. 8 (f) (171)
SMITH, N. P. 33 (m), Minerva E. 38 (253)
SMITH, Nathan 45, Mary 35, Martha 22, John W. 19, James L. 13, Minnie M. 4 (204)
SMITH, Needham J. 30*, Elenora H. 26, William E. 5, Thea A. 3 (m), Isham 2, Alfonce 4/12 (148)
SMITH, Nelson 60 (B), Caroline 45, Robbert 15, Alex 8, Mary 2 (156)
SMITH, Nelson 63* (B) (67)
SMITH, Newton 34, Elmira 32, Rufus 16, Ella 14, Andrew 13, Elizabeth 3, Pearl 2 (195)
SMITH, Osborne G. 32*, Ella K. 28, James A. 5 (8)
SMITH, P. G. 38 (m)*, N. E. 35 (f), J. H. 11 (m), E. E. J. 9 (f), W. D. 7 (m), P. E. 4 (m), J. E. 1 (m) (245)
SMITH, P. H. 29 (m), Josie 30, Joseph 7, John 5, Jennie 3 (126)
SMITH, Palestine 30 (f)* (B) (91)
SMITH, Peter 20* (B) (137)
SMITH, Philis 60* (B) (68)
SMITH, Pinkney A. 46, Martha J. 38, Mary E. 13 (15)
SMITH, Polly 9?*, Belzora 4, Ella 2 (131)
SMITH, R. A. 26 (m)*, Emma 27, Wm. 1 (136)
SMITH, R. C. 71 (m), Nancy 61 (197)
SMITH, Richard 22*, Mary 20 (235)
SMITH, Richard 50 (B), Easter 34, Ben 15, Phil 4, Franke L. 2 (f), James 1/12 (68)
SMITH, Richard 52*, Margret E. 48 (278)
SMITH, Rufus 40, Martha H. 36, John W. 16, Mary C. 15, Columbus M. 13, Rufus C. 12, Almar? L. 9 (m), Thomas C. 4 (7)
SMITH, S. P. 30 (m), Mira S. 25, W. J. 3 (f), Chas. W. H. 2, Walter A. 1 (29)
SMITH, S. S. 52 (m), Cintha 47, Wm. O. 20, Mary I. 17, Thos. W. 12, Edney P. 10, Samuel S. 3 (137)
SMITH, Sam 45 (B), Emmand 27 (f), Richard 12, Elizabeth 9, Ann? J. 6 (260)
SMITH, Saml. 50* (B), Rachel 38, Lewis 19, Charlie 14, Belle 14, Lyda 12 (69)
SMITH, Staney P. 33, Nancy J. 32, Ptolamy C. 5, Clinton P. 3 (15)
SMITH, Stephen 6* (B) (190)
SMITH, T. G. 52 (m), Martha 42, D. R. 23 (m), M. D. 21 (m), Rufus A. 21, Lizza 19, Emma 16, James 14, Margret 9, Neut 6?, John __, N. N. 4/12 (f) (138)
SMITH, T. O. 27 (m), M. M. 23 (f), J. I. 3 (f), Laura A. 1 (26)
SMITH, T. W. 38 (m), S. B. 43 (f), C. F. 11 (m), W. S. 8 (m), G. N. 7 (m) (126)
SMITH, Thomas 24, Huldah 24, Etta 2, Myrtle 1/12 (43)
SMITH, Thomas 41, Martha A. 30, Jane 19, Sarah A. 11 (201)
SMITH, Tom 35* (164)
SMITH, Toney 48 (B), Ann 35 (198)
SMITH, W. D. 52 (m)*, Ann E. 43 (189)
SMITH, W. F. 68 (m)*, M. C. 24 (f) (126)
SMITH, W. M. 23 (m), M. W. 21 (m) (179)
SMITH, W. P. 55 (m)* (189)
SMITH, W. R. 41 (m)*, Martha E. 36, Mary E. 17, Elizabeth B. 15, Anna D. 13, B. A. 9 (f), Willie R. 6, Burel 4, Rosco 1, Nancy B. 73 (252)
SMITH, W. W. 33 (m), Orlena 34, Lutitia A. 12, Martin L. 10, George M. 8, Rufus 6, EMet 4, Effa D. 2 (198)
SMITH, W.? B. 56 (m), P. E. 42 (f), W. J. 16 (m), G. W. 14 (m), Mothar? E. 12 (f), Margarett J. 11, Mary L. 9, Nancy J. 8, Julia P. 6, John F. 2, Charles H. 9/12 (251)
SMITH, Wiley 16* (B) (145)
SMITH, Wiley Isom 21, John 21 (f), Henry 23 (117)
SMITH, William 22* (B), Ella 16 (267)
SMITH, William 24, Julia? J. 19, Jas. W. 4/12 (198)
SMITH, William 56, Louisiana 53, Lewis M. 22, Starlin P. 18?, Tennessee 17, Samuel H. 12 (4)

1880 Census, Lincoln Co. TN

SMITH, William B. 42*, Minda F. 21, William 16, James 14, Fannie 12, Mary 10, Elizabeth 7, Emma 5 (6)
SMITH, William F. 19* (139)
SMITH, William S. 24, Mary E. 30, Janie E. 4, Josie A. 3, Robert W. 5/12 (15)
SMITH, Wilson 36 (B), Manda 35, Lucy 14, Tom 7, Granville 4, Jeff 4, Noah 2, Eddy 4/12 (121)
SMITH, Wilson H. 28*, Elizabeth 62, James 15 (275)
SMITH, Wilson M. 38, Bettie 31, Sallie L. 10, Thom. B. 6, Amanda M. 3, Mary E. 5/12 (65)
SMITH, Wm. 35, Sarah 30, R. P. 19 (m), N. J. 18 (f), W. J. 16 (m), M. B. 14 (f), G. E. 9 (f), J. F. 8 (m) (245)
SMITH, Wm. B. 51, Margaret A. E. 35, Wilhelmina 9, Mary Edith 7, Rufus A. 5, Thomas 1 (143)
SMITH, Wm. F. 36* (116)
SMITH, Wm. H. 47, Amanda 45 (87)
SMITH, Wm. H. 47, Amanda 45, Tallitha 15, Sarah A. 14, Efey Jane 12, Harriet Ann 6 (88)
SMITH, _____ 29 (m), Nancy J. 27, _____ R. 7 (m), Lou Electer 4 (f), Egdar L. 1 (275)
SMITH?, *, B. W. 38 (m), M. A. 33 (f), Mary E. 7, Wm. Edward 3 (77)
SMITH?, William 48, Amanda 46, Jhon 26, Robert 20, James 18, Bradford 16, Nancy C. 14, Charlotte 12, Rufus 10, Belle 8, Authar 4 (268)
SMYTH, Amy 73 (B), Joseph 42, Rachel 29, James 4 (141)
SMYTH, John L. 29* (B), Becky 19 (140)
SMYTH, Jordon 52 (B), Eliza 43, Emily 15, Anderson 12, George 9, Allice 6, Edward 4, Thomas 2 (141)
SMYTH, Milly F. 21* (B) (143)
SMYTH, Peggy 20* (B) (142)
SMYTH, Spensor 25* (B), Mary J. 22, Elenora 7, Wm. H. 3, Mag. S. J. 2/12, Mary H. 52 (141)
SMYTH, Virginia E. 35*, Johnathan G. 31, Carrie C. 25, James B. 21, Braxton B. 16 (141)
SNELLINGS, Joe 28, Louisa 25, Sarah 5, Launie 3 (m), Maud 5/12 (36)
SNODDY, David A. 50* (269)
SNODDY, Jhon 55, M. Eliza 38, David A. 19, Mary C. 16, Jhon 14, Robert 14, Elsie 9, Columbus 11, Houston 7, Claudia 5 (m), Nancy A. 1 (269)
SNODDY, Montgomery 38, Jane 30, Henton 10, John 9, Clayborn 7, Charley 5, Westley 4, Fannie 2, Baby 1/12 (43)
SNODDY, Pleasant 47*, Delia F. 32 (272)
SNODDY, Rebeca 55* (B), Christiana 14 (266)
SNODDY, William 30 (B), Fannie 25, Jhon 4 (271)
SNOW, Daniel 30*, Laura A. 22, David E. 2, James H. 11/12 (231)
SNOW, Lizzie 30* (40)
SNOW, Mattie 7* (26)
SNOW, W. H. 38 (m), Martha A. 28, Wm. H. 11, James Z.? 9, John W. 7, Lucy 5, Many E. 3, Lilla B. 1 (255)
SNOWDEN, Ben 51 (B), Louisa 42, Henrietta 13, Thomas 10, Ida 9, Gentry? 8, John 6? (122)
SOLAMON, Austin 4*, Ella 4 (268)
SOLOMON, Benette 46, Mary 35, Benette Jr. 16, John 10, Frank 9, Lula 6, Bright 4, Anna 2 (48)
SOLOMON, E. P. 58 (m), Mary A. 32, Eldridge 11, Thom 8, Charles 6, Mattie 4, Annie 2, Alice 5/12 (73)
SOLOMON, Joe? 52*, Mary 51, Rufus 23, James 16, John 21, Mary 14, Emma 9, Anna 7 (40)
SOLOMON, Wash 27*, Delpha 23, James Jr. 5, Allen 2, Baby 5/12 (f) (40)
SOLOMON, Wm. C. 62*, Sallie C. 60, Ella M. 21, Augustus 19, Mattie L. 17 (73)
SORRELLS, Harvey 38, Sarah E. 33, Mary E. 15, Nancy J. 14, Cordelia 9, John T. 7, Pearly J. 2 (154)
SORRELLS, Henry C. 25, Paralee J. 24 (148)
SORRELLS, William T. 39, Martha R. 38, William T. 17, Fannie E. 15, Susan P. 8 (148)
SORRELS, Isham 65*, Penina 54 (79)
SORRELS, J. M. 44 (m), Martha 44, Margaret 22, Louella 19, Mary 17, Bruce 14 (76)

1880 Census, Lincoln Co. TN

SOUTHERLAND, William A. 42, Martha 32, William N. 6, Jhon T. 5, Lou Emma 3, Maldo 1 (f) (274)
SOWELL, P. A. 31 (m)*, Almira P. 26, Fannie M. 9/12 (111)
SOWELL, William 27, Rosa 24, Sanne 1 (f) (134)
SOWELLS, E. M. 28 (m)* (149)
SOWELS, Isham 25* (148)
SPANE, Icabinda 12* (195)
SPARRO, Ella 11* (B) (178)
SPENCE, Dick 34* (B) (187)
SPENCE, Jane 40*, Martha 11 (249)
SPENCER, Eugenia 13* (B) (107)
SPENCER, Felix 24, Phebia 20 (68)
SPENCER, James 72*, Emily 64, Mitchel 22, Sarah 40 (44)
SPENCER, John 35*, Mattie 34, Mitchel Jr. 14, Clarence 11, Edgar 10, Mary 8, John Jr. 6, Mattie 5, Charley 3, Robert 1 (44)
SPENCER, Mary 22* (69)
SPOTSWOOD, Siller 35 (m)* (B) (99)
SPRAY, Eli 30, Sally 27, James W. 5, Martha J. 4, Henry C. 2, Robt. H. 3/12 (119)
SPRAY, Franklin 36*, Nancy J. 41 (6)
SPRAY, Henry 65, Mary Ann 50, Amanda J. 38, Mary 36, Sarah E. 26, Irene 13, Louanna 7, Wm. Edward 6, Barbary 4, Wm. Henry 1 (119)
SPRAY, James M. 22, Amanda M. 15 (118)
SPRAY, John 58, Nancy 51, Susanna 26, James A. 21, John 17, Sarah A. 14, James 11, Jackson 10, Willie A. 7 (f), Reuben 3 (225)
SPRAY, John L. 26*, Nancy 31, Martha A. 7, Eli 5, Thomas C. 3, James H. 3/12 (225)
SPRAY, Lucinda 52*, Frances 13 (119)
SPRAY, Wm. J. 34, Josephine 22, Letty Lou 1 (119)
STALCUP, Isaac 60, Glaphrey 49 (f), Musadore M. 26, James L. 24, Theodosia E. 22, Moses E. 19, Miriam D. 14, William L. 12, George H. 10, Addie L. 5 (14)
STALLCUP, John 26* (126)
STAMBACK, Benj. 69, Susan M. 25, Geo. P. 23, Benj. A. 21 (25)
STAMPER, Jim 27 (B), Lizzie 23, Willie 4, Hannah 7/12 (103)
STAMPS, George 29* (B), Elvira 25, Maggie 8, Jimmy 4, Lillie 2 (121)
STAMPS, Willam J. 32, Ellen S. 27, Beula V. 5, Anna M. 1 (154)
STANFIELD, Ben P. 45*, Sallie B. 34, Allena 12, Matti M. 3 (88)
STANLEY, Martha 45*, Corena F. 8 (279)
STATEN, Darcus 51 (B), H. C. 19 (f) (177)
STATEN, Patsy 37 (B), Charlie 16, N. S. 15 (m), M.H.A.C. 13 (f), Jas. B. 9, Amanda H. 7 (181)
STATES, Leroy 16* (11)
STATION, Lorenzo D. 20* (236)
STAUBLEFIELD, B. 18 (m)* (B) (57)
STAYTON, Davis 17* (B) (157)
STAYTON, J. 21 (f)* (B) (171)
STEDMAN, George W. 39, Mary J. 36, William P. 14, James F. 13, Elisha R. 10, Margaret E. 7, John F. 6, Boyce S. 3, Eddie 1 (233)
STEDMAN, Martin L. 41, AManda E. 40, William K. 10, Clark B. 8, Ollie C. 5 (f), Ulah P. 2 (6)
STEDMAN, Mary E. 70* (11)
STEED, Fredric 52, Mary 41, Willis 18, Mary M. 16, Ennis A. 13 (f), William 8, Lou 3 (f) (83)
STEED, John M. 35, Rabecca 30, Val. 11 (f), Armada 6 (85)
STEEL, Hugh 50* (B), Abraham 12, William 9, Ella 5 (78)
STEEL, N. A. 33 (m), A. N. 25 (f), Cora P. 4, Hermian? B. 2, Matt 12 (f) (28)
STEEL, Nemo 35 (B), Josephine 29, Mattie E. __, Mary S. 9, Cordelia 7, Minnie G. 6, Maggie 5 (146)

1880 Census, Lincoln Co. TN

STEELE, Bill 60* (B) (107)
STEELE, E. J. 35 (f)* (179)
STEELE, Fannie 28 (B), Tommie 11 (f), Rogers 8, Willie 4, Benny 1 (105)
STEELE, John 26* (111)
STEELE, Martha P. 48*, Wm. A. 19 (93)
STEELMAN, C. 24 (m)* (252)
STEELMAN, Elizabeth 35*, Henry 15, Henrietta 15, Noah 12, Wilson G. 10, Nancy A. 8, Milly T. 7 (75)
STEELMAN, Emily 30* (118)
STEELMAN, Emily 59, Daniel 23, William 19, Sarah 17 (87)
STEELMAN, J. W. 32 (m), Nancy C. 35, Fletcher 12, Delia A. 10, Narcissa 6, Rufus 5, Arther 3, Laura B. 1 (262)
STEELMAN, Jno. L. 49, Margaret 35, Virginia 19, Mary E. 11, Amelia F. 11 (75)
STEELMAN, Joel 50, Liney 44, Joel Anderson 17, Andrew J. 11 (149)
STEELMAN, John 23, Eliza C. 26, Fannie 4, Benj. 1 (75)
STEELMAN, John L. 16* (75)
STEELMAN, Mary 21* (63)
STEELMAN, Robt. 31*, Elizabeth 23, Ezella 4, John I. 2, Van 1 (254)
STEGALL, Bob 30 (B), Abby 28 (f), Bud 8, Thad 5, Jeff 3, Candy 9/12, Ida 15 (159)
STEGALL, Ewing 29, Fanny H. 22, Wm. C. 2, Walter E. 15 days (105)
STEGALL, W. J. 57 (m)*, Magnolia 31, Willie W. 23, Jennie M. 13 (105)
STEPHENS, Andrew P. 33, Margaret 36, Luemma 10, Hettie 8, Ivy 6, Lilian 4/12 (15)
STEPHENS, Burrell G. 21, Sarah M. 21, Benj. F. 1 (223)
STEPHENS, Ewin 61, Elizabeth E. 60, James R. 16 (220)
STEPHENS, Henry C. 34, Sarah E. 31 (270)
STEPHENS, Jerry 35 (B), Hannah 26, Isabelle 11, Harriet 10, Eugenia 8, Louella 7, Jerry 4, George W. 2, Olie 2/12 (f) (266)
STEPHENS, John 62, Caroline 54, Cresa 29, Beethena 19, Telitha 17, Alice 13, Lifus 9 (m) (219)
STEPHENS, Kinney 27, Julia A. N. 24, Nancy E. 1 (222)
STEPHENS, Lewis 28* (B) (153)
STEPHENS, Nelson 31, Nancy E. 27, Laura B. 10, Hettie C. 6, James M. 4, Josie M. 2 (219)
STEPHENS, Samuel M. 25, Sarah J. 25, Walter 6, Dolphus 3, Albert 10/12 (222)
STEPHENSON, E. 70 (f)* (B) (180)
STEPHENSON, Jas. A. 51*, Martha A. 49, Nancy J. 28, Idella M. 5 (148)
STEPHENSON, Nancy J. 19*, Robt. S. A. 1 (148)
STEPHENSON, Robert 57, Nancy 57, Virginia 26, Martha E. 19, David 18, Newton 10, Wesley M. 7 (242)
STEPHENSON, Saml. T. 27, Annie N. 29, Julie L. 5, Cora J. 1 (148)
STEPHENSON, T. U. 66 (m)*, Mary R. 64, James R. 20, John C. 35, Amanda E. 29, Callie M. 9, Mary M. 7, George T. 1 (115)
STEPHENSON, W. B. 24 (m), Nealey 23 (f), Irena 2, Zima 10/12 (195)
STEPHENSON, Wm. H. 66*, Mildred A. 56, Joseph 16, George W. 11, Ella B. 9 (144)
STEVENS, Daniel 28 (B), Elizabeth 26, Martha 10, Cora 2 (33)
STEVENS, Retter? 74 (B), Eliza 67, Margaret 15 (34)
STEVENSON, F. M. 34 (m), Amanda 27, Tillman 10, Thos. A. 8, Sarah L. 4, Sion 2, Martha A. 8/12 (23)
STEVENSON, James C. 28*, Mary J. 24, Matty B. 8, Claude B. 4, Clay E. 9/12 (239)
STEVENSON, Jamie? 53, Layla B. 47, Benjamin L. 19, Alace E. 15, David C. 12, Ella 9, Elenora 7, Canzora 7 (241)
STEVENSON, John J. 41*, Mary J. 29, Robt. S. 13, Wm. A. 11 (242)
STEVENSON, L. B. 43 (m), Mary E. 42, Rose 19, Mary T. 13, Samuel E. 7, Frances L. 1 (212)
STEVENSON, W. J. 36 (m), Julia F. 30, Thos. N. 11, E. Claudius 5 (22)

1880 Census, Lincoln Co. TN

STEWARD, Geo. 66*, H. 64 (f), D. A. 21 (f), R. O. 23 (m), D. 20 (f) (171)
STEWART, Bartley 56, Mary 30, Matthew 10, James 7, Ada 5, Viola 10/12 (282)
STEWART, David F. 39*, Anna 39, David D. 12, Joseph F. 7, Wm. A. 4, Mary P. 2/12 (243)
STEWART, Elizabeth E. 53* (227)
STEWART, Henry N. 39*, Frances J. 35, Ada 16, Jessie 13, Alonzo 11, Joseph M. 5, Oscar S. 3 (226)
STEWART, J. L. 42 (m), Hattie 23 (249)
STEWART, J. M. 42 (m), Mollie E. 18 (255)
STEWART, J. P. 39 (m), Eliza 39, J. C. 19 (f), W. E. 17 (m), Jesse F. 15, Calvin L. 12, Marth J. 9, Mary E. 6, John L. 3 (247)
STEWART, James C. 45, Margaret R. 36, Alice J. 16, Marie M. 15, Lizzie A. 12, Polly 10, William T. 8, Robert 6, Virgil A. 4, ARthur F. 4, Charles 2, Mattie 11/12 (11)
STEWART, James McN. 24* (1)
STEWART, John L. 40, Lucretia 25 (17)
STEWART, Joseph B. 33*, Josephine 33, Garland 4 (221)
STEWART, M. G. 33 (m)*, D. A. 25 (f), L. 8 (f), I. 5 (f), U. 1 (m) (171)
STEWART, N. 21 (f)* (172)
STEWART, O. S. 28 (m) (19)
STEWART, Robert A. 40, Nancy J. 39, Frances T. 13, James W. 10, Mary C. 8, Alva B. 4 (m), Oliver S. __ (221)
STEWART, Robert W. 37, Mary 27, John J. 7, Martha R. 4, James G. 1 (10)
STEWART, W. C. 32 (m), Sarah A. 28, Fannie W. 10, Jas. E. 7, Maggie L. 5, Mattie F. 3, Thomas 4/12 (31)
STEWMAN, D. R. 26 (m), Mary E. 23, Horace W. 2 (26)
STEWMAN, D. W. 24 (m), Laura A. 21 (26)
STEWMAN, Robt. 16* (26)
STILES, George 30, Mary 31, James 10, Amanda 7, Rufus 4, John 3 (41)
STILES, John A. 42*, Sarah C. 44, Rufus W. 19, Jas. L. 17, Y. T. 15 (m) (26)
STILES, Robert 24, Cordelia 24, Etta 3, Hardee 1 (40)
STILES, Samuel 58*, James 35, Jhon 27, Martha E. 26, Julia 23, Rufus 21, Florence 19 (279)
STIMMONS, Martha 45* (148)
STONE, Adline 23* (B) (145)
STONE, B. L. 31 (m), Ann 24, Emet R. 4, Jane Mary 2, Mary E. 61 (217)
STONE, Benj. S. 31, Anna 32?, Emet Roy 4, Mary V. 1 (212)
STONE, Charley M. 18* (144)
STONE, Ellen 25* (B) (140)
STONE, Evans 19* (B) (112)
STONE, Fanney 30 (B), Annice? 23, Mary 6, William 4, Ella 2, James Jr. 20 (48)
STONE, Flora 30* (B), Otho 3 (92)
STONE, Frank 15* (B) (52)
STONE, Frank 28 (B), Frances 19, Mary A. 3/12?, Sarah 4, Ninnie 2 (268)
STONE, Harriett 25* (B) (35)
STONE, Henly 59, George W. 17, Sarah A. 13 (270)
STONE, Henry 50 (B), Maggie 38, Jennie 17, Rueben 15, Nancy 14, Joseph 13, Mary 12, James 10, Rufus 9, John 8, George 7, Bell 6, Adena 3 (34)
STONE, Horace 11* (B) (122)
STONE, Isaac 31, Fanney 28, Newton A. 8, W. H. 6 (m), Rosey L. 4, Carrie A. 1 (250)
STONE, James 26* (B) (214)
STONE, James 39, Susan 36, Julia 14, Emma 12, Berry Jr. 9, Edwin 6, Rose 1 (48)
STONE, James M. 46, Martha E. 25 (225)
STONE, Jane 40* (B), George 15, Tie 15 (m), Quilla 10, Edna 1 (130)
STONE, Jas. W. 29*, Mary E. 25, Ula E. 5, Ola O. 1/12 (84)

1880 Census, Lincoln Co. TN

STONE, Jeff M. 56*, Ann 49, Walter F. 17, Edgar B. 15, Charles L. 13, Littleberry 11, Flora May 7 (84)
STONE, Lewis 26 (B), Lousia 25, Mary 6, Hery 3 (m) (49)
STONE, Littleberry 78 (48)
STONE, M. O. 20 (f)* (B), Ida 5, Perletta 2 (129)
STONE, Margaret A. 45 (28)
STONE, Mikiel 70 (B), Polly 75, Michiel 25 (155)
STONE, Molly 20* (B) (92)
STONE, Nola 20 (B), Permelia 4, Ella 2 (49)
STONE, Philena 16* (B) (49)
STONE, Rosina 26* (81)
STONE, Soloman 56 (B), Esther Ann 50, Caladonia 15, Wm. S. 11 (141)
STONE, Susan F. 46, William A. 18 (11)
STONE, Tipp 42 (B), Margaret 42, Ella 19, Mary 17, William 15 (52)
STONE, Topsy 30* (B), Emily 6, Mattie 2 (90)
STONE, William 28 (B), Amanda 30, Jas. M. 66 (77)
STONE, William H. 40, Caroline 26, Medora 10, Benjn. T. 8, Nelson 5, William 3 (213)
STONEBRAKER, Geo. J. 37, Letty C. 36, Ora E. 11, Jacob F. 10 (110)
STONEBRAKER, Luvena 40 (B), Lee 21, Mary 18, Elizabeth 14, Horace 2, Estelle 3/12 (272)
STONEBRAKER, Patcy 75* (92)
STORY, E. F. 41 (m), Sarah F. 30, James C. 11, Elisabeth C. 8, Henry 6, Charles F. 4, Saml. F. 1 (211)
STORY, E. J. 45 (f)*, S. C. 38 (f), M. S. 11 (f), E. 7 (f), D. O. 1 (m) (171)
STORY, James S. 11*, Isabella 9 (208)
STORY, Jas. 30 (B), F. 27 (f), W. 13 (m), D. 11 (f), M. 9 (f), B. 8 (m), J. 6 (m) (168)
STORY, M. C. 54 (m), Mary E. 47, John J. 21, Sarah 19, Sarah 22, Lewis E. 17, Pleasant H. 10, Harlen G. 8, David C. 6 (208)
STORY, M. M. 52, Samanda 42, William H. 21, Eliza E. 20, Mathew F. 16, Thomas M. 12, Ida Jane 9, John G. 6 (211)
STORY, S. 63 (f)*, M. 40 (f) (173)
STOTTS, Wm. 52, Martha 22, Mary 21, Dolley A. 19, Wm. J. 17, Margarett 16, Thomas E. 7, Elizabeth 5, Samuel 3 (258)
STOUBLEFIELD, J. 60 (m)*, Arvenna 52, Thomas 21, Joseph Jr. 19, Milton 11 (40)
STOUBLEFIELD, Wm. 23, Roda 30, Oval 7 (m), Ostin 4 (m), Ella 4, Clifton 2 (40)
STOUT, Tom 29 (B), Allice 27, Mary 13, CAtherine 10, Wm. O. 3, Tommie B. 8/12 (128)
STOVALL, David 40, Mary J. 36, John T. 19, Elizabeth 16, Joseph W. 12, Laura I. 7, Alsada 5, Earnestine 3, Mary J. 1, Elizabeth 77 (236)
STOVALL, G. W. 42 (m), Elizabeth J. 33, Mary E. 15, Tira A. E. 12, Sarah C. 10, Stella I. 8, Mattie H. 5, Lula 3, Bettie G. 1 (28)
STOVALL, Josiah 58, Martha A. 49, G. W. 29 (m), Sarah M. 24, Benj. H. 19, Nancy 16, Bee 12 (m), Letticia 9 (30)
STOVEALL, Gibb 50, Sarrah A. 45, Thomas 21, Wm. 19, Mary Ann 13, John 12, Joseph 10, Patience 5, Robert Lee 3 (242)
STRAND?, T. L. 50 (m), E. 23 (f), R. 18 (m), A. 16 (m), B.? 13 (m), L. 10 (f) (169)
STREET, Ada 12* (B) (122)
STREET, Adaline 62* (57)
STREET, Asa 46, Martha M. 40?, Isaac __, Mary A. __, Jno. W. __, Eliza? 6, H____ 4 (m), G____ 2 (m), Anna M. 4/12 (23)
STREET, Calvin 51, Sarah C. 49, John W. 24 (238)
STREET, Delia 25* (B), Ann Maria 10, Edmond 7, Mag 6 (f), Thomas 4 (123)
STREET, Dotia 10* (B) (249)
STREET, Emly 48* (182)
STREET, George W. 82*, Susan E. 30, George 25, Jhon W. 5, Teat 2 (m) (279)

1880 Census, Lincoln Co. TN

STREET, Henry C. 33, Susan 28, Henry 3 (278)
STREET, John 55 (B), Harriett 41, Mary Ann 16, George W. 12, James M. 10, Isaiah 8, Nancy 6, Rowan W. 4, John L. 8/12, William 19 (122)
STREET, John W. 26*, Mattie 25, Hugh M. 4 (73)
STREET, N. 9 (m)* (B), R. 4 (m) (165)
STREET, Oliver 37, Hester D. 26, Hester D. 16, Mary E. 15, Laura C. 12, Eliza F. 9, Walter 5, Ida A. 3, Emma J. 1 (227)
STREET, Parker 41*, Josie 29, Samuel 5?, John 3?, Henry 2 (32)
STREET, Richard N. 41, Mary A. 29, Sorrena 16, Anna 13, Alice 11, Cora 9 (279)
STREET, Walter 15* (B) (249)
STRONG, David 44*, Gemella 44, Isabella 18, Matilda 13, Ambrose 11, Herman 9 (240)
STRONG, Eward 30*, Sallie 30, Harry 9, Georgie 7, Edward Jr. 4, Bertha 1 (32)
STRONG, John M. 37*, Louis 28, James M. 26 (9)
STRONG, John R. 29*, Mary 33, J. B. 9 (f), H. A. 7 (f), C. A. 5 (m), Cass A. 3, John W. 1 (251)
STRONG, Sarah 23 (37)
STRONG, Sarah 49, Catharine 25, Mary 18, Clinton 15 (37)
STRONG, Sarah B. 59* (9)
STRONG, Wm. 34*, Mary A. 21, James H. 4, David B. 2, Isabella R. 6/12 (240)
STROTHER, William 28* (B) (100)
STROUD, William J. 26, Racheal C. 24 (235)
STRUSIL?, E. 21 (m)* (169)
STUART, Thos. 34, Sarah 34, Nancy 7, Mary 6, Oscar 3, Arthur 3, Martha 1 (158)
STUARTT, Wm. 71*, T. Any 42 (f), O. S. 29 (m) (246)
STUBBLEFIELD, J. 17 (m)* (256)
STUBBLEFIELD, James H. 19*, Julia A. 16 (272)
STUBBLEFIELD, Joseph C. 42*, Fannie P. 32, Wester? 10, Eddie S. 8, George 6, Lee? A. 4, Lucy A. 2 (272)
STUBBLEFIELD, S. 15* (B) (260)
STYLES, Catherine 28 (B), Minerva 7, Robert 3 (71)
SUGG, A. 21 (m,B), R. 19 (f), R. 3 (m), E.? R. 1 (f) (168)
SUGG, David 60, Samanda 50, John 14, Netta 12 (208)
SUGG, H. 49 (m) (166)
SUGG, Henry 25 (B), Angie 22, John 3 (57)
SUGG, J. 66 (f)* (B) (171)
SUGG, Jack 47* (B), M. 45 (f), M. 23 (f), P. 18 (f), D. 15 (f), S. 14 (f), A. 12 (m), J. 10 (m), J. 8 (f), C. 5 (f), M. 4 (f), J. 2 (m), W. 6 (m), C. 3 (f), H. 1 (m) (168)
SUGG, Jim 55* (B), Linda 54, Willis 20, Lem 15 (102)
SUGG, Jordan 22 (B), Dinah 20, Jane 1 (216)
SUGG, Jorden J. 19 (B), Hannah 23, Early O. 2, William 9/12 (217)
SUGG, L. C. 54 (m)*, M. 44 (f), D. 23 (m), C. 21 (m), O. 18 (f), E. 17 (f), M. 15 (f), S. 13 (m), M. 9 (f), N. 7 (f), B. 4 (f), W. 8/12 (m) (170)
SUGG, Martha 72* (B), Mattie Lou 1/12 (109)
SUGG, Prince 33 (B), S. 26 (f), W. 14 (m), H. 12 (f), L. N. 10 (m), D. 6 (m), P. 5 (m) (166)
SUGG, Robert 44* (B), Jane 38 (98)
SUGG, Sally 42*, E. 19 (m), C. 16 (f), H. 13 (m), S. 11 (f), S. 9 (f), W. 7 (m) (166)
SUGG, Tom 21 (B), R. 17 (f), Tiny? 12 (f) (168)
SUGG, Tom 45* (165)
SUGG, W. 14 (m)* (B) (174)
SUGG, W. C. 52 (m)*, S. 38 (f), J. 19 (m), J. 15 (f), A. 13 (f), C. 9 (m), V. 7 (f), W. 5 (f), L. 2 (m), infant b. May (m) (167)
SUGG, W. T. 49 (m), Mary E. 46, Mollie L. 21, Wm. B. 18, Cora 11 (67)
SULIVIN, Mary A. 85 (160)

1880 Census, Lincoln Co. TN

SULLENGER, E. 50 (f)* (39)
SULLENGER, Thomas 28, Jane 28, Delia 10, Louisa 8, James 4, William 1/12 (39)
SULLINGER, C. 54 (f), Sull 24 (m), Newton 21, Hamons 18 (42)
SULLINGER, John 57, Annie 53, Sanford 17, Calvin 14 (43)
SULLINGER, Thomas 30, Edith 28, Lucy 8, James 6, Walter 4, John 2 (42)
SULLINGER, William 21, Martha A. 19, Cletus Lee 1 (271)
SULLINGER, Wm. 42*, John 18 (39)
SULLIVAN, Berry 53, Emiline 47, Eliza 28, Robert 18, Martha 15, Ab boon 13, Lucy Ann 6, Jno. Wilson 7 (74)
SULLIVAN, C. 37 (m,B), P. 32 (f), B. 14 (m), S. 12 (f), R. 5 (m), M. 3 (f), M. C. 5 (f) (175)
SULLIVAN, Dianna 17* (B) (60)
SULLIVAN, J. W. 21 (m)* (182)
SULLIVAN, Jno. B. 37, Bettie A. 39, Margarett 11, Fanny 10, David C. 1 (74)
SULLIVAN, Jno. H. 28, Caladona 30, Ben F. 8, Thomas 6, America 3, Bettie Ann 1 (74)
SULLIVAN, John 24* (B) (180)
SULLIVAN, N. 5 (f)* (B) (171)
SULLIVAN, N. C. 56 (m), M. E. 43 (f), Sousan 18, Newton C. 16, Julia F. 14, A. H. 12 (m), Sarah M. 10, O. A. 8 (f), C. B. 5 (m), N. B. 1 (f) (161)
SULLIVAN, W. H. 5 (m)* (163)
SULLIVAN, Wiley 21 (B), Susan 18, Fannie 5 (230)
SULSER, Narcissa 41, Sarah A. 14, William H. 13, John L. 11, Mary E. 9, Martha E. 7, James D. 6, George W. 2, John 63 (12)
SUMERFORD, Wm. 29* (51)
SUMERS, George 18* (B), Ann 21 (135)
SUMMERFORD, Absm. D. 64, Caroline 54, Mary H. 23, Thomas C. 16, Carey V. 18 (f) (4)
SUMMERFORD, Chas. 28* (B) (125)
SUMMERFORD, J. 24 (m)* (172)
SUMMERFORD, John J. 38*, Mary E. 47, Martha P. 14, Lucy M. 8 (7)
SUMMERFORD, L. A. 15 (f)*, R. L. 11 (m), W. L. 9 (m) (191)
SUMMERFORD, M. A. 65 (f), S. B. 29 (m), A. D. 26 (f), Hattie 6, Eddie 3, Willie 1, Fannie 24, D. A. 22 (m), Nannie 19, Jinnie 6/12 (126)
SUMMERFORD, Sarah 46, Katharine M. 20, William T. 18, Andrew L. 15, Sarah J. 12, Sophia E. 10 (145)
SUMMERS, A. J. 50 (m)*, Elizabeth 47 (19)
SUMMERS, Elizabeth 20* (B) (145)
SUMMERS, Geo. W. 45, A. F. 44 (f), Geo. W. 15, R. E. 12 (m), John 19, Mattie T. 8, Minnie 6 (77)
SUMMERS, John 21* (148)
SUMMERS, Joseph 21, Louisa 20 (77)
SUMMERS, Perk 14 (m)* (B) (157)
SUMMERS, T. P. 74 (m), A. D. 34 (f), M. A. 17 (f), A. J. 8 (f), S. L. 4 (f) (187)
SUMMERS, Thos. D. 25*, Nora C. 22, William T. 1 (2)
SUMMERS, Will 11* (B) (135)
SUMMERS, Wm. A. 42, Anna 41, Sally A. 8, Hatton W. 5 (210)
SUMMONS, Joseph 20, Jannie E. 18 (148)
SUMNER, Jennie 25* (160)
SUMNER, O. C. 17 (f)* (180)
SUMNERS, Adam 45* (194)
SUMNERS, D. M. 39 (m), Mary 26, Bula 9, Avy 7 (m), Elger 4, Vergie 2 (f) (192)
SUMNERS, E. D. 27 (m)*, S. E. 32 (f), N. F. 7 (f), M. P. 2 (m) (188)
SUMNERS, J. J. 28 (m), N. A. D. 25 (f), Becca L. 1, C. A. 18 (f) (185)
SUMNERS, R. E. 32 (m), Alva P. 4, Homer E. 2, Lula C. 2/12 (180)
SUMNERS, R. E. Sr. 69 (m), M. G. 68 (f) (192)

1880 Census, Lincoln Co. TN

SUMNERS, T. H. 31 (m), P. M. 33 (f), M. M. R. 4 (f), M. J. 2 (f), J. W. D. 4/12 (m) (188)
SURBER, Hamilton 29*, Martha A.? 24, John W. 3, Ula J. 1 (3)
SUTER, James W. 48, Martha J. 48, Martha 23, John T. 19, Thomas J. 17, Robert H. 15, Pinkney J. 12, Benjamin P.? 10 (201)
SUTTON, Robert 30*, Florence 27, Fannie 8, Wm. T. 4 (93)
SVAORY, Edward 27 (B), Mary 18, Baby 1/12 (f) (71)
SWANER, I. E. 24 (m), E. F. 17 (f) (172)
SWANER, J. J. 25 (m), C. 20 (f), J. 1/12 (m), R. E. 54 (f) (171)
SWANER, J. W. 30 (m), N. A. 25 (f), I. J. 9 (m) (172)
SWANNER, A. J. 29 (m), Fanny 23, James 1 (215)
SWANNER, J. M. 30 (m), R. E. 23 (f), T. M. 5 (m), R. A. 2 (m) (187)
SWANNER, R. M. 20 (m)* (187)
SWANNER, Sally 68, Adaline 40, Susan 14 (217)
SWINDLE, Jno. W. 26, Laura 28, Lilla 4, Lena 1 (71)
SWINFORD, Henry 24, Martha 17, Beatrice 6 (2)
SWINFORD, J. M. 28 (m), R. A. 27 (f), J. P. 6 (m), J. E. 5 (m), Davis 3, Hugh 4/12, B. F. 21 (m) (244)
SWINFORD, John 64, Cordelia 34, Dolly 12, Jackson 10, Sarah 8, Susan 6, Samuel 4, Halcome 2, Alfred 16 (220)
SWINFORD, Mary 40* (221)
SWINFORD, Phoeby 35*, John 8, Rebecca 6, James 4, Foster 2 (196)
SWINNEY, Robert 61, Margaret 45, Nancy 36, Mollie 20 (42)
SWINNEY, Wm. 23, Martha 20, Martha A. 2 (209)
SWINNEY?, John 25, Margaret 22, Logan 4, William 2, George 7/12 (199)
SYLER, James A. 36*, Sara C. 35, Joseph F. 14, Elizabeth 11, Nancy 7, Mary 4, James W. 1 (281)
SYLVESTER, Elizabeth 35*, Lelia M. 12, Porter 9, Benjamin 4, Yancey 4 (219)
TAFTS, Harvy 49, Elizabeth 35, Mary J. L. 6, Margaret 4, Daniel 1 (233)
TAFTS, James G. 44, Mary E. 42, Robert D. 13, Margaret J. 11, Oliver S. 8, Edward H. 6 (8)
TAFTS, Jane 28* (234)
TAFTS, William D. 46*, Mary J. 30, Mary F. 13, Willie 10, Margaret E. 7, Nancy 6, Delia A. 1 (6)
TALLANT, Jane 47* (3)
TALLANT, Jesse 20, Dicie 19 (256)
TALLEN, James 25, Manberry 27 (f) (257)
TALLENT, O. C. 24 (m)*, Evalina 30, Mattie 5, Mary J. 3 (256)
TALLEY, Henry B. 30*, Elizabeth J. 34, Marion B. 10 (m) (140)
TALLEY, J. A. 46 (m)*, D. A. 36 (f), Fannie B. 17, J. B. 15 (m), E. C. 8 (m), Charlie 6, A. E. 4 (f), Ella 2, Clarence 3/12 (129)
TALLEY, Mathew 53 (B), Milly L. 36, Josephine H. 18, Mollie F. 15, Lula P. 9, Susan 7, Viola 5, William 2, unnamed 5/12 (f) (145)
TALLEY, Nancy 80* (B) (118)
TALMAN, J. H. 65 (m), Sarah 51, L. W. 30 (m), Mary Jane 22, Albert H. 21, S. A. 17 (f), J. H. 15 (m), Thos. 10 (126)
TANNER, Charles 25* (B) (29)
TANNER, Laura 35* (B) (29)
TARDIFF, Theresa 36, Nettie 16, Josephine 14, Alice 12 (106)
TARTER, H. 65 (m)* (103)
TATE, J. J. 60 (m), Isabelle 61, Robt. 32, I. J. 27 (f) (159)
TATE, J. M. 34 (m), T. M. J. 28 (f), M. L. 6 (f), C. A. 4 (f), C. B. 11/12 (f) (157)
TATE, S. J. 20 (m)* (133)
TATE, Samuel 22* (134)
TATE, W. A. 28 (m), Sarah 27, A. 6 (m), P. 2 (m) (163)
TATE, William V. 55, Rutha K.? 43, Samuel W. 22, George L. 20, Smith A. 17, Lily M. 14, William V. 12, Mary R. 8, Carles H. 5, Curtis 1 (223)

1880 Census, Lincoln Co. TN

TAYLOR, Adaline 23* (B), Robert 3 (139)
TAYLOR, Albert 52 (B), Frances 52, Philis 18 (54)
TAYLOR, Alex 23 (B), Henrietta 20, Mary 2, Joseph L. 2/12 (278)
TAYLOR, Alfred 27 (B), Pauline 30 (41)
TAYLOR, Allen 70*, M. J. 43 (f), L. K. 14 (m) (163)
TAYLOR, Arthar 37 (B), Mary A. 23, Eliza 4, Frances V. 2, Samuel 1 (263)
TAYLOR, Barbra 40 (B), Julia 16, Rose 15?, Jessee 13, Manuel 12, Laura 11, Jhon 9, Walter 7, Belle 5, William H. 6/12 (277)
TAYLOR, Catherine 73*, L. J. 34 (f) (163)
TAYLOR, Charles 50 (B), Harriett 42, Thomas 20?, Mary 17, Isham 12, Letha A. 10, Wm. Alx. 6, Millie An 4, Lyda M. 1 (68)
TAYLOR, Chas. 44 (B), Mary 44, Eli 19, Marion 17 (m), Luticia 15, Kazoth 12 (f), John 7, Julia 4, Saml. 2 (56)
TAYLOR, D. N. 22 (m)*, Caroline 56 (159)
TAYLOR, Daniel 67, Ariminta 64, E. J. 36 (f), C. H. 26 (f), L. W. 34 (m), R. S. 27 (m), Malinda 25 (B) (181)
TAYLOR, Edward 27, Maggie 23, Katie 2 (49)
TAYLOR, Edward 59*, Eliza 61 (58)
TAYLOR, Erastus B. 48, Frances L. 39, Henry A. 20, Thomas B. 19, Elvin B. 17, Mary Bell 14, Minie L. 10, Hannah B. 6, Robert W. 1 (221)
TAYLOR, Fredrick 52 (B), Ann 35, Ervin 15, Frances 11, Nancy 9, James 6, Jefferson 5, Belle 2, Elnora 10/12 (278)
TAYLOR, Freeman 32, Mary 35, Sarah A. 9, William J. 7, John E. 5, Earnest E. 3, Claibourn 1 (201)
TAYLOR, Green 21* (B), Manervy 25, Bena 1 (179)
TAYLOR, H. T. 32 (m)*, May E. 35, Emma 11, Fannie 9, Marcus 7, Caroline 5, Olivie 2, Henry 4/12 (132)
TAYLOR, Ibby 63 (f)* (275)
TAYLOR, James 26, Mary J. 40, Julia A. 1 (277)
TAYLOR, James H. 58*, Martha 52, Franklin P. 28, William G.? 25, Anna 26, Cornelius W. 5, Laura M. 8/12 (278)
TAYLOR, Jane 40 (B), Nancy J. 17 (27)
TAYLOR, Jane 66, Emeline M. 27, Mary C. 9, Willie Jane 2 (269)
TAYLOR, Jared? 33, Mary H. 28, Bernice 8, Beulah 6, William T. 4, James M. 2, Guy 9/12, Rose 20 (B), Jo 11/12 (B), Jhon 18 (B) (278)
TAYLOR, Jarred R. 29, Mary A. 25, Mary 5, William A. 2/12 (278)
TAYLOR, Jhon A. 30, Mary E. 33, Mattie E. 8, Alda O. 6, Jhon A. Jr. 6/12 (265)
TAYLOR, Joe 23* (B) (110)
TAYLOR, John 42, Martha 44, Ann 19, Crawford 15, John Jr. 13, James 9, Mattie Jr. 5, Robert 2 (41)
TAYLOR, John D. 52, Lelia A. 45, Charles 15, Elizabeth 10, John 8, Robert 5, John 102 (281)
TAYLOR, Leah 70* (B) (278)
TAYLOR, Mary 28 (40)
TAYLOR, Mary 42 (B), Luella 11/12 (279)
TAYLOR, Mattie 30* (40)
TAYLOR, Nancy 64, Mary 42, Lettie 40, James 28, Sarah 28, Andrew 18, Caldonia 20, Frances 17, Eliza 15 (265)
TAYLOR, Nelson 18* (B), Jasper 14, Amanda 10 (273)
TAYLOR, Ransom M. 43*, Eliza C. 43, John A. 20, Sarah J.? 17, William W. 15, Robert R. 10 (4)
TAYLOR, Richard 27, Eliza 22 (268)
TAYLOR, Ruben 18* (B) (184)
TAYLOR, Sam 40 (B), Clary 42, Charlie 18, Becca 16, Mariah 10 (184)
TAYLOR, Samuel 66* (B), Millie 62, Henryetta 17, John 14, Mary 10 (261)
TAYLOR, Sml. H. 46*, Lou V. 50 (f), Orman B. 19, Lorena A. 16, Albert P. 13, Oscar 10 (158)

1880 Census, Lincoln Co. TN

TAYLOR, T. J. 24 (m), Ella 18 (125)
TAYLOR, Temple 53, Clem 40 (f) (35)
TAYLOR, Temple W. 37, Lucy C. 39, Jhon 13, Florence 10, Charles 8, Ella 6, Josie 2 (269)
TAYLOR, Thomas 54, Mary 54, John F. 21, General 16, Susan 11 (264)
TAYLOR, Tom 24* (B), Mary S. 19, Willa T. 1 (181)
TAYLOR, Vica J. 27*, William 8, Laura 5, Della 3, Marlin 2 (280)
TAYLOR, Wesley 22* (277)
TAYLOR, William 21, Redie 26 (f) (41)
TAYLOR, William Y. 75, Milly 24 (269)
TAYLOR, Wm. 32, Nancy 31, Henry 9, Nancy 6, Lou 4 (f), Etta 2 (259)
TAYLOR, Wm. 52, M. J. 50 (f), Tom 25 (164)
TAYLOR, Wm. B. 42, Angeline 37, Jno. L. 18, Mollie 16, Jas. M. 13, Jethro 11, Louella 9, Wm. Houston 7, Lucy R. 6, Minnie A. 4, Walter C. 2 (71)
TAYLOR, Young 51, Mattie 39, James 21, Mattie W. 24, FRances 22, Temple Jr. 18, Young W. 17, Zilpha 14, Frank 12, John 10, Ida 9, Cora 8, Della 4, Andy 2 (35)
TEDFORD, Nancy 34*, Joida 4 (m) (16)
TEEL, Saml. M. 27, Mattie J. 23, Hugh W. 3, Mollie T. 1, Babe 1/12 (m) (117)
TEMPLETON, A. S. 65 (m), Mary J. 46, Jas. J. 23, John W. 18, Mary E. 18, Wm. A. 16 (179)
TEMPLETON, Abner M. 30, Mary A. 29, Sarah E. 10, Luther M. 7, William P. 3, Jhon B. 6/12 (276)
TEMPLETON, J. F. 22 (f)* (118)
TEMPLETON, Robert H. 35*, Frances C. 27, Mattie B. 10, Lorena 8, Ida 6, Robert H. 4, Jhon D. 2, William E. 9/12 (276)
TEMPLETON, Thos. E. 25* (15)
TEMPLETON, W. G. 28 (m)*, Lilla Jay 24, Charley J. 2, Albert G. 1 (95)
TEMPLETON, William W. 58, Horace C. 21, Elizabeth A. 19, Frances A. 16, Wiley D. 14 (9)
TEMPLETON?, Avus? W. 63 (f), Jhon R. 20 (275)
TERRY, Elisha S. 35*, Victoria 34, Laura L. 11, Robert H. 8, Rosa E. 8 (278)
TERRY, Frank B. 40*, Mattie A. 39, Mary R. 11, Eva L. E. 9, Elizabeth C. 7, Mattie L. 5, Wm. N. 2 (140)
TERRY, Mattie 9* (B) (233)
TESTOR?, Nancy A. 40, Martha E. 17, Robert Lee 14, Dora? 13, Carole 9, Jhon 4, Loretta 1 (277)
THANE, Alexander 63*, Ella 25, S. A. 2/12 (f) (130)
THARP, C. J. 61 (m), Eliza 58, Martha A. 21, Mack O. 15, Len G. 11 (210)
THARP, Nancy 56 (210)
THARP?, Charles 40, Amanda L. 42, Julia 9, John 7, Fanny M. 5, Thomas E. 3, Margaret A. 1, Eliza 67 (208)
THOMAS, A. G. 35 (m), M. J. 34 (f), Emma 13, Eddie 10, Walter 8, George 5, Lee 3 (127)
THOMAS, A. S. 38*, Jennie F. 23? (93)
THOMAS, A. T. 61 A(m), Jane 57, N. J. 22 (f), M. L. 13 (f) (127)
THOMAS, Abram 31* (B), Oliver 8 (82)
THOMAS, Ann 34 (B), Green 16, Ella 10, Oliver 7, Birdie 3, Mollie 7/12 (147)
THOMAS, B. F. 39 (m), Mary 33, Mary 17, Fannie 16, Robert 13, Lizzie 8 (126)
THOMAS, G. W. 45 (m), L. J. 43 (f), Willie 16, Ulah 14, Margret 10, Joe 8, Mary 5, George 1 (126)
THOMAS, George 35*, Nancy A. 34, Mary H. 10, Martha A. 4, John L. 3, Briggs J. 5/12 (3)
THOMAS, H. D. A. 56 (m)*, Cintha 57, Mary 20, Lou 18 (f), Elizabeth 15, Cora 13, W. M. D. 9 (m) (127)
THOMAS, Henry 36 (B), Bettie A. 28, Fannie 8 (250)
THOMAS, John 46* (B), Martha 40, Mollie 21 (80)
THOMAS, Sarah 14* (B) (72)
THOMAS, Wm. L. 51*, Elizabeth B. 52, Hattie R. 20, George c. 18, Hugh L. 16, Livingston 13, Barbara L. 10, Mary I. 7 (131)
THOMASON, Geo. 24 (40)

1880 Census, Lincoln Co. TN

THOMASON, Lemuel 67, Mary 50, Mattie 23, Alice 16, Samuel Jr. 13, Sallie 11, Tennessee 7 (48)
THOMASON, Vic 28 (f,B), Robert 8, Lewis 1 (205)
THOMISON, Alf 29* (B) (99)
THOMISON, Amanda 21* (96)
THOMISON, Ann 14* (B) (49)
THOMISON, David 24* (B) (49)
THOMISON, Elizabeth 30* (275)
THOMISON, Geo. 70 (B), Jack 28, Irvin 25, Pink 17 (f) (47)
THOMISON, H. 24 (m) (49)
THOMISON, John 22* (90)
THOMISON, John B. 37*, Delia M. 34, Jas. H. 10, Billie E. 8, Herbert L. 3, Jane 65 (65)
THOMISON, Julia 21 (B), Jennie 1 (55)
THOMISON, Leva 25* (B), Losa 4, Anna 2 (83)
THOMISON, Lizzie 66*, Thomas 33, Annie 20, Susan 18, Joel 17? (49)
THOMISON, Malinda 38 (B), Elvira 14, Mary Jane 6, George 1 (109)
THOMISON, Matt 23 (f)* (B) (92)
THOMISON, Matt 24* (B), Molly 10 (93)
THOMISON, Noris 41, Reuben 9, Mary 7, Minnie 1 (48)
THOMISON, Perry 38 (B), Caroline 28, John 12, Mattie 11, Lizzie 9, Oma 2 (65)
THOMISON, R. 34 (m), Ann 24, Rose 4, Mary 1 (57)
THOMISON, Zack 51* (B), Mariah 43, Susan 21, Victoria 16, Zack 14, Angel 12 (f), Ezekiel 8 (112)
THOMPSON, Andrew 50, Melvina 40, Logan 22, Frances 20, Newton 18, Martha 16, Philanda 14 (m), Jack 8 (40)
THOMPSON, B. B. 39 (m), Sarah H. 28, Mary E. 1/12 (95)
THOMPSON, Ben 40, Mary 44, George? 13?, James 9, Annie? __, _____ 10/12 (m) (33)
THOMPSON, David 65, Louisa 55, McDonald 18, James 16 (268)
THOMPSON, E. 14 (f)* (B), Jimenie Lee 3/12 (179)
THOMPSON, Fracis 46 (m), Frances 38, Louisa 14 (36)
THOMPSON, Geo. 35, Frances 32, Elizabeth 9, David 6, William 4, Wiley 2 (33)
THOMPSON, H. W. 47 (m), S. 45 (f), S. O. 24 (f), F. 23 (f), T. N. 19 (m), J. H. 15 (m), J. 78 (m) (170)
THOMPSON, Henderson 23, Martha 19, Ella 3, Jhon W. 9/12 (268)
THOMPSON, Hugh 52, Mary 33, Lonzo 14, George 12, John 10, Martha 9, Fannie 7, Arthur? (55)
THOMPSON, J. H. 35 (m)*, Elvira C. 36, Knox 10, Martha J. 4 (248)
THOMPSON, James F. 35, Amanda J. 25, Bernard O. 3, Mary A. 11/12 (239)
THOMPSON, John 30, Ann 19 (32)
THOMPSON, Joseph 36, Harriett 30, Floyd 3 (43)
THOMPSON, L. C. 57 (f), J. C. 14 (m) (20)
THOMPSON, Lary 29 (m)*, Nancy 32, Harvey 11, John 8, Myrtle 4, Martha 1 (59)
THOMPSON, Logan 18 (33)
THOMPSON, Logan 72, John 40 (36)
THOMPSON, Mary A. 62, Charles M. 31, Susan C. 24, Joel H. 21, Robert L. 14 (15)
THOMPSON, Matilda 52* (B) (161)
THOMPSON, Mely 38 (B), Sharlott 16, Brana? A. 13, Sarah E. 10, Joseph 8, Tommie 8/12, Pink E. 5/12 (f) (184)
THOMPSON, Sallie 29*, Marcus 27 (52)
THOMPSON, Sarah 53 (36)
THOMPSON, T. 32 (m), Maria 34, Jennie 12, James 10, Frances 4, Vedora 6, Annie 1 (38)
THOMPSON, W. 27 (m), M. J. 26 (f), E. C. 2 (f), M. J. 10/12 (f) (173)
THOMPSON, W. 29 (m), Mary L. 22, J. W. 2 (m), May L. 6/12 (128)
THOMPSON, William 68, CAroline 57, Rebecca 26, Oval 21 (m), Mary 19, ____ 10 (m) (33)
THOMPSON, Wm. 21* (193)
THOMPSON, Wm. 28, Susan 30, Nancy 6, William 2 (33)

1880 Census, Lincoln Co. TN

THOMPSON, Wm. 32, Elizabeth 29, Albert 14, Sanford 12, Ida 9, Ada 3 (36)
THOMSON, Edward 26* (B) (155)
THORENTON, W. T. 24 (m)*, Allice 20, Cordie 3/12 (248)
THORNTON, D. B. 45 (m), Martha P. 45, James T. 21, Henry L. 17, Ella 15, Sallie 9, Wm. M. 7, Loucina 4, Saint 2/12 (m) (252)
THORNTON, Isaac 21* (B) (219)
THORNTON, J. M. 31 (m)*, Anna S. 27, Lillie V. 3 (110)
THORNTON, Jack 50 (B) (53)
THORNTON, James M. 25*, Amanda S. 25, Sally Belle 4, Kimsey F. 2 (216)
THORNTON, Jas. M. 57, Lucinda 54, Mary E. 28, Thos. H. 21, L. G. 19 (f), Jane 13 (130)
THORNTON, Levi 25, Nancy 30, Henry G. 5, Richard 3, John W. 2, Babe 1 (m) (216)
THORNTON, Mary F. 47, William A. 16, Sallie B. 15 (4)
THORNTON, P. L. 28 (m)*, Maggie 22, Kerby 2, R. B. 25 (m) (113)
THORNTON, R. D. 25 (m)*, Mary E. 28, Mattie Lou 3, Allen E. 2 (116)
THORNTON, Robert 38, Fanny J. 33, Mary O. 7, Daisey 4, Frances 2, Babe 5/12 (f) (216)
THORNTON, Wm. A. 35*, Josie 34, Emma 10, Mollie 9, Willie 7, Walter 6, Gertrude 4, Maggie 3, Anne 1, Alice 15 (113)
THORNTON, Wm. R. 50, Elisabeth R. 50, James M. 2, Nancy E. 1 (200)
THRASHER, J. H. 37 (m), Elizabeth 31, Martha Ann 15, Alice V. 12, Mary 8, Minnie 6, Monzella 4, Barbary 2 (118)
THURMAN, Elizabeth 40?*, Benj. 20? (115)
THURMAN, Jeff 10* (67)
THURMAN, Lucinda A. 37* (272)
THURMAN, T. 17 (m)* (71)
THURMAN, Wm. S. 22, Lutitia 23, Mary A. 1 (114)
TIDWELL, Kesterson 62, Louisa 36, Matilda E. 15, Mary J. 14, Louisa M. 12, Ila P. 9, Martha E. 5, Jonas O. 2 (11)
TIGERT, J. B. 51 (m)*, M. Ann 36, Belle G. 16, Samuel 12, George H. 10, Mary E. 4, Annie B. 2 (78)
TIGG, James 28* (B), Dora 25 (64)
TILLERY, F. F. 22 (m), Alice 16, Mary F. 1 (205)
TILLERY, Jane C. 55, Indiana 18 (200)
TILLMAN, J. D. 38 (m)*, Mary F. 38 (96)
TIMINS, Anna 16* (B) (105)
TIMMINS, Jerre 42 (m,B), Caroline 29, Eddie 11, Mary 10, Eugenia 6, Shepherd 8, Emma 3 (108)
TIMMONS, Mary 46 (B), Fanny 27, Jonnie 7, Lizzie 4 (104)
TIMMONS, Milton 51* (B), Rachel 41 (249)
TIMMONS, Moses 20* (6)
TIPPER, Wm. S. 27, Saphrona 26, Ben J. C. 5, Nancy A. 2 (75)
TIPPS, David 73, Mary H. 73, Mary R. 32, Thomas B. 35, Rufus M. 10, Robert L. 7 (222)
TIPPS, Dudley 41, Jane 39, Davis 19, Albert 17, Nannie 14, Emma 12, William 9, Nora 6, Charley 3, Henry 3/12 (39)
TIPPS, George M. 56, Lucinda 49, Musadore V. 22, Thomas J. 19, William G. 11/12 (222)
TODD, Abb 55* (B) (99)
TODD, Anna 22* (B), Anderson 19 (102)
TODD, Ellen 30* (B), Georgie 11 (f), Charlie 9, Joe 7, Natt 5, Ervine 2, John 2/12 (102)
TODD, George 10* (B) (162)
TODD, Mary O. 45* (110)
TODD, William 24* (B), Lizzie 1 (119)
TODD, Wm. 52 (B), R. 29 (f), J. 11 (f), C. 8 (f), S. 5 (f), R. 4 (f), W. A. 1 (m) (166)
TOLERVER, Hart 15* (B) (55)
TOLLEY, Clayton 5* (B) (66)
TOLLEY, Dock 52 (B), Ann 36, Bob 15, John 10, Ida 6, Levi 3, Mina 1 (113)

1880 Census, Lincoln Co. TN

TOLLEY, Mark 22* (B) (70)
TOLLEY, Sina 21 (B), Joe 2 (66)
TOLLEY, Will 21* (B) (113)
TOM, Turner 28 (160)
TOOL, J. L. 25 (m), M. L. 23 (f), E. V. 3 (m), A. N. 8/12 (m) (163)
TOOL, J. R. 69 (m)*, M. 67 (f), M. 35 (f), S. C. 34 (f), Wm. A. 30 (163)
TOOLE, Ruth An 60* (84)
TOOLE, William P. 57, Elizabeth 54 (228)
TOON, A. J. 64 (m)* (B), Susan M. 33 (91)
TOONE, Anna 23* (14)
TOSH, Fannie 28* (218)
TOUCHSTONE, James 18* (1)
TOUCHSTONE, Jones 21, Frances 23 (156)
TOUCHSTONE, S. 35 (f)*, S. C. 11 (f), T. C. 8 (m), R. L. 7 (m), M. 5 (f), Edmond 3 (164)
TOWNSEND, Jas. 10* (B) (18)
TOWNSEND, Kittie 41 (B), Chas. F. 9 (19)
TOWRY, Benton L. 30, Emaline D. 30, William M. 8, Sarah E. 7, Cordelia 4, Andrew J. 3, Newton 10/12 (226)
TOWRY, Isham J. 49, Celia 43, Thomas F. 22, Permelia C. 21, Hannah V. 18, Elea E. 13 (f), Dorothy E. 9, Waldemer 7, Sidney J. 4 (13)
TOWRY, Martin H. 23, Hannah 23, Dora S. C. 2 (226)
TOWRY, Sarah 67, Celia A. 38 (226)
TOWRY, Tighlman 47, Nancy J. 45, Mary B. 19, Celia J. 17, George H. 13, Nancy R. 10, Greeville A. 8, Julia C. 5, Walter I. 4 (226)
TOWRY, William S. 37, Nancy J. 35, Jessie 15, Mary J. 13, Alexander 11, John H. 8, Frances 5, America 4, Morgan M. 1 (220)
TRAITOR, Sarah 30, Jimmie 14, Dick 11, Turley 8 (f), Lilly 4 (233)
TRAMMEL, A. G. 31 (m), Rebecca 31, Willie 8, Minnie 6, Tudor 3 (105)
TRANTHAM, H. T. 23 (m), Sarah 18, H. L. 1 (f) (193)
TRANTHAM, J. W. 28 (m), Geo. A. 22, T. F. 5 (f), E. C. 3 (f), I. J. 1 (m) (191)
TRANTHAM, Levi 54* (194)
TRANTHAM, Martin 56, Mary F. 44, Archie L. 24, Victoria 21, Ada 16, Charles 12, Dora M. 9, John H. 6, Ira W. 2 (210)
TRANTHAM, U. E. 52 (f) (193)
TRAVIS, George W. 14* (B) (279)
TRAVIS, Henry 32* (B) (35)
TRAVIS, Henry 35 (B), Mattie 27, Mack 3, Sillie 1 (f) (33)
TRIPP, Albert? 43, America 29, Authur 1 (39)
TRIPP, Francis 42, Jane 28 (39)
TRIPP, Henry 35, Elizabeth 21, Lillie 2 (39)
TRIPP, Nancy 75, Thomas 33 (39)
TRIPP, William 13* (44)
TROUP?, William F. 47, Susan 42, William 22, Andrew 15, Eugene 13, Joseph 11, Laura 9, Alexander 2 (274)
TRUMAN, William J. 38, Elizabeth I. 27, James C. 15, Frances G. 13, Walter G.? 10, Luther W. 6, William G. 1 (149)
TUCKER, Anderson 69, Mattie 38, R. C. 3 (m), Jessee 1 (253)
TUCKER, Andy 16* (B), Mollie 14, George 8, Mary 4, John C. 10/12, Amanda 40 (70)
TUCKER, Berry 24, Mollie 20 (34)
TUCKER, Britten 40, Mary 40, Dora 17, Sarah 15, James 13, Robert 11, Britten Jr. 9, Benjamin 6, Mary 3, Matha (b. May) (39)
TUCKER, C. G. 53 (m), Nancy W. 50, Ella V. 20, John C. 21, F. E. 14 (m), Jas. A. 12 (177)

1880 Census, Lincoln Co. TN

TUCKER, Daniel 20?, Nancy 25 (48)
TUCKER, Daniel 32, Maria 25, Maud 4, Geo. 2, Baby 1/12 (f) (43)
TUCKER, David 48, Exie 29 (135)
TUCKER, Ezekee 32, David 10, Cora 8 (42)
TUCKER, Francis 25* (43)
TUCKER, Francis 53, Nancy 54, Mary 24, Britten 18, Nancy Jr. 16 (43)
TUCKER, J. T. 33 (m), M. A. 36 (f), Anna A. 12, Sarah E. 12, John M. 7, L. P. 6 (f), Elizabeth C. 1 (180)
TUCKER, Jackson 58, Sarah 56, Sallie Jr. 23, Emma 21, Fannie 19, Jack Jr. 17, Jennie 12 (32)
TUCKER, James 46* (B), Louisa 70 (38)
TUCKER, Jane 24, Lillie 3 (39)
TUCKER, Jane 54* (79)
TUCKER, Martin 37, Mary 27, Elizabeth 10, Charley 6, Louisa 1 (43)
TUCKER, McDaniel 45, Amanda 37, William 15, Julia 14, Cora 12, Alice 10, Florence 7, Franklin 4, Susan 2 (43)
TUCKER, Nancy Y. 55, Sallie H. 31, Daniel J. 28, Robert A. 25, Henry C. 23 (17)
TUCKER, Newton G. 37, Nancy J. 30, Elfleda 13, Daniel O. 11, Mary S. 6, Louisa Y. 4, Newton H. 1, Susan V. 3/12 (219)
TUCKER, Pernelpa 56, Mary 29, John 26, Robert 19, Wm. 17, David 13, Wilard? 7, Albert 3 (133)
TUCKER, Pleasant 62, Jane 45, Budd 24, Alice 13, Ada 10, Etta 8 (217)
TUCKER, R. 19 (m)* (38)
TUCKER, Rufus 28, Sarah 28, Robert 4, Sanford 2 (39)
TUCKER, Rufus 39*, Jhon D. 11, Martha E. 6, William N. 3 (279)
TUCKER, Thomas 11* (133)
TUCKER, William 30, Martha 31, Mary 13, Elizabeth 11, Catharine 79 (42)
TUCKER, William Jr. 15* (42)
TUCKER, Wm. C. 34, Tennie 27, Jessee 7, Pearl 3, Sarah 1 (64)
TUCKER, Wm. F. 45, Eliza 43, Ida G. 20, James F. 15, John B. 12, Holland G. 8, Allice 5 (212)
TUGGS, Robert 45* (B), Rebecca 5, Robert 3 (4)
TULEY, C. M. M. 45 (m), S. L. 32 (f), Anna M. 11, Alzora 8, E. E. 5 (f), M. G. A. 3 (f), J.W.S. 11/12 (m) (182)
TULEY, James W. 74, Polly A. 40, W. H. 31 (m) (182)
TULEY, L. J. 42 (f)* (194)
TURBEVILLE, B. W. 25 (m)* (113)
TURLEY, Sarah 14* (245)
TURLEY, Wm. E. 46, Margaret 44, Wm. Lay 10, B. F. 44 (m) (107)
TURNER, America 27, Cordelia 10, Mary 6, Sally 4, Hattie 1 (160)
TURNER, Andrew J. 30, Sithy 28, John S. 6, Mary E. 4 (224)
TURNER, Carol 15 (m)* (B) (54)
TURNER, Elizabeth 20*, STephen M. 14, Nancy C. 12, Rose E. 7, William S. 4, Perna 1 (3)
TURNER, Elizabeth 60, James J. 23, Icy B. 16 (f) (234)
TURNER, Elizzabeth 53, Lucy 25, Willie 21 (f), James 18, Sulow? __ (f) (54)
TURNER, Frances 67 (46)
TURNER, J. A. 23 (m), Eliza 20, Foust 2, Martha E. 5/12, Frances 19, N. N. 1/12 (f), Martha 26 (136)
TURNER, J. C. 25 (m), Mary E. 39, John F. 11, Marion F. 9 (m), Ada J. 7, Tera M. 5 (m), Wyatt A. 1 (209)
TURNER, James S. 20*, Margaret A. 18 (6)
TURNER, James S. 60, Martha E. 54, Sherman W. 15, Colbert 11 (232)
TURNER, Jas. 35*, M. J. 36 (f), J. L. 7 (m), L. E. 9/12 (f) (175)
TURNER, Jno. S. 58, Spicie 55 (f), D. R. 25 (m), Elenora 17, Nancy 15, Sarah 12 (128)
TURNER, John L. 33, John W. 8, Anna E. 7, Robt. L. 4, Israel T. 2, James E. 1 (242)
TURNER, Katharine 48* (B), Delia 16, Will 14, Hatty 6 (99)

1880 Census, Lincoln Co. TN

TURNER, Robert 22, Jane 33 (225)
TURNER, S. 79 (f)* (168)
TURNER, Simson 23, Mollie 21, Edward 6/12 (232)
TURNER, Tise 22 (m)* (B) (123)
TURNEY, A. H. 36 (m), M. C. E. 36 (f), M. L. 9 (f), S. H. 6 (m), J. L. 2 (m), C. L. 6/12 (m) (185)
TURNEY, Henry 81, Eliza 50, M. A. 29 (f) (185)
TURNEY, J. B. 49 (m)*, F. A. 43 (f), I. F. 9 (f) (175)
TURNEY, W. R. 34 (m), Matilda 39, D. F. 13 (f), Martha 10, Lucinda 4 (185)
TWITTEE, W. W. 32 (m), Sarah 33, Alphonso 9, Martha 8, Conetia A. 6, Alsada 4, Lula E. 5, Daniel W. 2, Martha A. 70 (201)
TWITTY, Pinkney L. 49*, Martha F. 27 (9)
TYLER, George W. 40*, Samantha 34, Herbert W. 7, William B. 4, Jacob 1 (277)
TYLER, William 44 (B), Ellen 40, Ida 10 (100)
UPTON, James B. 33, Janie 33 (79)
VANCE, Bob 30* (B), Ann 30, Ella 6, Sam 3 (114)
VANCE, Elizabeth 27*, George F. 2/12 (89)
VANCE, Henry 50 (B), Jane 32 (157)
VANCE, Jack 48* (B), Polly 30, H. 13 (f), Wm. 10, Ada 7, John 4, Chs. 8/12 (156)
VANCE, Jacob 65*, Mary Ann 57 (113)
VANCE, Jane 70* (B), William 12 (235)
VANCE, Jesa 3 (f)* (B) (5)
VANCE, Jones 18* (B) (156)
VANCE, Patty 45 (B), Agg 15, Ligie 5, Mary 7 (114)
VANCE, Spencer 55 (B), Caroline 50 (157)
VANCE, Vina? 34* (B), H. 7 (m), J. W. 2 (m) (163)
VANCE, Wyatt 45 (B), Jane 25, William 7, Susie 5, John Henry 4, Mary Fran. 10/12, Samuel 26 (114)
VANZANT, Harry 56 (B), Martha 30, Pink 20 (m), Nancy 18, James 14, Frances 13 (33)
VANZANT, Nelson 24 (B), Ann 22, Maggie 2/12 (33)
VAUGHN, Claiborne 25*, Mary 30, James 7, Margaret 4, Sarah 2, Matilda 7/12 (6)
VAUGHN, G. W. 56 (m,B), Ann 39, Joseph M. 26, George 20, John 18, Thos. 13, Martha 12, Louella 4, James A. 7, W. E. 5 (m) (260)
VAUGHN, H. 36 (m), M. E. 24 (f), J. A. 17 (m), J. W. G.? 13 (m), M. E. 10 (f), A. E.? 7 (f) (162)
VAUGHN, J. S. 47 (m)*, Kittie S. 32, Walter L. 18 (96)
VAUGHN, James 37, Julia A. 47, Josefine 18, Elisabeth 14, Mary 12, Susan 18, George 9, Sally 4, Hettie 1 (214)
VAUGHN, Samuel 53* (B), Nancy 55, Thomas 16, Mary 17, Perry 15, Mary B. 12 (3)
VAUGHN, W. R. 42 (m) (208)
VAUGHN, William 71, Fannie 66, Littleberry C. 23, Mary E. 27, Fannie A. 5/12 (7)
VENERABLE, Andy J. 51*, Eliziah 44 (230)
VENTRE?, David 31, Lou M. 28, Alta B. 7, Mattie Lou 4, Jackson 1 (64)
VENTRESS, A. J. 26 (m)*, A. E. 19 (f) (251)
VENTRESS, F. M. 58 (m)*, Susan C. 52, Susan A. 19, Rufus G. 15, Mandana 12, S. M. 9 (f) (251)
VENTRESS, Thomas 21* (255)
VENTRESS, W. J. 32 (m), Mary F. 34, Mattie B. 10, Edger 7, Lilla 4, Lona 1 (253)
VICKERS, E. 40 (m), C. 35 (f), R. J. 12 (f), T. 10 (m), P. 8 (f), P. 6 (m), J. 4 (m), J. 3 (m) (166)
VICKERS, Iby 66 (f), George J. 24 (237)
VICKERS, J. J. 30 (m), Caroline 40, Dora 1 (207)
VICKERS, James 34, Eliza 32, Matt B. 4 (m), Drusilla B. 3, James B. 1 (196)
VICKERS, Richd. 30, Sarah E. 22, Robt. 5, Willis 3, Catharine 1 (229)
VICKERS, Wm. R. 24, Artimissa 23, Dewitt C. 1 (237)
VINING, R. A. 34 (m), Lizzie M. 35, Minnie? C. 6, F. E. 2 (m), Jennie 17 (106)
VINING?, John 54, Anna 52, George 18, Catharine 18, Eliza 15, Joseph 12, Edward 7 (227)

1880 Census, Lincoln Co. TN

VINSON, James 33 (B), Merica 12, Mattie 9, Tucker 6, Jacob 1 (127)
VINSON, Wm. 27, Mattie 27, Nancy 9 (135)
VINZANT, Nelson 24 (B), Lina 22, Maggie 2/12 (37)
WADDLE, Charlie 31*, L. M. 21 (f), T. W. 6 (m), S. R. 3 (f), Nellie 9/12 (93)
WADDLE, Jno. S. Jr. 28*, Mary S. 24, Lena R. 2, Charles H. 4/12 (106)
WADDLE, Jno. S. Sr. 68*, Nancy 63, Mary F. 31 (108)
WADE, Charles W. 31*, Mary I. C. 28, Willie W. 3, John 1 (140)
WADE, Elijah F. 58*, CAroline P. 57, Jas. T. 21, Isham 19, William T. 16 (76)
WADE, Hester 16* (42)
WADE, James S. 39, Sinthey 35, Pernanner G. 2 (265)
WADE, Jno. C. 36, Margaret E. 33, Bettie Carolin 12, Susan C. 11, John James 9, Elija Frank 6, William T. 4, Rabecca 2 (75)
WADE, W. D. 50 (m)*, Louisa 55, Thomas H. 12, T. H. 56 (m) (126)
WAGGER, Emma 42*, Susan 17 (43)
WAGGONER, Alexander 58*, Mary E. 45, Alexander 14, Fanny 6 (74)
WAGGONER, Alice 17* (B) (72)
WAGGONER, Anderson 23* (B), Mahalia 28, Mariah 12, John 5 (68)
WAGGONER, D. N. 38 (m), Ann C. 36, George 13, Mary A. 10, Florence 8, Joseph 5, Leonidas 3, Wm. Calvin 1 (68)
WAGGONER, Danl. 75, Mary 72, John 28, Eva 8, Felix 23 (68)
WAGGONER, David 73*, CAtherine 68, Henderson 19 (66)
WAGGONER, Felix 57, Hulda 54, Jeff F. 23, Sue E. 17, George 19, Wm. H. 16, Pattie B. 13, Felix L. 10 (67)
WAGGONER, Hullen 47*, Nancy E. 14, James 12, Ella Nora 7, Thomas 5 (66)
WAGGONER, Jane 39 (B), Mattie 16, Dabney 11, Fannie 14, William 9, Steven 7, Esther 4, Caroline 2, Cynthia 20/30 (44)
WAGGONER, Jessee 48?* (B), Martha 35, ____ 7 (f), George 2 (68)
WAGGONER, John 21* (B), Fannie 19, Willie 2, Frank 10/12 (67)
WAGGONER, John 22* (B), Rilda 18 (44)
WAGGONER, John 30, Lou V. 30, George 10, Maud 8, Felix 7, Benjamin 5, Hulda 4, William 3, Saml. B. 1 (60)
WAGGONER, John 50 (B), Albert 12, Ella 10, Elina 20, May __ (134)
WAGGONER, John L. 31, Sally 21, Clara C. 2/12, M. L. 27 (m) (108)
WAGGONER, Lee 14* (B) (67)
WAGGONER, Lige 45 (B), Millie 35, Billie 12, Morris 8, Lou 5, Lina 2 (134)
WAGGONER, Mary 5* (B) (75)
WAGGONER, Mary Jane 30 (B), George 8, Martha 5, Oscar 3, Elizabeth 1 (75)
WAGGONER, Minerva 38*, Lizzie 15 (58)
WAGGONER, Morris 70* (B), Lucy 70 (60)
WAGGONER, Sol 27* (B) (69)
WAGGONER, W. J. 23 (m)* (19)
WAGGONER, Wm. 29, Martha 31, Maud 1 (44)
WAGGOTT, John 17 (48)
WAID?, Frank M. 34, M. R. 36 (f), Oscar 12, Joel 11, Charley 8, Marion 3 (m), Jimmie 1 (77)
WAKEFIELD, C. 19 (m)* (148)
WAKEFIELD, J. H. 44 (m)*, Mary 37, J. M. 17 (m), E. L. 14 (f), Anna M. 12, Joe B. 9, Lizzie A. 5 (27)
WAKEFIELD, John 31*, Mary 29, Lizzie 7, Felix 3, Baby 3/12 (m) (53)
WAKEFIELD, Thos. 18* (146)
WAKEFIELD, W. J. 22 (m)*, J. W. 20 (m) (180)
WAKEFIELD, Zora 20 (f)* (B), Ambrose 1 (114)

1880 Census, Lincoln Co. TN

WAKERFIELD, A. 52 (m,B), Mattie 46, Van 13, Annie 10, Eliza 8, Edward 6, William 3, Merritt 1/12 (49)
WALDEN, David 29, Ruth 28, Ella 7, James F. 5, Alfred 2 (214)
WALDEN, James 10* (B) (86)
WALDEN, N. 47 (m)*, Mary C. 18, Luther G. 14, Laura M. 13, Flaura A. 13 (179)
WALDEN, Sally 48, Alfred 63, Sparta 22 (m), Martha 20, Sarah 16, William 11 (214)
WALES, Ann 54 (B), Elizabeth 22, Diemer 20, Hettie 18, Edward 6, Martha A. 3, Charlie 1, Katy Bell 2, Anna 22 (101)
WALES, D. P. 38 (m)*, M. 31 (f), J. 15 (m), Wm. 11, L. 9 (m), B. 21 (m) (172)
WALES, John 30, Sis 25 (163)
WALES, William 60, Sarah E. 52, Thomas W. 15 (209)
WALKER, Aaron L. 40* (242)
WALKER, Alice 12* (B) (1)
WALKER, B. 20 (m), E. J. 16 (f) (170)
WALKER, Benjamin 36, Gillie 25 (f), William 10, Laura 5, Margret B. 2, A. Babe 2/12 (m) (274)
WALKER, C. J. 53 (f), C. A. 21 (f), Jno. A. 18 (27)
WALKER, Dovie 60 (274)
WALKER, Edmond C. 63*, Louisa J. 22 (243)
WALKER, Elijah 42, Mary 30, Annie 8, James 5, Cora 2, Emma 5/12 (51)
WALKER, Imogene 5/12* (51)
WALKER, J. H. 28 (m), Fanny A. 24, Balmy I. 2 (f), Nanie E. 11/12, Ada M. 7 (27)
WALKER, J. L. 57 (m), C. L. 50 (f), Lillie M. B. 17, Ella 15 (180)
WALKER, James C. 28, Fanney 30, Viola 6, Ada 4, Morgan 2 (241)
WALKER, Jas. H. 48, Nancy 40, Margaret 20, William 15, Thomas 13, David 9 (202)
WALKER, Jno. P. 19* (126)
WALKER, John 31* (B) (4)
WALKER, John C. 28, Sarah J. 20, Margaret F. 4, Lewis G. 1 (8)
WALKER, Lewis 70 (B), Margaret 48, Mina 11, Emily 9, Caroline 5 (5)
WALKER, M. 24 (f)* (165)
WALKER, Martha 43?* (275)
WALKER, Mary 48* (276)
WALKER, Mary J. 26* (B), Margaret 11, Ella 5 (5)
WALKER, Milton 24, Mary 20 (195)
WALKER, Nannie J. 2* (27)
WALKER, RIchard 29, Martha 27, Elizabeth 10, James 8, William 6, Fannie 4, Harvey 11/12 (195)
WALKER, Rebecca 78* (13)
WALKER, Robert E. 28, Frances 20, Rufus D. 2 (277)
WALKER, S. H. 33 (m), R. E. 26 (f), Mary C. 8, Jno. G. 6, Etna N. 4, Wm. M. 2 (26)
WALKER, Smith L. 70, Susan J. 46, John S. 22, Mattie 11, Thomas J. 8, Alfred F. 3 (243)
WALKER, Stephen 29, Nancy 26 (195)
WALKER, Stephen T. 48*, Julia 42, Robert 14, Shade W. 10, Minnie 7 (223)
WALKER, William A. 60, Mary A. 54, Nancy E. 27 (220)
WALKER, Wm. 19*, Mary 23, Nancy 40 (255)
WALKER, Wm. J. 44, Mary A. 42, John P. 19, Laura 16, Willie 12, Mary 8, Christina 1 (114)
WALKER, Wm. M. 42 (m), Martha E. 41, Sallie Alice 15, Emma J. 12, Edmond S. 4 (22)
WALLACE, Berline 36 (f), Marnisa 2, Pearl 9/12 (207)
WALLACE, Burlin? 30 (f), Ella 3, Pearl 1 (236)
WALLACE, Emma 11* (230)
WALLACE, Frank R. 35, Sarah 30, Hetty 10, John 8, Jobe 6, Henry 4, Oscar 1 (202)
WALLACE, Hu B. 61, Mary F. 30, Hugh B. 15, Milton 13, Delila 6, Erskine 5 (196)
WALLACE, J. W. 26 (m,B), M. A. 28 (f), W. E. 6 (m), Anica 59 (244)
WALLACE, Joseph 50, Polly 47, William 19, Josiah 17, Mary 14, Jane 10 (200)

1880 Census, Lincoln Co. TN

WALLACE, Josiah P. 57?, Mary 47, William 21, Mary 18, Isaiah 16, Hepsebah 14 (f), Agustus 12, Robert 6 (202)
WALLACE, N. O. 56 (m)*, M. E. 45 (f), R. M. 21 (m), N. O. Jr. 20 (m), Mary L. 17 (94)
WALLACE, V. L. 12 (f)* (230)
WALLE?, Nancy J. 53*, Greenville 20 (249)
WALLS, B. F. 31 (m), M. C. 32 (f), M. L. 11 (f), J. A. 10 (m), M. L. 6 (f), L. B. 4 (m), C. A. 2 (f) (190)
WALLS, Benjamin 36 (B), Susan 26, Stevenson 8, William 6, Walter 4, Maude 3, Andrew 2, Dora 6/12 (271)
WALTERS, Dollie 8* (B) (55)
WALTERS, Mary 16* (44)
WARD, Erasmus 64, Mary 63, Hannah 25, Alice 16, Mary Jr. 8 (42)
WARD, Erasmus Jr. 28*, Sophronia 25, George 4, John 2, Baby 20/30 (m) (42)
WARD, Irene 40, Fate 19, Henry 16 (161)
WARD, Jno. F. 41*, F. V. 36 (f), John H. 6 (125)
WARD, John 28, Mary 26, Margaret 9, Ella 6, James 2 (43) -
WARD, John 39, Rachel 34, Jefferson 15, Erasmus 13, Theresa 11, John 6, William 4 (39)
WARD, Sterling 26, Nancy 25, Elijah 3, Goodlow (42)
WARD, Thomas 28, Lucinda 25, William 7, Wyly W. 4, Gemella 10/12 (240)
WARDEN, Ewin 22, Malissa 21, David 3/12 (86)
WARDEN, F. H. 37 (m), Luiza 32, James 15, William 13, Bettie 10, Thomas 9, Belle 7, Dora 6, Luther 3, Elizabeth 10/12 (63)
WARDEN, Hardin 59, Mary 48, Susan 20, Rabecca 19, Sallie 15, John 12, Charles 7 (86)
WARDEN, Jas. D. 26, Alice W. 16 (87)
WARDEN, Jas. M. 36*, Elizabeth 33, Luvenia 13, Irena 5/12, Travis 26 (63)
WARDEN, Wm. C. 21, Mary J. 20, Daniel F. 2, Ada 8/12 (83)
WARREN, Alexander 44 (B), Jhon 14, Thomas 12, Tennessee 10, Ella 8, Oscar 5 (274)
WARREN, Andrew J. 33, Mary J. 32, Jhon 12, Percy 8, Raney 6, Oma Lee 1 (266)
WARREN, Ben 63, Emily 55, Allen 27, Ada 22, Philander 21, Felix 19, Mattie 15, Lizzie 13, Robert 8, Ola 4 (53)
WARREN, Calvin 65, Martha A.? 55, Mattie 14?, Becky 9, Gertrude 4 (140)
WARREN, Charles 12* (B) (140)
WARREN, Daniel W. 33, Julia A. 23, Delila 7, Thomas S. 6, Lillie 3 (11)
WARREN, Eliza M. 29, Ida 11, Maggie M. 9, Annie J. 7 (144)
WARREN, Ellen 23 (B), Gertrude 3 (105)
WARREN, Frank 60 (B), Martin 12 (35)
WARREN, Henders 28, Fannie 20, Andrew 3 (35)
WARREN, Henry 66*, Mary 59, Chales 38, Fannie B. 15, James P. 13, Mary 11 (273)
WARREN, James A. 29, Mary E. 29, Finecia A. 9, Mary A. 8, Ettie E. 6, John W. 4, Emma L. 2, Daniel A. 3/12 (228)
WARREN, James H. 36*, Eliza H. 30, Cora W. 10, Henry B. 8, Elizbeth 6, Emma 4, Laura 2, Susan 8/12 (274)
WARREN, John C. 24, Leah 17 (140)
WARREN, John H. 24, Mary E. 21, Nancy A. 7, Mary J. 5, Eliza E. 3 (150)
WARREN, Lou B. 31 (f)*, E. H. 12 (f), L. V. 11 (f), Lena L. 9, Thos. M. 7, W. H. C. 2 (m), Thos. K. 72, Elizabeth A. 63 (19)
WARREN, Mary J. 15* (149)
WARREN, Robt. E. 24*, May M. 21, Robt. P. 8/12 (144)
WARREN, Sterrling 60, Cely 54, Willis 30, David 24, George 22, Nannie 18, Jannie 17, Della 12? (35)
WARREN, Thomas 30*, Bettie 26, Lula 6, Fannie 3, Babay 4/12 (m) (53)
WARREN, Winny 23* (B) (143)
WASHBURN, A. 63 (m), Sarah A. 63, Mary 25, Martha 25, Elizabeth 22 (77)

- 139 -

1880 Census, Lincoln Co. TN

WASHBURN, Arthur 58, Mary G. 57, John L. 27, Delia 29, Mary M. 9/12 (222)
WASHINGTON, John 30 (B), Mary 23, Harris 2, Robert C. 3/12 (218)
WASHINGTON, Norvel 19* (B) (159)
WATERS, M. 50 (f)* (144)
WATKINS, James 32, Jane 32 (205)
WATKINS, John W. 21, Rose F. 19, Mary 4/12 (197)
WATKINS, Lucy 50 (B), Sally 20, Milton 18, Squire 12, Edward 10 (205)
WATKINS, Robert 30, Nancy 25, William 7, Alice 5, David 3 (205)
WATKINS, William 27, Jane 25, Lydia 7, Lula 1 (202)
WATSON, B. H. 23 (m)*, Lena 20, Claud 11/12 (190)
WATSON, Daniel 53, Mary Ann 44, William 25, Thomas 23, James 21, Julia A. 20, Mary J. 18, John Henry 17, Martha 14, Arthur J. 11, Lewis P. 9, George E. 7, Virginia 5, Cordelia 3, Caledona 1 (196)
WATSON, Elizabeth S. 16* (9)
WATSON, Frank 21* (6)
WATSON, John W. 51, Sarah F. 45, William P. 24, James E. 23, Elisha S. 21, Delia A. 17, John H. Jr. 16, Thomas G. 15, Frances R. 12, Annie A. 10, Lula P. 3 (7)
WATSON, William 53*, Sarah 38 (3)
WATT, J. W. 23 (m), M. A. 19 (f) (110)
WATT, P. 62 (m,B), T. 14 (f), H. 12 (m), C. 4 (f) (173)
WATT, P. W. 27 (m)*, J. O. 20 (m), N. 60 (f) (174)
WATT, W. 17 (m)* (B) (173)
WATTS, John 25, Josephine 22, Sarah E. 4, James A. 2, Wm. Albert 7/12 (104)
WATWOOD, Malissa 20*, George 15 (63)
WEAVER, Joseph 18* (70)
WEAVER, Mary 43* (69)
WEBB, Abb 29 (B), Eliza 27, Martha 13, Florence 11, Mattie 9, Ida 7 (33)
WEBB, Arch 30, Narcissa 26 (123)
WEBB, Betsy 60* (43)
WEBB, Dick 25 (B), Lou 21 (f), Mary 3, George 3, Ida 3/12 (35)
WEBB, Eliza 30 (B) (34)
WEBB, Elizabeth? 50?* (34)
WEBB, George 25 (B), Maria 25, Virginia T. 8, Ida B. 4, Josia P. 2 (f), James W. 18/30 (280)
WEBB, George 25* (131)
WEBB, George 36, King H. 7, Gatewood 84, Eliza 33 (264)
WEBB, Henry 13 (B), George 9, John Jr. 7, Nelson 46, Mary 40 (42)
WEBB, Henry 20, Amelia 20 (249)
WEBB, J. D. 34 (m), Mary 24, Eliza E. 8, James W. 3, George H. 10/12 (216)
WEBB, James 24 (B), Ann 22, Mary M. 5, Margret 18, Emma F. 7/12 (266)
WEBB, James M. 29, Elizabeth 24, Leo 4, Adolphus 1 (264)
WEBB, John 30, Mary 39, Eliza 10, James 4, George 1 (216)
WEBB, John 82, Seneye 72 (f), Milton W. 35, Ann 27, Andrew 6, Jack M. 4, Martha J. 1 (219)
WEBB, Joseph F. 40, Mary E. 38, Jobe? L. 19, Mariah E. 17, James S. 15, Martha A. 13, Joseph F. 10, Wm. 8, Benj. 5, Mary J. 3 (232)
WEBB, Laura 12* (B) (276)
WEBB, Mary 35 (B), William 6, Luisa 4, Sally 2 (217)
WEBB, Mattie A. 39, Emma R. 16, Nannie T. 11 (31)
WEBB, May 30 (B), Morgan 16 (34)
WEBB, Ned 45* (B) (278)
WEBB, Samuel 77* (32)
WEBB, Sarah 12* (B), Frances 10, Caldonia 5 (227)
WEBB, W. C. 60 (m) (216)

1880 Census, Lincoln Co. TN

WEBB, W. H. 63 (m), E. C. 52 (f), Wm. A. 31, F. H. 29 (m), Lillie 23, Charlie M. 16, Mattie L. 14, Moses B. 11, Lizzie May 5, Laura 12, Porter 5, Gertrude 3 (91)
WEBB, William 34 (B), Julia A. 34 (276)
WEBSTER, Jonathan E. 28, Nancy E. 28, Albert A. 2, Joseph W. 1/12 (10)
WEEKS, A. B. 62 (m), Mary 55, John M. 20, Nancy F. 17 (259)
WEEKS, Ellen E. 19*, Mattie L. A. 8/12 (22)
WEEKS, J. T. 65 (m), Lucinda 63 (27)
WEEKS, Sarah 18* (B) (278)
WEEKS, W. N. 25 (m), Eliza B. 22, Edward C. 2 (253)
WEEKS, Wm. 29, Nancy E. 29, J. F. M. 5 (m), Austin M. 3, unnamed 5/12 (m), unnamed 5/12 (m) (27)
WEEMS, James 35, Martha 30, Columbus 13, Alcie 11, Georgia A. 7 (196)
WEEMS, James 35?, Martha 30 (197)
WEIGART, Columbus __, Elizabeth __, Horace __ (48)
WEIGART, John 82, Mary 51, Mary Jr. 25, Maggie 23?, Thenia __ (48)
WEIGART, Sis 34, John 12, Wm. 10, Bunk 6, Maud 1 (55)
WEIGHER, Dinnah 32 (B), Thomas 8 (50)
WEILER, John W. 31, Henrietta 29, Louisa 11, William 9, George F. 8, John W. 4, Marshal B. 2 (144)
WEISS, Charles 28, Margret E. 24, Lula 4 (269)
WELCH, Henry 67, Nancy 59, M. C. 26 (f), Penelope 24, Nancy Jr. 23, John 21, Davis 18 (189)
WELCH, J. H. 32 (f)* (171)
WELCH, J. L. 28 (m), Nisie 20, Effie 3, Ida 6/12, L. O. C. 69 (m) (133)
WELCH, J. N. 26 (m), C. A. 19 (f), Sallie A. 6/12 (189)
WELCH, N. 38 (m), Martha 38, Cora 15, Martha 12, Mary 9, Robert 6, Margret 4, Samuel 2 (133)
WELCH, N. N. 31 (m), Martha 33, Marietta 8, Ellenore 6, Wm. L. 4, Sarah V. 1 (133)
WELCH, R. M. 35 (m), Delila 37, Mary 12, Robert 7, Thomas 4 (133)
WELCH, Robert 69, Nancy V. 68, Nancy M. 25 (241)
WELCH, Robert M. 44, Mary E. 40, Bernard D. 18, Cora E. 12, Edward J. 9, Howard M. 6, Robert E. 3 (241)
WELLS, Amanda 46, Lorra 17, Elizabeth 15, William 13, Joann 11, Mary 9 (252)
WELLS, C. 45 (f)* (B) (168)
WELLS, Fannie R. 34*, William H. 11 (227)
WELLS, Gustavus 22* (B), Elizabeth F. 18 (13)
WELLS, Harrison 64*, Susan C. 47, John B. 19, Mary M. 17, Dolly Lee 16, William N. 12, George H. H. 8, Benjamin F. 6, Virginia C. 4 (139)
WELLS, Henry 69* (B), Martha 28 (227)
WELLS, James W. 30* (155)
WELLS, Jas. M. 44, Isabella 44, Eliza E. 22, Payton H. 20, John M. 15, Wm. A. 13, Minnie I. 8, Hildreth E. 6 (m), Ava A. 4 (118)
WELLS, John 14* (124)
WELLS, John 51 (B), Ella 36, Henry 13, John 12, Saint 11, Lively A. 6, William T. 2, Ella N. 1 (226)
WELLS, Lou 30 (f,B), Frances P. 16, Willis 12, John H. 7, James O. 3, W. T. 1 (m) (257)
WELLS, Margaret 40, Mary Lou 13, Margaret A. 11, Joel Isham 8 (78)
WELLS, Rufus 29, Malinda 26, Charley 5, Rufus E. 2 (253)
WELLS, Sarah 60, Mary 35, Nancy 24, Rainey Mc. 22, Ellen 19 (263)
WELLS, Stephen D. 26, Emily F. 30, Mary M. 1, William H. 8/12 (154)
WELLS, Tilman 68, Sena E. 64 (182)
WELLS, Tosco 17* (B) (254)
WELLS, Wesley 34, Isabell 44, Boon 8, Fannie L. 7, J. T. 4 (m), Wm. H. 1 (182)
WESBROOK, Bob 40* (B), Laura 30, William 1 (56)
WEST, C. 20 (f)* (164)
WEST, J. W. 27 (m), M. A. 24 (f), W. D. 2 (m), W. C. 8/12 (m) (117)

1880 Census, Lincoln Co. TN

WEST, John C. 48, Elizabeth J. 40, William 19, Pleasant O. 16, Robt. 12, John C. 9, Allen 6, James 5, Raleigh L. 2 (233)
WEST, John M. 34* (208)
WEST, W. C. 59 (m), N. O. 42 (f), M. L. 11 (f), J. B. 10 (f), J. T. 8 (m), T. M. 2 (f) (174)
WEST, W. J. 12 (m)* (25)
WEST, W. J. 24 (m), M. 23 (f), O. 2 (m), A. E. 3/12 (f) (174)
WHEELER, James W. 27, Hettie C. 27, Luparna 3, Emma 1 (220)
WHIRLEY, James 20* (154)
WHITACRE, James A. 16* (B) (223)
WHITAKER, Aaron 52* (B), Amanda A. 52, Jack 20, Ceila 16, _____ 14 (m), Amanda 12, Aaron Jr. 9, Richard 6 (69)
WHITAKER, Alex J. 47, Sarah J. 43, Charlie 15, Edna 12, Fannie 8, Henry C. 5, Alex. J. Jr. 3 (70)
WHITAKER, Alf 21* (B), Mary 21 (267)
WHITAKER, Andy 37* (B), Mary A. 27, Henry D. 10, W. G. T. 6 (m), Col. Tilmon 4, Ed E. 2, C. E. 6/12 (f) (258)
WHITAKER, Ann 16* (B) (70)
WHITAKER, Ann 16* (B), Mary 6/12 (128)
WHITAKER, Ann 36* (B), Eliza 2, Isaac 1 (96)
WHITAKER, B. H. 56 (m)*, Betsey 48 (138)
WHITAKER, Benton 32 (B), Frances 20, Hetty 1 (215)
WHITAKER, Bob 26 (B), Hariett 24, Emiline 7, Amanda 5, Richard L. 4, Ulus 1, Caroline 3/12 (58)
WHITAKER, Charley 25 (B), Lucy 22, Emily 6, Annie 5, A. C. 3 (m), Lettie A. 1 (89)
WHITAKER, Dave 50 (B), Indiana 49, Tommie 18, Catey 15, Joe 12, Jackson 11, Dave 10, H. L. 3 (m), M. B. 1 (m) (128)
WHITAKER, David 50 (B), Mary 42, Georgie 15 (f), Belle 12 (72)
WHITAKER, F. A. 59 (f)*, R. P. 25 (m), Ed L. 17, Lotta 12 (72)
WHITAKER, F. P. 24 (m), Frances 20, Jas. H. 2, Wm. H. 4/30 (138)
WHITAKER, Fannie 29 (B), Margarett 12, William 9, Edy 7 (64)
WHITAKER, George 24 (B), Cincinnati 22 (f), Ben N. 4, Wm. Lawson 1, Lilla 62 (89)
WHITAKER, George 25* (B), Mattie 26 (162)
WHITAKER, George 68*, Jno. J. 28, Wm. R. 23, Henry R. 21, Mary W. 18 (138)
WHITAKER, H. C. 57 (m), Lettie L. 49, Ben A. 23, Rabecca E. 22, Sallie C. 19, Stonewall 16, Lula 13, Larkin M. 10, Gertrude 7, Mick? 17 (B) (71)
WHITAKER, Hany? 30* (B) (137)
WHITAKER, Harry 34 (B), Caroline 29, Bell 12, Susan 10, Lillie 4, Larkin 7/12 (52)
WHITAKER, Harry 34 (B), Caroline 29, Belle 12, Susan E. 9, Lilly Ann 4, Larkin 7/12 (71)
WHITAKER, Henry 40 (B), Alsey A. 33 (154)
WHITAKER, Henry 40* (B) (64)
WHITAKER, J. H. 24 (m), K. E. 17 (f) (161)
WHITAKER, J.? B. 25 (m), Marie Lou 21 (66)
WHITAKER, James 22 (B), Minnie 17 (70)
WHITAKER, James 50 (B), Usly 80 (f), Emily 25, Lizzie 14, Bettie 12, James 10, John 7 (65)
WHITAKER, Jessee 60* (B), Mariah 54, Saml. 22, Jessee Jr. 18, James 15 (62)
WHITAKER, Jo. D. 23* (73)
WHITAKER, Joe 15* (B) (129)
WHITAKER, John 55* (73)
WHITAKER, Jones 25* (B) (81)
WHITAKER, Joseph 26 (B), Eliza 25, Lula 8/12 (215)
WHITAKER, Joseph 49* (B), Janie 40, Thomas 17, Ceily 14, Joseph 7, Jessee 20 (69)
WHITAKER, Judy 47* (B), Fanny 16 (116)
WHITAKER, Katharine 30 (B), Lewicy 12, Robert 11, Emma 7, Mattie 5 (103)
WHITAKER, Lem 25* (B) (113)

1880 Census, Lincoln Co. TN

WHITAKER, Lizzie 13* (B) (53)
WHITAKER, Luvicy 12* (B) (124)
WHITAKER, M. D. L. 47 (m)*, Mattie 32, Agnes L. 10, John P. 9, Wm. Henly 7, Sallie F. 5?, Pink R. __ (f) (71)
WHITAKER, M. E. 31 (m)*, Ida 23, Mary M. 2, Maude 7/12 (183)
WHITAKER, Margt. 50 (B) (107)
WHITAKER, Mark 24*, James 21 (73)
WHITAKER, Mark Sr. 73, Rosanna 68, Jennie C. 38, Fannie 27, Delia 19 (69)
WHITAKER, Martha 34* (B), Jessie 10/12 (67)
WHITAKER, Mary 19* (B), Verley 10/12 (f) (112)
WHITAKER, Matt M. 21* (107)
WHITAKER, Mattie 10* (B) (70)
WHITAKER, N. H. 47 (m)*, Elmina H. 31, Sallie H. 9, Nicholas P. 8, And. J. 3 (121)
WHITAKER, Nel 30 (m)* (B), Louisa 40, John 8 (115)
WHITAKER, Patsy 10* (B) (52)
WHITAKER, R. N. 58 (m)*, C. S. 48 (f), H. L. 28 (m), Anna E. 26, Emma S. 24, Isabella S. 20, Horace V. 8 (97)
WHITAKER, Robt. 7* (B) (98)
WHITAKER, Susan 71* (116)
WHITAKER, T. J. 58 (m)*, S. R.? 59 (f), D. 33 (f) (167)
WHITAKER, Van 42* (B), Cynthia 28, Savannah C. 4 (121)
WHITAKER, W. 40 (m,B), F. 30 (f), W. 12 (m), E. 10 (m), S. 6 (m), M. 3 (f), S. M. 1 (f) (174)
WHITAKER, W. N. 30 (m)*, America J. 27 (96)
WHITAKER, West 33? (B), Martha 28?, Sam 6, Corsell 4 (f), Vina 3, Minda 4/12 (130)
WHITAKER, William 40* (B), Sarah 35, Lucy 15, Walter 10, Eliza 6, Ella 4, Willie 1, John 6/12 (62)
WHITE, A. 35 (m), Olivine 30 (f), Ida 5, Robert 4 (38)
WHITE, Bradley 37, Susan 35, George Jr. 18, Jefferson 16, Mary 14, James 11, Martha 8, Henry Jr. 7, Jennie 4, Thomas Jr. 6/12 (36)
WHITE, Elizabeth 39*, Newton 14, George 10, James 7 (268)
WHITE, Emma 11*, Hugh L. 8 (106)
WHITE, Georeg 34* (B), Ann M. 27, Dorcas L. 11, Mary C. 9, Sarah J. 7, Isaiah 6, George T. 4, Mattie M. 7/30 (150)
WHITE, Hannah 95* (B) (57)
WHITE, Henry 21* (281)
WHITE, Henry 33, Elizabeth 45 (73)
WHITE, Isaac M. 17, Ira A. 14, William A. 12 (200)
WHITE, James J. 24*, Eliza T. 20 (115)
WHITE, Jas. 40, D. 40 (f), T. 13 (m), J. 11 (m) (167)
WHITE, Lutitia 21*, James 15 (278)
WHITE, Marion 29, Mary 23, Robert 6, Vivie 3, James F. 1 (269)
WHITE, Martha J. 60* (269)
WHITE, Mary R. 19* (177)
WHITE, Meadow 80, Rhoda 72, W. F. 45 (m), Louisa M. 37, Isaac M. 17, Ira A. 14, William B. 13 (199)
WHITE, Nancy 80* (104)
WHITE, Phebe 16* (B), Lewis 14, Suck 12 (f), Henry 4, Willie 2, Suella 2/12, Mary Bell 5/12, Patrick 20 (99)
WHITE, Thalens 50, Nancy 43, Fannie 21, Martha 19, William 17, Sarah 12, James 9, Henry 7?, Franklin 5 (273)
WHITE, Thomas 23, Mary 20 (42)
WHITE, Thomas 30* (B) (32)
WHITE, Thomas J. 26, Viola 21, Mand M. 4, Della 2 (228)

1880 Census, Lincoln Co. TN

WHITE, Wm. 32, Nancy 23, James 23 (36)
WHITEHEAD, Saml. 41, Susan 45, David 21, Thomas F. 18, Cena E. 15, Mary Ann 14, Catherine 12, Mosely 10, Naomi 8, Daniel E. 6, William 4 (216)
WHITFIELD, B. H. 30 (m)*, M. A. 35 (f), Geo. D. 9, M. L. A. 6 (f), C. A. 4 (f), T. H. 1 (m) (27)
WHITFIELD, H. 54 (m), Saphrona 51, Thomas 21, Ada 16 (84)
WHITINGTON, Anna 20*, Daniel 65 (54)
WHITMORE, Thos. 40 (200)
WHITT, A. F. 41 (m)*, E. 44 (f), J. D. 24 (m), E. 21 (f), T. 19 (f), S. 17 (f), E. 14 (f), W. 9 (m) (165)
WHITT, David 28, Mary J. 20, Frank 9, Freeman 4, Thomas M. 6/12 (201)
WHITT, David 56, Susan 44, Isaac H. 21, Benton B.? 16, Nancy J. 14, James M. 12, David W. 9 (197)
WHITT, F. D. 25 (m), Melissa 22, William B. 2, Sofronia 11/12 (201)
WHITT, Isaac 58, Elmina 46, Andrew G. 18, Isaac 16, Berry F. 14, William T. 12, John B. 10, Eadith 8, Lewis F. 6, Charles B. 2, Willia 22, Eaza J. 20 (201)
WHITT, Jane 35*, Will 17 (218)
WHITT, Simeon 21*, Eliza Ann 20, Fanny May 11/12 (206)
WHITT, WEsley 36, Artella 28, Mary F. 13, William A. 10, John W. 8, Alfred H. 6, Andrew 2 (204)
WHITWORTH, Andrew F. 28, Rachael E. 29, James H. 10, Thomas B. 9, Malinda A. __, George W. 3, Julia E. 1 (242)
WHITWORTH, Dicie 42 (f), Susan 19, George 17, Henderson 15, John 11 (83)
WHITWORTH, George 5* (83)
WHITWORTH, Hugh 33, M. 30 (f), M. 6 (f), Wm. 4 (163)
WHITWORTH, Jeff 15* (73)
WHITWORTH, John 70, Margaret 36 (80)
WHITWORTH, John A. 34*, Roena J. 33, Mary Sue 10, Carrie B. 7, Annie M. 1 (146)
WHITWORTH, R. L. 41 (m), Malissa L. 42, Florence I. 20 (23)
WHITWORTH, Russell 70, Jane 71, Belindy 45, Louisa 25 (243)
WHITWORTH, Selina 54 (243)
WHITWORTH, Wm. 9* (81)
WICKERBIND, Ness 14 (f)* (43)
WICKS, Ann 47, James M. 20 (239)
WICKS, Charles T. 26, Ermine G. 25 (f), Jno. T. 6, Catharine 2 (22)
WICKS, Gabriel D. 30, Lucy A. 25, Charles T. 3, Cora E. 1 (265)
WICKS, Mahala T. 63* (22)
WICKS, William 21*, Alice 18, Thomas 1, Anna 6/12 (47)
WICKS, Wm. R. 22, Alice 19, Thomas 1, Annie 5/12 (88)
WIDNER, M. T. 42 (m), M. M. 42 (f), S. G. 20 (m), H. W. 18 (m), Nancy D. 16, Martha E. 15, Josephine 14, Louesa 11, Thos. N. 9, Babe? M. 7 (f), Fannie F. 6, Andrew J. 4, Slade F. 3 (260)
WIGGS, George 13* (59)
WILBUR, Jane 42*, Ellen 9, Charles 5, Orin 1 (72)
WILBURN, Willis 61 (B), Fannie 85, Nancy 25, Annie 12, Alice 9 (227)
WILDER, James 30, Sarah 32, Ada 10, Thomas 8, James 3, Mary 4/12 (55)
WILES, Charles 60*, Hannah 30, Luticia 19 (61)
WILES, S. P. 36 (m)*, Martha A. 33, Fannie L. 4 (61)
WILEY, Frank 35* (B), Fannie 31 (123)
WILEY, L. J. 45 (m)*, Marth J. 33, Thos. O. 5, John H. 3, James T. 1 (249)
WILEY, Lewis B. 52, Josephine 30, Lillie B. 5, Laura Lizzie 3 (103)
WILEY, Sally 75*, Margt. 60 (114)
WILKS, William F. 20* (146)
WILLBANKS, H. S. 38 (f)*, A. J. 18 (m), H. 13 (m), T. 11 (m), R. 8 (m), W. A. 5 (f) (171)
WILLBANKS, Wiley 76, Mahala 66, Sarah 38, Zilpha E. 30, Susan 28, Sarah J. 18, John H. B. 8 (220)
WILLET, John 45, Sarah J. 43, Mary E. 13, Mattie L. 10, William C. 7, Daniel J. 5, John P. 3 (152)

1880 Census, Lincoln Co. TN

WILLEY, Jane 68*, L. H. 51 (m) (248)
WILLEY, Robt. 29 (B), Mary 24, Moses 6, William 5, Orleny 4, Lizzie 2, Robt. W. 2/12 (248)
WILLIAM, James 11* (150)
WILLIAMS, A. 40 (m), M. E. 38 (f) (26)
WILLIAMS, Alfred 57, Addeline 52, Thomas A. 20, Susan P. 16, Forrest N. B. 14, John S. 12, Josaphine 9, Adda R. 7 (241)
WILLIAMS, Bob 21* (B) (52)
WILLIAMS, C. 59 (f) (203)
WILLIAMS, Carroll 51, Mary G. __, Margaret A. 27, Mary Frances 17, Martha J. 14, Catharine 12 (26)
WILLIAMS, Dave 22* (B) (114)
WILLIAMS, Delila 70* (B) (100)
WILLIAMS, Elizabeth 57*, Joseph T. 19, James R. 17 (3)
WILLIAMS, F. M. 45, Nancy 45, Geo. M. 18 (26)
WILLIAMS, Gran 28, Mary 26, James 4 (36)
WILLIAMS, Henry 36, Victoria 40, Mary J. 13, Nancy 11, George 8, Amanda 8, John 5, Martha 3, Joanna 76 (263)
WILLIAMS, J. T. 47 (m), E. J. 37 (f), Emaline 20, M. R. 18 (f), Laura 10, Icy 6, L. J. 5 (f), Susan 1 (182)
WILLIAMS, James 34* (B), Patsey 29, Rebecca A. 4, Minnie F. 11/12 (30)
WILLIAMS, Jane E. 52* (229)
WILLIAMS, Jas. T. 50, Betsy 48, Minta 17, Isham 15, Walter 11, Hassletine 6 (f) (117)
WILLIAMS, Jhon 32, Nancy 21, William 10?, Dora L. 8, ____ 5 (f), Orena 1? (276)
WILLIAMS, John 22, Nancy C. 26, Sarah E. 4, James W. 3, Saml. P. 11/12 (149)
WILLIAMS, John 52, Marget E. 50, Maimee 11, Eddie 9, Cora 7, Lewis 5, Clarence 3, Margaret 2 (205)
WILLIAMS, L. D. 26 (m), L. V. 26 (f), Ana 4, Maggie 1 (192)
WILLIAMS, Leroy 29*, M. M. L. 22 (f), Ida M. 4, Lula 1 (188)
WILLIAMS, Mary 42, Luticia J. 16, Wm. T. 14, Joshua 12 (179)
WILLIAMS, Richard 46, Louisa M. 43, David E. 14, Susan I. 9, Louisa M. 6 (241)
WILLIAMS, William 56, Elizabeth 37, Eliza B. 9, Jhon R. 7, Jacob 5, George E. 10/12 (275)
WILLIAMS, Wm. 29, Ellen C. 31, Mary A. 7, Geo. W. 5, Etha E. 3, Willie D. 1 (f) (23)
WILLIAMSON, Berry 6* (B), Julia 24, Neal 4, Lizzie J. 2/12 (3)
WILLIAMSON, H. B. 57 (m) (192)
WILLIAMSON, I. W. 42 (m), Roda 42, John 18, Lou 16, Billie 14, Bell 12, C. 9 (m), Sam 6, Isaac 3 (135)
WILLIAMSON, Jas. D. 26*, Mattie C. 25, Thos. N. 2, John L. 8/12 (143)
WILLIAMSON, L. J. 61 (f)* (109)
WILLIAMSON, Robert 19* (130)
WILLIAMSON, Robt. 45 (B), M. A. 35 (f), I. 14 (m), E. 12 (m), F. 8 (f), S. 3 (m), S. B. 2 (f), F. 1/12 (m) (166)
WILLIAMSON, Terry 36 (B) (248)
WILLIAMSON, Thos. L. 51*, Catherine 53, Joseph 19 (84)
WILLSON, Prince 20 (B), Adaline M. 17, Thomas 1 (208)
WILLSON, W. J. 23 (m), S. A. 19 (f), W. T. 1 (m) (194)
WILSON, Andrew 31* (B) (80)
WILSON, C. S. 45 (m)*, M. E. 40 (f), M. B. 15 (f), C. S. 12 (m), C. G. 8 (f), F. A. 7 (f) (156)
WILSON, Clinton 67, M. 64 (f), C. A. 22 (f) (175)
WILSON, E. S. 45 (m)*, M. T. 45 (f), A. B. 21 (m), M. S. 19 (m), M. A. 16 (f), Claudie 13, Kate 9, Eugenia 5, Willie Y. 3, Byrd 1 (179)
WILSON, Ellis 33?* (B) (70)
WILSON, Henry 14 (B), Mack 12 (49)

1880 Census, Lincoln Co. TN

WILSON, Henry 50 (B), Martha 45, Jimmy 12, Rosan 10, Wm. E. 8, Johnie 7, Mary O. 3 (109)
WILSON, J. C. 41 (f)* (117)
WILSON, J. P. 39 (m), A. A. 33 (f), E. V. 11 (f), F. M. 9 (f), M. A. 6 (f), E. R. 2 (f) (176)
WILSON, J. W. 46 (m), Jane 42, Samuel 21, Wm. 18, Robt. 15, Charles 14, Harmon 10, Ada 8 (161)
WILSON, James 45, Maggie 26, Mary 7, Nannie 3, Eliza 82 (52)
WILSON, Jas. B. 46*, Martha A. 19, Mary M. 14, Jas. B. 13, Myrtle C. 10, Mollie B. 21, Carl T. 2 (91)
WILSON, Jas. M. 32*, Fulton 3 (97)
WILSON, Joe 34 (B), Ann 32, Wm. 11, Mary 7, Cora 5 (160)
WILSON, John T. 63, A. E. 60 (f) (187)
WILSON, L. E. 23 (m), Jane C. 23, Mary 1 (136)
WILSON, Matt 19* (B) (99)
WILSON, R. W. 50?*, Mary 50, Edward 20, E. M. 20 (f) (161)
WILSON, Rebecca 52*, Virginia Kate 24, George E. 17, Marion B. 16 (m), Maggie Bell 12 (90)
WILSON, Robt. M. 29*, Henrietta E. 28, Horace, Robbie 3 (m) (90)
WILSON, Sam 13* (B), Della 12, Dasy 9, Jim 7 (187)
WILSON, Sarah 54* (249)
WILSON, Sofira 50 (B), Amanda 15, Elizabeth 12, S. Lov 11 (f), Cordelia Y. 6 (181)
WILSON, T. A. 36 (m)*, L. 34 (f), M. E. 12 (f), D. A. 9 (f), I. 6 (f), T. C. 3 (m) (176)
WILSON, Thomas M. 39, Margaret M. 38, Mary J. 5, David A. 1, Irene 75 (12)
WILSON, Thos. N. 25* (142)
WILSON, W. W. 53 (m)*, W. A. 50 (f), I. 21 (m,B), M. 19 (f,B) (172)
WILSON, William H. 22, Lillian M. 20 (228)
WILSON, Wm. 32 (m), C. 31 (f), N. 11 (f), L. 9 (f), C. 7 (f), A. 5 (f), E. D. 2 (m), A. C. 2 (m) (176)
WILSON, Wm. H. 43*, Bettie 21, John H. 1/12 (95)
WILSON?, James 30*, Narcissa 21 (77)
WILSON?, James A. 21*, Martha 19, John A. 14, Lissa? 4 (10)
WINCLE, H. 36 (m), F. E. 27 (f), S. E. H. 12 (f), M. J. C. 10 (f), J. R. 7 (m), W. W. 2 (m) (20)
WINEFORD, Wm. 43, Mary 43, Benjamin 21, Permelia 18, Alfred 14, Charley 12, Ida 8, William 6, Maggie 4, George 8 (46)
WINFRED, Julia 30, Starling 8, Mary 2 (279)
WINGARD, Nicy? 30 (f), Thomas 12, John 10, Jennie 9 (33)
WINKLER, W. 29 (m), Julia 28, Dora 2 (35)
WINSET, J. F. 29 (m), Laura 29, A. A. 4 (m), J. L. 10/12 (m) (128)
WINSETT, John A. 32, Luvisa L. 30, Joseph A. N. 8, James O. G. 6, Walter A. B. 4, John M. S. 1 (239)
WINSETT, Robert H. 35, Sallie C. 33, William W. 12, James L. 9, Margaret M. 6, Mary S. 4, Fannie A. 11/12, William 80 (1)
WINSTON, Tobias 38 (B), Ann 34 (100)
WISDOM, Mary 39, Sarah 10, John F. 9, William C. 3 (76)
WISEMAN, John C. 22* (16)
WOIMMACK, Sampson 67 (B), Jane 67, Willie 9, Susan 7, Henry A.? 6 (68)
WOMACK, Dennis 58* (B), Caroline 48, William 26, Susan 25, Louella 8, Rufus 7, Birdie 3, Dennis 1 (68)
WOMACK, Henry 35, Elenora 58 (69)
WOMACK, Richard G. 39, Elizabeth 28, William R. 16, Rickard 13, Horace H. 9, Dora 4 (265)
WOMACK, Sanford 31, Sarah Jane 26, Willie L. 7, Joseph S. 5, Flossie L. 1 (106)
WOOD, Charley 29, Nancy 29, Fannie 7, Amanda 4, Emma 2 (33)
WOOD, Ellick 28 (B), Alice 27, George 7 (105)
WOOD, James 35*, Nannie 31, Mary 10, Edith 5, Archie 2 (54)
WOOD, John 23 (B), Queen 18, Loue 4 (f), Paralee 3, Mary 1 (46)
WOOD, Margaret 27* (B) (84)

1880 Census, Lincoln Co. TN

WOOD, Mary 60* (183)
WOOD, Oscar 33, E. M. 32 (f), Elenora 10, M. M. 6 (f) (91)
WOOD, Wm. A. 58, Frances 57, Wm. Jr. 30, James B. 25, David O. 20, Jeff 17, Hugh 15 (73)
WOODALL, D. 52 (f)* (21)
WOODALL, James 54, Sarah K. 56, Nancy L. 23 (243)
WOODALL, Mattie 21* (19)
WOODALL, Phinetta 60* (265)
WOODARD, A. B. 28 (m)*, Maud L. 23, Burt P. 10/12 (110)
WOODARD, A. J. 35 (m)*, Rebecca L. 23, Jesse E. 22 (106)
WOODARD, Abner S. 53, Ida 19, Cyrus R. 15, John D. 9 (227)
WOODARD, Alfred 22* (B), Harriet 21, Tom 5, Mary 4 (121)
WOODARD, Clement C. 79, Josephine 46, Tode 19 (m), Rufus 16 (182)
WOODARD, Dan 22* (B), Ross 20 (91)
WOODARD, E. 26 (m), Julia 19, Cordelia 6/12 (209)
WOODARD, G. D. 35 (m)*, Martha C. 27, Overton E. 6, Lucy 4, Emma R. 1 (114)
WOODARD, G. W. 37 (m)*, Louisa 35, Mary L. 14, Thomas W. 10, Alice C. 8, Cora M. 6, Arta T. 3 (m) (108)
WOODARD, Henry T. 33, Cynthia A. 26, Joseph P. 9, Olah 3 (f), Cullen C. 7/12 (6)
WOODARD, J. S. 59 (m), Rachael 44, David J. 9, Ida D. 9 (211)
WOODARD, James 9* (46)
WOODARD, James L. 36*, Emma 32, Ora H. 7, Mary I. 5, Eugene 2 (112)
WOODARD, James R. 39, Sarah E. 32, Minnie L. 12, Maggie M. 10, Clark M. 7 (12)
WOODARD, John 40*, M. E. 35 (f), S. 11 (m), G. 9 (m), F. 7 (m), L. 4 (f), R. 1 (m) (168)
WOODARD, L. A. 32 (f)*, S. N. W. 8 (m), Jane 22, Susan 4 (138)
WOODARD, M. W. 33 (m)*, Ida Lou 25, Irene 7, Octa Lou 6, Elizabeth 4, Robt. S. 2, Fannie 8/12 (95)
WOODARD, Mary 30* (B), John 15, Will 12, Susie 8, Mary Lou 2 (113)
WOODARD, Mary 55*, John R. 24, William K. 20, Addie 14 (112)
WOODARD, Nancy J. 49* (13)
WOODARD, Rufus 50, Nancy 48, Margaret V. 14 (235)
WOODARD, W. S. 32 (m)*, M. O. 29 (f), M. 11 (m), S. C. 8 (f), M. S. 7 (f), W. L. 3 (m), I. B. 1 (f), L. C. 66 (f) (169)
WOODARD, W. T. 27 (m), Toaker? 22 (f), Lavina 7, Roy 6, Athena 3, Tally 10/12 (m) (212)
WOODARD, William 48 (59)
WOODEN, John 53, Martha 44, Ellen 22, Mary 21, William 18, Daniel 16, Judge 13, Holman 8 (46)
WOODLEY, Chas. 36 (B), M. 29 (f), Wm. 9, Chas. 8, I. 7 (f), James 5, Hugh 3, L. 1 (f) (162)
WOODRUFF, Jane 65* (84)
WOODRUFF, Wyatt 46*, Callie 40, Charlie W. 3 (118)
WOODS, Dallas 25, Betty 30, Jane 14, Thomas 10, Samuel 8, Margaret 5, Emit 1 (206)
WOODS, Eliza 33* (B), Nathan 1 (62)
WOODS, Ellen 55* (B) (102)
WOODS, Hardin 15* (B) (186)
WOODS, James 26* (33)
WOODS, James G. 56, Louissiana S. 45, W. E. 27 (m), Belle 25, J. Goodloe 26, Mary Ann 22, Martha E. 20, Minnie Lee 3, Pearl 11/12 (90)
WOODS, Jas. M. 39*, Margaret A. 26, Edward 7, Thos. B. 3, Mark 1 (31)
WOODS, Lon 25 (m,B), Mandy 23, Mary Ann 12, M. 7 (f), C. 2 (m) (162)
WOODS, Major 9* (B) (188)
WOODS, Matt 70 (B), Emeline 60 (97)
WOODS, Nathan D. 22, Sarah H. 23 (31)
WOODS, Steven 35* (B), Rhody 47 (91)
WOODS, Susan 30* (B), Jones 3, William 5/12 (245)

1880 Census, Lincoln Co. TN

WOODS, W. 10 (m)* (B) (165)
WOODSON, Hetty 24* (B), Anna 5 (113)
WOODSON, Julia 50 (B), Harry 16 (179)
WOODSON, Tom 5* (B) (179)
WORD, Hicman 17* (B) (59)
WORDEN, Daniel 52*, Mary 45, Robert 24, Nathan 23, John Jr. 18, Green 15, Sallie 10 (46)
WORDEN, John Jr. 30*, Lizzie 21, Edna 1, Annie 2 (49)
WRIGHT, A. A. 35 (m)*, Mary Annie 30, Josephine 11, John 6, Carrie M. 4 (92)
WRIGHT, A. J. 40 (m)*, S.? J. 49 (f), M. S. 18 (f), I. T. 12 (f), M. H. 8 (f), F. J. 6 (f) (162)
WRIGHT, Alfred 21* (B) (190)
WRIGHT, Alonzo 15* (B) (184)
WRIGHT, Asbury J. 38, Millie A. 43, Elbert B. 12, Eli M. 10, James W. 7, Mary P. 1, Walter D. 1 (14)
WRIGHT, B. L. 29 (m), M. F. 27 (f), John W. 8, T. J. 6 (f), J. E. (f), M. E. 1 (f) (188)
WRIGHT, Burl 21* (B), Ann 16 (187)
WRIGHT, F. M. 56 (m), L. V. 55 (f), J. H. 23 (m), J. E. 20 (m), Estella 13 (188)
WRIGHT, G. E. 25 (m), A. E. 21 (f), E. B. 2 (m), Mary L. 8/12 (192)
WRIGHT, G. S. 57 (m), Zilpha 47, D. W. 21 (m), J. F. 19 (m), N. J. 17 (f), M. A. 14 (f), H. E. 12 (f) (21)
WRIGHT, G. W. 52 (m)*, Lizzie 49, Mollie 23, Jas. R. 18, J. F. 12 (m) (128)
WRIGHT, Henry 21 (B), Sally 20, Emma 7, Mary J. 4, Walter 2 (177)
WRIGHT, Henry 39* (B), Sofia 36, Retta 10, Tom 4, Alva 3, Charlie M. 1 (187)
WRIGHT, Hugh D. 34, Amanda E. 30, Bula E. 10, Mary K. 8, Luisa M. 6, Laura B. 4, John L. 1 (147)
WRIGHT, J. B. 22 (m), E. I. 18 (f) (194)
WRIGHT, J. H. 68 (m)*, Ann 45, A. W. 21 (m), S. H. 13 (m), Hardee 12, R. L. 10 (m), Ulysees 8, J. H. 6 (m), Cordelia 3 (194)
WRIGHT, J. M. 50 (m), Fannie A. 27, John A. 7, Addie L. 5, F. B. 3 (f), W. H. 1 (m) (189)
WRIGHT, Jacob R. 76, Harriet 64 (187)
WRIGHT, James 65, Rebecca 63, Mary Julia 23, James F. 20 (147)
WRIGHT, John 21, Arbelia 18 (236)
WRIGHT, Joseph B. 40, Narcissus 36, Elva 5 (213)
WRIGHT, Lee Ann 25 (B), S. E. 9 (f), Carry L. 7, Mary M. 6, Adaline 5 (184)
WRIGHT, Leroy 24 (B), Ide 20 (f), Elmo 1 (190)
WRIGHT, Levi C. 52, Margaret 53, Mary J. 23, Frank 19, Dick 18, Thomas 16, Joseph 14, Nelia 12, Robt. 9 (234)
WRIGHT, Louisa 23, Henry 27 (80)
WRIGHT, Mathew R. 31, Cordelia 31, Emmit L. 6, Early B. 5 (m), Charly C. 4, Magnolia 1, Cora 7/12 (236)
WRIGHT, Maud 20* (B), Joe 7 (57)
WRIGHT, W. F. 31 (m), L. J. 32 (f), J. A. 52 (f) (187)
WRIGHT, W. H. 50 (m), Zantepe 47, Ernest 13, Ada 10, Pinckney 8, Deaney 6 (m), Ida Belle 4, Jno. M. 25, Martha A. 23, Ola M. 4, Matthew 2 (215)
WRIGHT, W. L. 25 (m), M. C. 26 (f), Lelia 3, John W. 1 (188)
WRIGHT?, W. N. 48 (m)*, Mary B. 46, Andr. B. 22, Jas. H. 20, Wm. N. Jr. 18, Rot. M. 12, Julia 6 (93)
WYATT, I. 72 (f)*, M. A. 43 (f), T. A. 33 (m), B. B. 26 (m) (176)
WYATT, John M. 32*, Alice J. 20 (1)
WYATT, R. C. 37 (m), S. F. 24 (f) (166)
WYATT, Smith 21 (B), Malinda 20, John 2 (199)
WYATT, W. R. 36 (m)*, S. L. 35 (f), Eva 14, I. A. 12 (f), M. L. 10 (f), J. B. 1 (f) (161)
WYATT, Wm. 78*, S. 74 (f), J. 73 (f) (175)
YANT, Charly 4* (158)
YARBERRY, Sam 25* (B) (157)

1880 Census, Lincoln Co. TN

YARBEY, J. 27 (m), Mary A. 28, Emma F. 5, Ellen S. 2, unnamed 3/12 (m) (27)
YARBROUGH, James N. 47, Mary E. 39, Eliza E. 10, James S. W. 8, John R. M. 6, Lula 4, Lucy M. 2 (11)
YARBROUGH, Nelson 54, Sarah 52, Cordelia 22, Elizabeth 19, William 14 (270)
YARBRY, A. M. 60 (m), Mahala J. 56, Geo. W. 20, Thos. G. 17, Jas. H. 15, Mary L. 13 (29)
YATES, W. C. 50 (m), Sarah 37, C. W. 20 (m), Geo. S. 18, Warner 16, Sallie 14, John F. 12, P. V. 10 (m), Caddie 7 (f) (94)
YEAGER, Sarah 72* (219)
YEATES, Nancy 47 (B), Eliza 26, Emily 17, Thomas 6, Dora Bell 5, George 3, Susan Oley 7/12 (65)
YORK, Bass 38 (B), Elisabeth 40, Mitchell 17, Bowlin 15, Henry 13, Narcissa 11 (216)
YORK, Bettie 23*, Martha 18, Mary 16 (13)
YORK, Samuel 22, Mary 24, Alice H. 1/12 (199)
YORK, Seborn 36, Callie 21, Effia 4, Eddie 2 (37)
YOST, A. G. 23 (m)* (19)
YOUNG, A. J. 38 (m), Mary A. 31, Robt. C. 14, Elizabeth 11, L. M. 6 (f), I. C. 3 (f), R. M. 1 (f) (161)
YOUNG, Abram 36, Melvina 34, Nathan 10, Alice 8, Charley 6, Thomas 4 (42)
YOUNG, D. C. 37 (m), M. A. 37 (f), A. M. 13 (m), M. F. 11 (f), W. R. 8 (m), E. J. 5 (m), C. C. 3 (m) (20)
YOUNG, Elnora 8*, Massey 6 (208)
YOUNG, Gabrell 46, Adeline 42, Wm. C. 17, James M. 15, May E. 12, Chas. C. 9, John H. 6, Ann E. 4 (131)
YOUNG, George 40 (B), Nancy 38, John 55, Emily 45 (213)
YOUNG, Henry 30 (B), Alexander 50, Ary 38 (f), Albert 17, Andrew 16, Louisa 14, Sarah 13?, Peyton 12, Dora 3, Alexr. 1 (213)
YOUNG, J. W. 35 (m), Lucretia 32, Hyram 6, Kate 2/12 (213)
YOUNG, John 38, S. M. 28 (f), Sarah 8, G. W. 4 (m) (18)
YOUNG, Mark M. 50, Malind L. 42, Frances M. 23, James M. 20, Sarah E. 18, Gothie A. 13 (f), Clementine V. 11, Martha L. E. 5, Edward C. 3, Alia A. 1 (149)
YOUNG, Sarah J. 48* (149)
YOUNG, Thomas 38 (B), Hannah 30, Thomas 15, Martha 13, George 11, Jim H. 8, Roxie 5, Ida 1 (213)
YOUNG, W. N. 47 (m), Nancy M. 47, Delsey B. F. 18 (23)
YOUNG, William 46, Martha 43, Andrew 21, Isaac 19, Daniel 16, James 13, John 12, Matt 10 (43)
YOUNG, Willie 24 (f)*, Olis 4 (m), Hellan 2, infant 11/12 (f) (234)
YOUNG, Wm. 17* (131)
YOUNG, Wm. 24 (B), Rebecca 24 (98)
YOUNG, Wm. James 28 (B), Irene 27, Willie J. 6 (f) (120)
YOWELL, J. E. 48 (m)*, M. E. 45 (f) (173)
YUCKLEY, J. H. 26 (m)*, N. J. 24 (f) (106)
ZACHARY, Emma B. 23* (98)
ZIMAMON, Geo. 23* (247)
ZIMMERMAN, H. L. 43 (m)*, L. 35 (f), I. 11 (f), B. 7 (f), W. 6 (m), C. 3 (f), H. 70 (m,B) (173)
ZIMMERMAN, Joe 40 (B), L. 40 (f), H. 14 (m), M. 10 (f), E. 13 (f), W. 9 (m) (173)
ZIMMERMAN, W. 18 (m,B), J. 16 (f) (170)
__WIN, James 53* (104)
_____, Elizabeth 79* (80)

www.ingramcontent.com/pod-product-compliance
Lightning Source LLC
Chambersburg PA
CBHW071609170426
43196CB00034B/2250